四川省 2019—2020 年度重点出版规划项目
2020 年四川省重点出版项目专项补助资金资助项目
高速铁路轨道动力学研究系列

高速铁路高架轨道结构振动研究

房 建 ◎ 著

西南交通大学出版社
·成 都·

图书在版编目（CIP）数据

高速铁路高架轨道结构振动研究 / 房建著. —成都：西南交通大学出版社，2020.12
ISBN 978-7-5643-7783-0

Ⅰ. ①高… Ⅱ. ①房… Ⅲ. ①高速铁路－轨道（铁路）－结构振动－研究 Ⅳ. ①U213.2

中国版本图书馆 CIP 数据核字（2020）第 210226 号

Gaosu Tielu Gaojia Guidao Jiegou Zhendong Yanjiu
高速铁路高架轨道结构振动研究

房 建 著

出 版 人	王建琼
责任编辑	李华宇
封面设计	曹天擎

出版发行	西南交通大学出版社 （四川省成都市金牛区二环路北一段 111 号 西南交通大学创新大厦 21 楼）
邮政编码	610031
发行部电话	028-87600564　028-87600533
网址	http://www.xnjdcbs.com
印刷	成都蜀通印务有限责任公司

成品尺寸	170 mm×230 mm
印张	14.5
字数	231 千
版次	2020 年 12 月第 1 版
印次	2020 年 12 月第 1 次
定价	68.00 元
书号	ISBN 978-7-5643-7783-0

图书如有印装质量问题　本社负责退换
版权所有　盗版必究　举报电话：028-87600562

序

近年来，我国高速铁路的建设和运营取得了令人瞩目的成就，为国民经济又好又快发展做出了重要贡献，获得了全社会的广泛赞誉，成为世界高速铁路发展的又一示范。截至 2019 年年底，我国铁路营业里程超过 13.9 万千米，其中高铁 3.5 万千米，居世界第一。我国已成为世界高速铁路系统技术最全、集成能力最强、运营速度最高、运营里程最长、在建规模最大的国家。

随着我国高速铁路客运专线的快速发展，高速线路高架轨道的振动问题引起了广泛关注。该问题主要包括两个方面：一方面是环境振动和噪声问题，即轮轨不平顺激励下轨道结构产生振动，进一步激发下部基础结构发生振动，从而对沿线居民生活产生振动噪声的干扰；另一方面是车辆运行品质问题，即轨道结构产生振动对高速车辆运行品质产生影响的问题。

不论是环境振动和噪声问题，还是车辆运行品质问题，究其根源，均与轮轨动力学问题紧密相关。随着列车运行速度的提高，车辆与轨道结构的相互作用显著加剧，轨面焊缝不平、剥离、擦伤、波形磨耗等各种微小的轨道不平顺都会引起巨大的轨道动力冲击作用，致使高速列车的安全性、平稳性及轨道结构的可靠性都面临严峻的考验；与此同时，列车运行对周围环境的影响在高速条件下也被放大。

以上这些问题的解决，都需要以高速铁路轨道动力学为基础，深入研究高速铁路列车、轨道、桥梁三者的相互作用机制。本书致力于研究高架轨道振动机理，以期为高速客运专线列车荷载条件下轨道结构设计与养护维修提供科学的标准和先进的方法，从而提高轨道工程的建设和养护水平。

本书是作者在高速铁路高架轨道结构振动领域内进行理论研究和实践探索的成果总结。全书重点围绕高速铁路轨道动力学理论、模型、算法和实测等进行阐述，理论体系较完整，模型算法正确有效，工程实测内容丰富，并注重理论联系实际。

本书所进行的研究工作的意义在于：加深对我国高速铁路高架轨道结构振动特性的认识，呼吁各方加强对我国高速铁路振动和噪声的预测、评估和治理工作的重视，为高速铁路系统设计与高速列车安全运营提供必要的理论指导。

雷晓燕

2020 年 10 月 12 日

前言

从 1964 年世界上第一条高速铁路建成并投入运营以来，高速铁路以其快速便捷、安全舒适、绿色环保、大运量、低能耗、全天候运输等优点，在众多的交通工具中显示了极强的竞争力。然而，随着列车行车速度不断提高，交通密度日益增加，列车与轨道的相互作用也随之加剧。高速铁路在给人们出行带来便利的同时，也产生了一系列负面问题，以轨道振动问题尤为突出。

本书是作者基于高速铁路发展中迫切需要解决的轨道结构振动问题，有效开发了高速铁路高架轨道结构振动分析模型，并取得的相应成果。研究内容包括高速列车-轨道耦合系统动力学理论、模型、应用等方面。全书共分为六章：高架轨道结构振动分析内容及相关标准、客运专线中长波轨道不平顺谱估计分析、高速列车与桥上 CRTS Ⅱ型板式轨道结构振动分析、客运专线高架轨道结构振动特性现场实测与振动传递特性分析、轨道不平顺对高架轨道结构振动响应影响分析、轨道结构参数对振动响应的影响分析等。本书可作为土木、交通、道路与铁道工程专业本科生、研究生、教师和工程技术人员的教材或参考书。

值本书出版之际，作者向资助本研究工作及本书出版的各有关单位和个人致以诚挚的谢意！特别感谢华东交通大学雷晓燕教授、同济大学练松良教授对作者的指导与帮助，感谢华东交通大学铁路环境振动与噪声教育部工程研究中心的同事和研究生们，以及西南交通大学出版社的黄庆斌、黄淑文、周杨、孟媛、李华宇等编辑，本书的出版离不开他们的一贯支持和共同努力。此外，感谢华东交通大学教师李朝庆在本书资料收集与文字组织等方面的重要参与及协助。最后感谢国家自然科学基金（51668019）、江西省自然科学基金（20171BAB206057）和江西省教育厅科研基金（GJJ180297）为本研究提供的资助。

  由于作者水平有限，书中不可避免存在不足与疏漏之处，恳请读者批评指正。

房建

2020 年 10 月 5 日

>>>> 【目录】

第1章 高架轨道结构振动分析内容及相关标准 ……………………… 001
1.1 车辆-轨道结构动力学研究 ………………………………………… 003
1.2 车辆-轨道-桥梁耦合振动模型研究 ………………………………… 006
1.3 车辆-轨道-桥梁耦合振动的研究方法 ……………………………… 011
1.4 轨道不平顺谱研究 …………………………………………………… 017
1.5 高速铁路轨道维修管理标准 ………………………………………… 030
1.6 本章小结 ……………………………………………………………… 035

第2章 客运专线中长波轨道不平顺谱估计分析 ……………………… 037
2.1 合-武客运专线轨道不平顺数据的检测 …………………………… 039
2.2 合-武客运专线轨道不平顺功率谱发展变化规律 ………………… 044
2.3 合-武客运专线轨道不平顺功率谱变化规律研究 ………………… 047
2.4 合-武客运专线轨道不平顺功率谱实测分析 ……………………… 053
2.5 合-武客运专线轨道不平顺统计谱的拟合 ………………………… 063
2.6 本章小结 ……………………………………………………………… 066

第3章 高速列车与桥上CRTSⅡ型板式轨道结构振动分析 ………… 069
3.1 车辆-轨道-桥梁相互作用有限元模型建模思想 …………………… 071
3.2 车辆动力分析模型 …………………………………………………… 072
3.3 高架轨道结构振动有限元模型的建立 ……………………………… 079
3.4 高架轨道结构振动有限元模型的求解 ……………………………… 096
3.5 算例分析 ……………………………………………………………… 097
3.6 本章小结 ……………………………………………………………… 103

第4章 客运专线高架轨道结构振动特性现场实测与振动传递特性分析 ·········· 105

- 4.1 现场试验概况 ·········· 107
- 4.2 高架轨道结构振动特性分析 ·········· 110
- 4.3 理论模型的验证 ·········· 117
- 4.4 振动传递特性分析 ·········· 124
- 4.5 本章小结 ·········· 126

第5章 轨道不平顺对高架轨道结构振动响应影响分析 ·········· 129

- 5.1 计算参数 ·········· 131
- 5.2 轨道不平顺对车辆-轨道-桥梁耦合振动的影响分析 ·········· 131
- 5.3 实测轨道不平顺对高架轨道结构振动响应的影响分析 ·········· 155
- 5.4 本章小结 ·········· 173

第6章 轨道结构参数对振动响应的影响分析 ·········· 177

- 6.1 钢轨类型对轨道结构振动特性的影响分析 ·········· 179
- 6.2 扣件刚度对轨道结构振动特性的影响分析 ·········· 181
- 6.3 垫板阻尼对轨道结构振动特性的影响分析 ·········· 184
- 6.4 CA砂浆垫层刚度对轨道结构振动特性的影响分析 ·········· 187
- 6.5 CA砂浆垫层阻尼对轨道结构振动特性的影响分析 ·········· 189
- 6.6 轨道板厚度对轨道结构振动特性的影响分析 ·········· 191
- 6.7 底座板厚度对轨道结构振动特性的影响分析 ·········· 194
- 6.8 轨道板支承刚度对轨道结构振动特性的影响分析 ·········· 197
- 6.9 本章小结 ·········· 199

参考文献 ·········· 202

第1章 / 高架轨道结构振动分析内容及相关标准

高速客运专线具有速度快、运量大、耗能低、全天候、效率高、安全、舒适、环境友好等特点，对解决我国交通运输困难的问题以及提高人们生活质量发挥着不可替代的作用。另一方面，由于高速列车运行速度大大提高，车辆轴重增加，行车密度加大，同时新型车辆和新型轨道结构大量投入工程应用，这些导致车辆与轨道间的相互作用更加复杂。进行列车-轨道系统动力学分析是研究复杂轮轨关系和相互作用机制的基础，也是指导和优化车辆、轨道结构设计，保障列车行车安全必不可少的内容。高架轨道结构以其造价低、建设周期短等特点在高速客运专线建设中得到了广泛的应用，因而本书将以车辆-轨道-桥梁耦合系统动力学分析作为重点。对车辆-轨道-桥梁耦合系统而言，其激励源为轮轨动态作用力，它与轮轨不平顺、轮轨动态特性以及接触情况相关。研究车辆-轨道-桥梁耦合振动问题涉及车辆-轨道动力学、车辆-轨道-桥梁耦合振动模型的建立以及轨道不平顺等方面的研究。

1.1 车辆-轨道结构动力学研究

近年来，关于车辆-轨道相互作用的研究十分活跃。研究思路逐渐从单一的车辆动力学、轨道动力学向车辆-轨道耦合系统动力学方向发展。20 世纪 90 年代后，计算机技术日益进步，使得完整、详细分析车辆-轨道动力相互作用成为可能。

1.1.1 国外研究状况

现在车辆-轨道耦合动力学的研究主要是指计算车辆和轨道振动响应时需考虑轮轨相互作用的影响，即建立包括轮轨相互关系的车辆、轨道系统模型来分析研究车辆、轨道的动力响应。Knothe 和 Grassie 等[1,2]根据机械阻抗原理，在频域内研究了车辆-轨道耦合作用下垂向、横向的动力响应，并通过试验进行了验证。Dean 等[3]将轨道简化为 Winkler 弹性地基梁，研究了在定点、移动简谐荷载和移动质量作用下轨道的动态响应，并研究了车轮质量对轨道振动特性的影响。Cai 和 Raymond[4]、Nielsen 和 Igeland[5,6]等为了研究车辆与轨道系统动力相互作用问题，采用了转向架-轨道分布参数模型，车辆考虑构架、一系悬挂及两个轮对质量，轨道为两层离散支承连续梁，通过模态叠加技术分析了车轮擦伤引起的轮轨冲击作用。Knothe 和 Ripke[1,7]从车辆和轨道整体系统的角度，用解析的方法研究了车辆-轨道高频相互作用问题。Oscarsson 等[8]将钢轨视为 Timoshenko 梁，进行了列车-轨道-道床的动态相互作用研究，并根据实测的频响函数确定轨道模型参数。Bitzenbauer 和 Dinkel[9]使用 Fourier 变换法求解了车辆和轨道系统的动力学特性。

上述方法都是将轨道视为连续体，用解析的方法求解动力学方程。这些方法尽管简单，但不适用于整车多自由度的车辆-轨道系统，因而在车辆-轨道耦合动力学上的应用是有限的。

近年来，有限元法在实际工程中的应用越来越广泛，逐渐成为解决车辆-轨道动力学问题的主流方法之一。有限元法是将轨道离散为有限个单元、假设位移函数得到单元矩阵，从而形成动力有限元方程。Filho[10]探讨了求解移动荷载作用在均质梁时的有限元分析法。Dong[11]利用有限元法和轮轨多点接触模型建立了无限长轮轨动力分析模型，研究了车轮扁疤引起的轮轨动力响应。Dong 和 Sankar 等[12]利用有限元法建立了包括簧上质量、转向架和两层点支承轨道的轮轨非线性动力分析模型，在此基础上讨论了车辆通过钢轨接头时对轮轨振动的影响，探讨了钢轨接头区轨道破坏的机理，并提出了减少这种破坏的措施。Auersch[13,14]应用车辆-轨道相互作用有限元模型研究了路基的动力特性。Drozdziel 等[15]运用有限元法和试验方法研究了道岔区车辆-轨道动力学问题，讨论了系统几何误差（如车轮踏面磨耗、轨道不平顺及超高等）对轮轨动力作用的影响。Gurule 和 Wilson[16]也运用有限元法和试验方法研究了道岔区车辆-轨道系统的动力相互作用，模拟了车轮通过道岔时轮缘背面与护轨接触的问题。Dietz[17]介绍了采用多体系统动力学的车辆模型与轨道有限元模型混合建模的方法，并研究了车辆与柔性轨道（或桥梁）的相互作用问题。Szolc[18]为了获得中频的轮轨作用力，采用了详细的动力转向架-轨道点支承模型，分析轮轨接触域的应力场与温度场。Kumaran[19]将车辆考虑为 17 个自由度的多刚体模型，轨道结构为 12 个预应力混凝土轨枕间距的有限元模型，详细研究了轨枕的动力响应问题。Kalousek[20]建立了一个不对称的车辆-轨道系统有限元分析模型，研究了轮轨表面缺陷对车辆和轨道系统动力学响应的影响。Popp 和 Kaiser[21,22]建立了弹性轮对-轨道相互作用的有限元分析模型，研究了车辆和轨道相互作用引起的中频效应问题。Young[23]建立了车辆与不完善轨道的竖向振动分析模型，研究了不同速度下轨枕吊空对车辆与轨道动力性能的影响。Koro 等[24]应用 Timoshenko 梁单元模型研究了轨道接头的影响。Baeza 等[25]考虑详细的轮轨接触，轨道结构采用模态子结构法，建立了车辆-轨道耦合作用模型。

1.1.2 国内研究状况

传统的轨道动力学、车辆动力学将轨道和车辆分别视为相互独立的子系统，不考虑轮轨之间的相互作用、相互关联的影响，与实际相差甚远。若只考虑单轮与轨道耦合作用，忽略邻轮和簧上质量的影响，也不会得到满意的结果。因此，轨道动力学分析需从车体和轨道的相互耦合作用力出发。

在国内，西南交通大学的翟婉明[26~32]在提出车辆-轨道耦合动力学理论方法的基础上，分别建立了整车轨道垂向、横向相互作用的详细模型。其车辆-轨道系统横向耦合动力学模型是将车辆-轨道系统竖向振动分析的思想推广到系统的横向耦合振动分析，即在该系统竖向耦合振动分析的内容中加上车辆、轨道的横向振动内容，钢轨除竖向振动方程外，增加了横向和扭转振动方程。华东交通大学雷晓燕带领的课题组[33~39]也较早开展了轨道动力学模型与数值计算方法的研究，并于1998年出版了《轨道结构数值分析方法》专著，系统介绍了单轮附有簧上质量-轨道模型、半车和整车附有二系弹簧-轨道模型及其求解方法，应用车辆-轨道耦合动力学模型，研究了高速铁路轨道过渡段的动力学响应等问题，并把车辆轨道耦合动力学模型进一步引入车辆-轨道-桥梁的耦合振动领域。国内在本研究领域的研究工作还有：中南大学曾庆元院士和他的研究生们[40~43]也建立了车辆-轨道空间耦合振动分析模型，应用弹性系统动力学总势能不变值原理和形成矩阵的"对号入座"法则建立列车-轨道（桥梁）系统空间振动方程，以机车车辆构架实测或人工模拟蛇行波为激振源，计算出轨道（桥梁）振动位移和加速度、车辆的振动位移和加速度、脱轨系数、舒适度指标等。岳渠德[44]完成的《列车-轨道系统三维耦合动力学模型及其动力响应研究》论文，其特点在于把每节车辆模拟为31个自由度的多刚体模型，轨道取为交叉梁或弹性地基梁，可考虑轨枕竖向弯曲，车钩竖向、横向传力作用以及轮对蛇行运动，但未考虑道床振动影响，分别建立车辆和轨道各部件的振动方程，通过轮轨相互作用力进行迭代求解。胡用生等[45]建立了货车-轨道垂向耦合模型，用Timoshenko梁模拟钢轨，并引用英国Derby轨道低接头的试验结果进行验证。

刘学毅等[46]认为，许多情况下轮轨振动表现为耦合性较强的空间振动，因而有必要发展轮轨系统空间耦合振动模型。文献[46]中采用半车轨道模型建立了轮轨空间耦合振动时变模型，研究了轨道三角坑和复合不平顺的动力特性，并用无限单元来消除轨道计算段的边界效应影响。全玉云[47]采用有限元法建立了机车车辆-轨道系统垂向耦合振动有限元分析模型，研究了轮对和轨道各部件在列车运行时的应力和变形。王平、任尊松[48,49]开展了车辆、道岔的耦合相互作用研究，对我国铁路提速道岔的改进设计提供了参考。陈果、王开云等[50~52]应用车辆-轨道耦合振动理论进行了车辆、轨道系统随机振动及蛇行运动稳定性的研究。金学松[53]研究了车辆通过曲线轨道时钢轨磨耗对车辆轨道竖向动力学的影响。聂志红、卿启湘和陈雪华[54~56]应用车辆-轨道系统耦合动力有限元分析模型,对高速列车作用下轨道-路基系统的动力特性进行了研究,从而拓宽了车辆-轨道耦合动力学的研究内容。蔡成标[57,58]等也应用车辆-轨道及桥梁的耦合动力学模型,研究了桥上板式轨道、路桥过渡段的动力特性。

在车辆-轨道动力相互作用的研究中,车辆的计算模型一般视为具有多自由度的多刚体动力系统,经历了从集中力模型、单轮对模型、多轮对模型、半车模型(或称转向架模型)、整车垂向模型和整车空间振动分析模型的发展过程。轨道模型的发展则经历了从集总参数模型、不考虑轨下基础结构振动的单层连续弹性支承梁模型、考虑轨下基础振动的多层连续弹性支承梁模型到全面考虑轨道下部结构的弹性点支承梁模型和有限元模型的演变过程,从有砟轨道的研究过渡到无砟轨道的研究。

1.2 车辆-轨道-桥梁耦合振动模型研究

1.2.1 车辆模型

车辆一般由车体、转向架和轮对三部分通过弹性悬挂和阻尼元件相互连接而成。车辆模型的发展经历了一个从平面体系向空间体系,从线性向非线性发展的过程。

在国外,比较完善的车辆模型是由松浦章夫、朱光汉(Chu K. H.)和Diana G. 等人建立的。松浦章夫[59,60]针对具有二系悬挂装置的四轴车辆建立了可以考虑车体点头和沉浮、转向架点头和沉浮以及四个轮对竖向运动共 10 个自由度的车辆动力学模型。Dhar C. L. 等[61]将车体简化成为具有沉浮、点头和侧滚 3 个自由度的刚体。Chu K. H.等[62,63]将车辆考虑为由 1 个刚性车体和 4 个轮对组成的系统,建立了具有 11 个自由度的一系弹簧四轴车辆模型。Wang T. L. [64~66]建立了 23 个自由度的空间振动分析模型。Diana G. [67]将车辆简化成 7 个通过弹性元件和阻尼器连接的刚体系统(包括车体、2 个转向架和 4 个轮对),每节车的车体和转向架各有 5 个自由度,建立了具有 23 个自由度的集中质量车辆模型。

在我国，曾庆元等[68]对二系悬挂车辆采用 21 个自由度的车辆模型，车体考虑了侧滚、沉浮、摇头、点头、横移位移，前后转向架考虑了侧滚、沉浮、摇头、横移位移，4 个轮对则考虑了侧滚和横摆位移。程庆国、潘家英等[69]对四轴客车和六轴机车分别采用 23 个和 27 个独立自由度的车辆模型，即车体和两个转向架的沉浮、点头、横摆、侧滚和摇头位移，4 个或 6 个轮对的横摆和摇头位移，此时四轴客车和六轴机车就分别需要 27 个和 31 个独立自由度了。夏禾[70]等将车辆二系悬挂简化成为一系悬挂系统，建立车辆的横向和竖向振动分析模型，横向振动模型中考虑了车体的横摆、侧滚和摇头 3 个自由度，并考虑了轮对的横摆和侧滚 2 个自由度；空间振动模型中，对六轴机车和四轴客车分别采用 23 个和 17 个自由度的车辆模型，对每个轮对均考虑了横摆、侧滚和沉浮 3 个自由度，而在空间和平面模型中，均忽略了轮对的摇头位移。翟婉明[26]等在车辆-轨道垂向系统统一模型中将二系悬挂客车简化成 10 个自由度的车辆模型，考虑了车体和两个转向架的沉浮和点头以及 4 个轮对的沉浮位移；在车辆-轨道空间耦合系统模型中，二系悬挂客车采用具有 35 个自由度的车辆模型，考虑了车体、2 个转向架和 4 个轮对的沉浮、横移、侧滚、摇头和点头位移。

总的来说，各国研究学者所建立的车辆模型之间差异不大，都是将车辆等效为通过弹性悬挂和阻尼元件相互连接的刚体系统，可以将其分为具有一系悬挂和二系悬挂的车辆模型。就客车而言，自由度最多达到 35 个，若假定轮对与轨道保持刚性接触，则假定轮对的竖向与侧滚两种运动之间不独立，则车辆的自由度可降低至 27 个；若忽略轮对的点头运动，则车辆的自由度可降至 23 个。

1.2.2 轨道结构振动模型

对研究车辆-轨道-桥梁耦合振动问题，建立轨道结构动力分析模型是一项很重要的内容。最初在研究车辆-桥梁耦合振动问题时，忽略了轨道的影响，或者是将轨道考虑为放在梁体上的刚性体，而不考虑钢轨变形和扣件、道床的弹性作用，因而计算所得的轮轨动力等参数并不准确，也无法给出轨道结构的振动响应。为了研究轨道结构在车辆-轨道-桥梁耦合振动问题中的作用，人们将轨道模型引入车桥振动问题研究中，将轨道结构和桥梁结构统一建模,二者在交界面处采用位移协调的形式相连。

关于轨道结构的动力分析模型最早可以追溯到 1867 年,当时文克勒(Winkler)提出了弹性地基梁理论,该理论很快被用于轨道结构的建模当中。日本学者佐藤裕和佐藤吉彦[71]采用了集总参数模型和连续弹性基础梁模型研究了轨道的动力效应,其中比较有代表性的是所谓 Sato "半车-轨道"集总参数模型。国内在车辆-轨道耦合振动研究方面也取得了较大的进展。翟婉明[26]等建立了车辆-轨道垂向和空间耦合模型。在空间耦合模型中,将左右两股钢轨均视为连续弹性离散点支撑基础上的无限长 Euler 梁(欧拉梁),考虑了钢轨的垂向、横向和扭转振动;轨枕视为刚性体,轨枕与钢轨之间以及轨枕与道床之间在垂向和横向用线性弹簧和黏性阻尼连接,并考虑了轨枕的垂向和横向振动及刚体转动;道床离散为刚性质量块,道床块之间用剪切刚度和剪切阻尼元件连接,道床与路基之间用线性弹簧和阻尼元件连接,且只考虑道床的垂向振动。

轨道模型可以分为等效集总参数模型、连续弹性基础梁模型以及连续弹性离散点支承梁模型三种[71]。等效集总参数轨道模型,依据一定等效性原则,把一个具有复杂分散参数体系的轨道结构,转换成一个具有少数自由度的质量-弹簧-阻尼集总参数简化模型,具有很大的局限性,导致计算误差较大,只能用于定性分析轮轨系统动力学问题。连续弹性基础梁模型,将轨下基础作为均匀分布的整体地基,地基特性符合 Winkler 假定,着重反映轨道结构的总体基本特征。

连续弹性离散点支承梁模型,把轨下结构描述成为一系列按轨枕间距相隔的离散弹性-阻尼点支承体系,能够客观地反映"钢轨是靠各个轨枕沿纵向支承于道床和桥梁上"的事实,可以方便地考虑轨道系统参数沿纵向非均匀分布的情况[26]。连续弹性基础梁模型和连续弹性离散点支承梁模型,是目前普遍用来分析钢轨振动的模型,即 Euler 梁模型和 Timoshenko 梁模型。Euler 梁模型考虑钢轨的弯曲变形而不考虑其剪切变形,导致在 2 000 Hz 以上的振动不能精确求解。Timoshenko 梁模型引进了梁的剪切应变,并考虑梁的旋转惯性,从而使梁的受力分析更加准确,但该模型的理论分析比较复杂[26]。对于连续弹性离散点支承梁轨道模型,根据对轨下基础结构描述详细程度的不同,可以分为单层、双层及多层点支承模型。单层支承模型将整个轨下基础在垂向视为一种等效弹性-阻尼支承方式,而不单独考虑轨枕、道床的作用；双层支承模型考虑了轨枕的作用，包括轨枕质量、轨下垫层的影响；而三层支承模型则进一步考虑了道床的动力影响，模型对道床质量、弹性乃至道床下基础弹性作用等均有充分反映[26]。

1.2.3 桥梁模型

目前，国内外对列车经过桥梁时，桥梁结构的振动建模一般也采用模态坐标模型或有限元模型。桥梁结构具有各种不同的结构形式和跨度，采用有限元法建立分析模型时，根据桥梁结构的特点和计算精度要求采用不同的有限元单元类型，常用的有限元种类有平面杆系单元、空间杆系单元、桁段有限元、板壳单元和实体单元等，其中以杆系单元最为常用。采用杆系有限元建立桥梁模型时，既对结构作了合理的简化，其精度一般能够满足工程需要，尤其是对跨度较大、结构形式复杂的桥梁，若采用板壳单元和实体单元，由于自由度过多可能导致计算机存储空间不够并且花费过多机时。桁段有限元法[72,73]的主要思路是将一段桁梁作为有限元的一个单元，单元之间的联系在 4 个角点，其优点是能大量减少结构的自由度数目，但不能考虑结构局部杆件的振动以及由此产生的对整体结构振动的影响，而采用子结构的方法则可以分析桁段中各杆件的作用[74]。在需考虑单元的自由扭转和约束扭转以及横隔板等的作用时，可采用能量方法来建立系统平衡方程。曾庆元[75]提出采用弹性系统动力学势能不变值原理及形成系统矩形的"对号入座"法则，即用保留弹性总势能对各位移参数一阶变分的方法来确定刚度、阻尼和质量矩阵中各元素的位置，该方法在建立复杂结构模型时有其优越性。

夏禾、张楠等[70]采用模态坐标法对车辆-桥梁的耦合振动进行建模，模态坐标法是减少结构自由度的又一简便方法，其主要优点是可以大量减少计算自由度，但其缺点也是明显的：① 只能适用于线性结构的振动问题；② 无法考虑结构局部杆件的振动；③ 对复杂桥梁结构，由于多阶振型参与贡献，其计算自由度也会大量增加，无法体现其优点。总之，采用有限元的方法，用空间杆系单元以及板壳单元、实体单元来模拟桥梁结构，是目前建立桥梁分析模型的主流。

1.2.4 轮轨耦合接触模型

对竖向振动而言，一般假设车轮与钢轨始终密贴，这时车辆与轨道结构耦合关系比较明确。在建立横向振动或空间振动模型时，轮轨之间的耦合关系成为车辆轨道系统的关键。

Diana G 等[67]在分析大跨度桥梁的动力耦合时将车辆-桥梁耦合系统分成车辆和桥梁两个子系统，之间通过轮轨力来耦合，在计算轮轨力时考虑了轮轨之间的几何非线性和蠕滑力的非线性关系以及蠕滑力的饱和。松浦章夫[76]和松本嘉司[77]在研究车辆-桥梁耦合系统动力响应时也通过计算轮轨蠕滑力的形式来表示轮轨相互作用力，松浦章夫采用 Charter 蠕滑系数，松本嘉司则采用常蠕滑系数。

在国内，研究车辆轨道耦合系统也是看作车辆和轨道两个子系统，轮轨之间作用力对两个子系统来说均为外力；若视为整体，则轮轨之间的作用力对整个系统来说都为内力。但不管是内力还是外力，在建立车辆轨道动力模型以后都需要引进轮轨之间的耦合关系才能对其进行求解。对于竖向振动，假设轮轨始终接触，轮轨耦合关系较明确；在横向，由于轮轨之间存在游间，所以轮轨之间耦合关系比较复杂。目前，国内处理车辆轨道横向耦合关系的方法主要有三种：① 轮轨系统作为整体，轮轨之间仍通过蠕滑力来耦合；② 设轮对的蛇形运动按正弦规律变化；③ 车辆轨道耦合系统分成两个子系统，之间通过轮轨蠕滑力来耦合[26]。

在车辆-轨道-桥梁耦合振动分析中，目前被广泛采用和认可的方法是将车辆-轨道-桥梁耦合系统分成三个子系统，采用轮轨接触蠕滑理论以及轮轨接触几何关系来建立轮轨之间的耦合关系，并将轨道不平顺引入轮轨接触几何关系中，这也是目前研究车辆动力性能经常采用的方法。

1.2.5 轮轨系统激励源模型

对于车辆-轨道-桥梁耦合系统的激励源问题，一直存在两种看法：一种是将轨道不平顺作为系统的激励源；另一种是将车桥振动系统中的转向架振动加速度响应的实测波形作为系统的激励源。前者是从轮轨关系的微观分析出发，通过轮轨接触蠕滑理论，将轮轨之间的复杂相互作用力与位移协调关系描述清楚；后者认为轮轨关系太复杂，无法描述清楚，因而直接将转向架振动加速度的实测波形作为车辆-轨道-桥梁系统的激励源。目前，大多数学者倾向将轨道不平顺作为车辆-桥梁耦合振动的激励源。轮轨系统激扰源是引起车辆-轨道耦合系统振动的振源，因此有必要明确系统激励的特征及其描述。轮轨系统激扰可分为确定性激励和非确定性激励两大类别。

确定性激励由车辆和轨道两个方面的某些特定因素造成，车辆方面的因素主要是车轮擦伤、车轮踏面几何不圆及车轮偏心等；轨道方面的因素较为复杂，既有轨道几何状态方面的因素，如钢轨低接头、错牙接头、轨道几何不平顺、轨面波浪形磨耗等，又有轨下基础缺陷方面的因素，如轨枕空吊、道床板结、路基刚度突变等[26]。

非确定性激励主要是轨道随机不平顺。国外对轨道随机不平顺的研究开展得比较早，并且引用了轨道不平顺功率谱密度这一重要概念，使得对车辆-轨道耦合振动的研究有了统计意义的认识。国内外关于轨道不平顺谱的研究状况见 1.4 节。轨道不平顺功率谱描述了轨道不平顺在频域范围上的分布特性。在研究列车-轨道耦合系统的非线性问题时，不能直接在频域范围内采用叠加原理，而必须将其不平顺谱转变为时域范围内的激励函数，再利用时域的数值积分方法求解动力方程。

1.3　车辆-轨道-桥梁耦合振动的研究方法

车辆-轨道-桥梁的耦合振动研究方法主要有频域法、时域法和实验法等。

1.3.1　频域法

频域法采用传递函数、频率响应等描述系统输入输出关系的特性，主要是指求解系统振动方程在频域内的传递函数或者导纳函数，将输入的时域坐标经过傅里叶变换转化到频域上，再与传递函数（导纳函数）进行数学计算，从而得出输出在频域上的响应。频域法基于积分变换的求解思路，只要具备传递函数、输入响应和输出响应三者之中的两者，即可以求出另外的一个，具有求解速度快、效率高等优点，但仅仅适用于线性问题。

目前频域法在车辆-轨道耦合振动、轨道交通环境噪声和环境振动研究方面得到了广泛采用。Auersch L[78~80]、Sheng X[81,82]、Picoux B[83]、Vostroukhov A V[84]、Hirokazu Takemiya[85]和 Yuanqiang Cai[86]分别建立了轨道-层状地层耦合分析模型,采用频率-波数域法对移动简谐作用下轨道-地基结构的振动稳态响应进行了求解。Belotserkovskii P. M.[87]和 Kalker J. J.[88]分别将钢轨视为受等间距黏弹性支撑的无限长铁木辛克梁和欧拉梁,采用傅里叶级数的方法,对常速移动谐振荷载作用下轨道结构的稳态振动进行了分析。Wu T. X.[89~91]建立了分析频率高达 6 500 Hz 的有砟轨道结构高频振动的频域模型,并对轮轨粗糙度作用下轨道结构的振动响应进行了分析,对多轮-钢轨耦合作用下钢轨的高频振动特性进行了分析,分析了轮轨参数激振下钢轨的磨耗效应。Nielsen J. C. O.[92]、Andersen L.[93]、Szolc T.[94]、Knothe B.[95]和 Ripke K.[96]等对轨道结构和车辆结构进行了一定的简化,分别建立了车辆-轨道动力相互作用的频域模型,分析了轨道不平顺对轨道结构动力响应的影响,并分析了车轮擦伤引起的轮轨冲击作用问题,对车辆轨道高频相互作用问题进行了研究。Bitzenbauer J.[97]使用 Fourier 变换法求解车辆和轨道系统的动力学特性。Nielsen J. C. O.[98,99]、Popp K. 和 Kaiser I.[100,101]建立了弹性轮对轨道耦合分析模型,分析了车辆和轨道相互作用引起的中频效应问题。Baeza L. 等[102]考虑了轮轨相互作用接触,基于模态子结构法,建立了车辆与轨道结构的相互作用频域模型。

在国内,频域法也被广泛用于分析轨道交通引起的振动问题中。陈云敏等[103,104],谢伟平[105,106]、聂志红[107]、雷晓燕[108~111]、和振兴[112]、李志毅[113]等也都采用解析频域法建立了轨道结构单层或多层梁模型,分析了高速列车引起的轨道和地基振动。夏禾、曹艳梅等[114]利用解析的波数-频率域法建立了列车-轨道-自由场耦合模型,将轨道-地基系统考虑为三维层状地基上周期性支撑的欧拉梁模型,也分析了移动列车轴荷载和轨道不平顺引起的动态轮轨力作用下大地的振动响应。魏伟等[115]提出了包含钢轨断面弹性变形、轨下不连续支承、横垂向交叉导纳的轨道高频振动分析模型,提出了适合轮轨高频振动分析的阻抗聚缩法。谢伟平等基于弹性波动理论及分层法,建立了移动荷载作用下轨道-地基耦合体系的计算模型。李增光[116]结合频域轮轨相互作用的模型和高架桥有限元/边界元模型,提出了高架桥结构振动辐射噪声的预测方法,并结合车辆-轨道分析模型和高架桥有限元模型建立了频率域的车辆-轨道-高架桥垂向耦合模型,通过仿真计算分析了轮轨不平顺谱激励下传递到高架桥结构的振动功率流及参数影响。

1.3.2 时域法

时域法通常是指采用有限元法或者振型叠加法对模型进行振动方程的建立,然后采用时域数值积分方法对振动方程进行求解,从而得出系统的振动响应。时域法还可以对列车驶经桥梁进行一个全过程的时程分析,并且还能考虑非线性的问题,因此在分析车桥耦合时被普遍采用,是目前研究车辆-轨道-桥梁耦合振动的主流方法。但是,随着桥梁的复杂化和车辆节数的增多,采用时域法需要联立求解的动力方程个数猛增,这样计算量也迅速增加。

时域数值积分方法又分为两种:隐式法和显式法。隐式法包括常用的 Newmark-β 法、Wilson-θ 法、Hobolt 法和 Park 法等,无论对线性还是非线性问题,其数值稳定性一般较好,有助于时间积分步长的选取。但是,隐式法每向前积分一步都要求解一次大型线性代数方程组,特别是对非线性问题还需要重新计算阻尼和刚度矩阵,这给多自由度的大型工程问题带来了很大的困难,工作量十分巨大,计算费用也相当可观。显式法具有计算过程简捷、计算效率高等特点,只是这常常要以牺牲一定的精度或稳定性为代价,时间步长的选取需受到稳定性条件的限制,常用的显式法包括四阶 Runge-Kutta 法和中心差分法。为了克服以上显式法和隐式法的不足,翟婉明[26]寻求了一种新型快速显式积分方法和一种新型预测-校正积分方法,实现了不需要求解高阶线性代数方程组的目标,从而大幅度提高了数值计算效率与经济性。随着计算机的广泛应用、计算机技术的迅速发展以及轨道交通建设的迫切需要,各国学者在研究中已尽可能地考虑了各种因素,先后提出了日趋完善的车辆-桥梁耦合系统动力分析模型,并以不同的方法导出了考虑各种因素相互关系的运动方程式,然后按照实际的车辆和桥梁参数,根据不同的情况和要求在计算机上进行仿真分析,得出了许多有益的研究成果。

Dhar C. L.[61]以桥梁与车辆间的竖向相互作用为激励源,车体、转向架及轮对为刚体,用弹簧进行连接,假定轮对始终与钢轨接触,给定车体进桥的初始竖向位移与点头角度，计算了车辆桥梁耦合振动时变系统的竖向振动。1985 年，Chu K. H.[62]等学者采用上述模型，同时考虑了轨道不平顺，计算桥梁的冲击系数，在激励源方面迈出了重要的一步。Bhatti[117]将车辆简化成 21 个自由度，考虑弹簧的几何及悬挂非线性，以轨道横向及竖向不平顺为激励，分别建立了车辆与桥梁的振动方程，以轮轨相互作用将这两组方程联系起来，对桥梁的动力反应进行了研究。20 世纪 80 年代至今，大量学者以有限元为手段，对车辆-桥梁耦合系统动力响应问题进行了深入研究，分别就大跨度斜拉桥、桁梁桥、钢筋混凝土桥等车桥动力反应进行了研究。Song M. K. 等[118]提出了一个用于分析车辆-桥梁耦合振动的三维有限元模型，桥梁模型单元由 6 自由度的非限定平板单元组合而成。Ouelaa N. 等[119]提出了一个用于分析列车经过时引起桥梁结构振动和噪声的计算模型，在模型中，车辆结构等效为移动黏弹性质量块，采用阵型叠加法对车辆-桥梁耦合振动模型进行求解。Majka M. 等[120]采用有限元方法建立了车辆-桥梁耦合振动模型，分析了列车行驶时随机不平顺对桥梁结构振动特性的影响。Nguyen V. 等[121]采用轮轨接触模型建立了车辆-桥梁耦合振动三维模型，分析了列车经过时桥梁结构的动力响应。Lu M. 等[122]基于车辆-桥梁耦合振动分析模型，采用 TMD（调频质量阻尼）技术对高速列车经过时的桥梁共振特性进行了优化。

国内对车辆-桥梁耦合振动的研究始于 20 世纪 50 年代。20 世纪 70 年代以来，随着计算机技术的日新月异，为满足轨道交通建设的要求，车辆-桥梁相互作用研究取得了很大进展。曾庆元[123~125]等采用势能驻值原理及形成结构矩阵的"对号入座"法则，将车辆-桥梁视为一个整体振动系统，其振动特性随列车过桥时间变化，导出此系统横向振动的矩阵方程，并以车辆构架在桥上的蛇行波和车辆轮对在线路上的实测蛇行波为激振源，算出了列车单线过简支钢桁梁桥时车辆-桥梁系统横向振动响应时程曲线，并与实测结果进行了对比。朱胜浩等[126~128]基于动轮单元法，采用有限元法建立了车辆-桥梁耦合模型，分析了多跨和单跨简支梁桥在列车经过时的共振特性，并对列车经过时引起的钢拱桥振动特性进行了研究。杨永斌等[129~135]将列车视为一系列移动弹簧质量块，基于车辆-桥梁接触单元建立了列车-桥梁有限元单元，分析了列车经过斜拉桥引起的振动，并采用半解析的方法分析了列车经过高架桥时引起的环境振动。夏禾等[136~144]采用模态坐标法建立了随机激励下的车辆-桥梁耦合振动模型，分析了高速列车作用下桥梁的振动响应，对列车引起简支梁桥、连续梁桥和悬索桥三种桥梁结构的共振机理进行了研究，此外还对 50 m 跨 U 形预应力混凝土箱型桥梁进行了现场试验。张志超等[145,146]采用虚拟激励法分析了地震水平荷载作用下车辆-桥梁系统的动力响应。

车辆-轨道-桥梁耦合系统中，轨道结构都是一个非常重要的参与振动的结构，整个耦合系统的动力响应以及相互作用都受到轨道结构的动力特性的影响。实际上，在有关研究中，所建立的模型当中也有考虑到轨道结构的刚度和阻尼对车轮与桥梁之间的弹簧和阻尼元件的影响，但却没有考虑轨道结构各部位结构参与到整个耦合系统振动的影响。

Wu Y. S. 等[147]利用动力凝聚的方法，推导出了分析车辆、桥梁振动以及车桥接触力的三种车辆-轨道作用单元，而且还考虑了轨道不平顺对整个模型的影响。张格明[148]建立了车辆-轨道-桥梁耦合系统动力模型，讨论了列车在有砟轨道上运行轨道不平顺对车辆动力响应的影响规律。高芒芒[149]建立了多层支承体系的线路结构动力模型，编制了车辆-轨道-桥梁动力分析程序，通过现场试验对理论模型进行了验证，分析了高速列车通过多跨简支梁桥、大跨度桥梁时诱发的车桥振动规律以及高速列车行走性能的规律。蔡成标等[150]针对高速列车、轨道和桥梁动力相互作用问题，建立了车辆-轨道 桥梁耦合系统模型，利用数值模拟仿真的方法来分析高速列车通过桥梁诱发轨道结构和桥梁结构的振动特性以及高速列车在线路上运行的安全性。娄平等[151]基于不等长的轨道-桥梁耦合单元，建立了车辆-轨道-桥梁耦合振动有限元模型，对列车经过桥梁时系统的动力特性进行了分析。Biondi B. 等[152]采用子结构法建立了车辆-轨道-桥梁耦合振动模型，采用修正后的模态叠加法对连续的钢轨和桥梁模型进行了求解，并通过数值方法对求解过程的精度和效率进行了分析，对不平顺激扰下车辆、轨道和桥梁的动力响应进行了分析。高亮等[153]建立了基于多体动力学和有限元法建立了车辆-轨道-桥梁动力学模型，分析了弹性材料对高速铁路板式轨道减振特性的影响。Cheng Y. S. 等[154]视车辆结构为系列移动弹簧质量单元，在轮轨接触单元的前提下，建立了车辆-轨道-桥梁耦合振动有限元模型，分析了列车经过桥梁时的结构振动。李奇等[155]基于车辆-轨道-桥梁耦合振动，建立了混凝土箱梁二次辐射噪声计算模型。

铁道科学研究院、中南大学、北京交通大学和西南交通大学等针对车辆-轨道-桥梁耦合系统振动问题，建立了求解其时域内动力响应的分析方法并开发了相应的计算程序，已经取得了一定的成果[156]。

1.3.3 试验法

列车-轨道-桥梁耦合系统非常复杂，因此在实验室里采用小比例模拟试验很难模拟复杂的轮轨耦合作用、轨道与桥梁的耦合作用等。故对该问题的试验研究一般通过原型试验或现场实测的方法。工程中一般通过现场实测研究既有线路上运行列车引起的轨道和桥梁结构振动。然而要对新建线路上轨道桥梁结构的振动及其引起的环境振动噪声问题进行预测，只能通过理论模拟或建立在试验基础上的经验方法求得。经验方法的基本思路：已知具有相似车辆、轨道和桥梁结构类型的既有线路上运行列车引起的参考振动，已知车辆、轨道、桥梁各影响因素与振动的相关关系（通过大量实测或理论分析得出），根据实际线路状况对参考振动进行合理的修正，最后估计出所需的振动。由于轨道不平顺状况和轨道、桥梁结构对振动有重要的影响，经验方法在实际应用中常需进行大量试验求得轨道和桥梁结构的振动传递函数。

日本、欧洲铁路部门对高速列车、高架线路引起的环境振动进行了大量实测。国内夏禾[141,142]、朱圣浩[126~128]等对地面铁路、高架轨道交通和地铁引起的建筑物振动进行了大量实测。在大量实测的基础上，美国联邦铁路运输部门在《高速铁路噪声和振动评估手册》中提出了一套完整地预测铁路环境振动的经验方法。With[157]等也提出类似的经验方法，用于初步设计阶段的铁路振动预测，可减少在最后设计阶段需详细调查的敏感点数目，并通过试验求得传递函数来预测铁路引起的建筑物振动。

国内外铁路部门和学者对轨道交通引起的环境振动进行了大量实测，并提出了许多预测振动的经验公式。实测方法具有很好的可靠性，但只能用于既有线路对已建结构物的振动影响评估，而且需花费大量的时间和金钱。经验方法方便快捷，一般用于初步设计阶段的振动评估；在最后设计阶段则必须采用实验和理论方法相结合准确调查重要敏感点的振动以及选取合适的减振措施。

1.4 轨道不平顺谱研究

轨道不平顺是指轨道的几何形状、尺寸和空间位置相对其正常状态的偏差。轨道不平顺的类型，可按它们对车辆激励作用的方向、不平顺的波长或形状特征、显示记录时有无轮载作用等分类。

通常情况，轨道不平顺可由高低不平顺、水平不平顺、扭曲不平顺、轨向不平顺和轨距不平顺等单项不平顺组成，如图 1.1 所示。高低不平顺是指轨道沿钢轨长度方向，在垂向上的凸凹不平，高低不平顺可以分为左轨高低不平顺和右轨高低不平顺。水平不平顺是指轨道各个横截面上左右两轨顶面高差的波动变化。扭曲不平顺，又称三角坑不平顺，指左右两轨顶面相对于轨道平面的扭曲，用相隔一定距离的两个横截面水平幅值的代数差度量。轨向不平顺是指钢轨内侧面沿长度方向的横向凸凹不平顺，可分为左轨向不平顺和右轨向不平顺。轨距不平顺，又称轨距偏差，是指在轨道同一横截面、钢轨面以下 16 mm 处、左右两根钢轨之间的最小内侧距离相对于标准轨距的偏差。

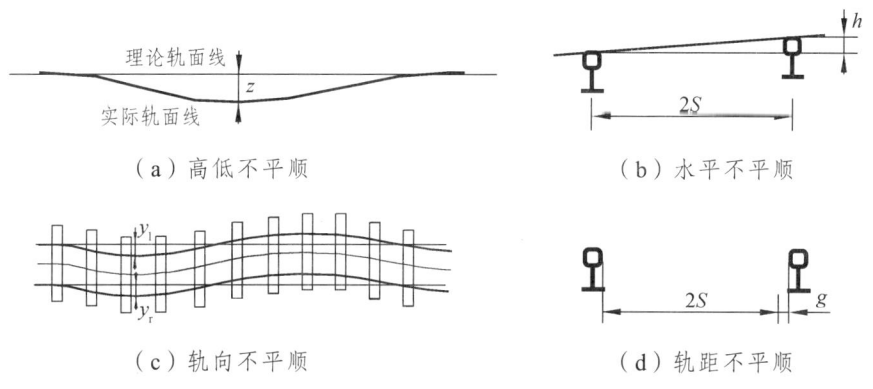

图 1.1 轨道几何形位不平顺

轨道不平顺的波长分布范围较广，0.01～200 m 波长的不平顺均属常见，按照其波长大小，可分为短波、中波和长波不平顺。波长 1 m 以下的轨面不平顺为短波不平顺，其幅值较小，多在 0.1～2 mm，主要由钢轨波浪磨耗、焊缝平顺度超标、钢轨不均匀磨耗、剥离掉块和轨枕间距不良等因素产生。波长为 1~30 m 的轨道不平顺为中波不平顺,其幅值在 1~35 mm 不等,主要由钢轨轧制过程中形成的周期性成分和波浪形磨耗、道床路基的残余变形、道床密实度不均及桥涵刚度变化等因素引起。波长为 30~150 m 的轨道不平顺为长波不平顺,其幅值在 1~60 mm 不等,甚至更大,主要由路基工后不均匀沉降、路基施工高程偏差、线路纵断面不达标和桥梁动挠度等因素引起[158]。

按轨道不平顺显现时有无轮载作用,轨道不平顺可分为动态轨道不平顺和静态轨道不平顺两类[159]。无轮载作用时,人工或轻型测量小车测得的不平顺通常称为静态不平顺,静态轨道不平顺不能反映暗坑吊板和弹性不均匀等形成的不平顺,只能部分反映道床、路基不均匀残余变形累积形成的不平顺,是真实轨道不平顺的一部分。用轨检车测得的在列车车轮荷载作用下的轨道不平顺通常称为动态不平顺,真正对行车安全、轮轨作用力、车辆振动产生实际影响的轨道不平顺是动态不平顺,各国轨道不平顺的各种控制及维修管理标准,尤其是安全管理标准,大多是控制动态不平顺值。

目前世界各国用来测量不平顺的方法可归纳为弦测法和惯性基准法两大类[160]。弦测法通过测量轮轨接触点的弦测值,然后乘以相应的传递函数来获得实际的轨道不平顺值。由于弦测法的传递函数并不恒为 1,而是随着不平顺波长的变化在 1.0~2.0 变化,且其传递函数是随弦长与不平顺波长的比值变化而变化的,此外,弦测法基准线还随高低不平顺的变化而变化,在许多情况下弦测法测得的数据并不能真实反映实际的不平顺水平,具有严重的缺陷[161],所以一般只用于轨检手推小车。惯性基准法是利用惯性原理获得测量基准的现代轨道不平顺检测方法[162]。现代轨检车通常采用轴箱加速度双积分法进行轨道不平顺的检测,基本思路是将轴箱位移看成是因轨面高低不平顺而产生的,在轮轨保持接触的情况下,认为两者相等。但由于轴箱加速度的幅值与频率覆盖范围太大,以致测量仪器在量程与精度上无法满足需要,所以现代轨检车一般采用的是质量弹簧系统加速度积分与位移相加法,其原理是认为轴箱位移与轨道高低不平顺是相等的,而轴箱位移又等于车体上下运动量加上车体与轴箱相对位移之和,因此车体上下运动的位移量可由安装在车体上的加速度计测得的加速度经二次积分得到。

我国目前主要采用局部不平顺幅值超限评分法和轨道质量指数评价法

两种方法对轨道不平顺状态进行评价[163]。局部不平顺幅值超限评分法能够找出轨道的局部病害及病害的类型、程度和所在位置,作为指导现场紧急补修非常实用;轨道质量指数评价法则通过判别轨道质量的均衡性,能做出较为符合实际情况的评价。但是这两种方法都是仅从幅值角度来对轨道的平顺状态进行评价,无法全面反映轨道区段的综合质量状态,具有一些局限性[164]。功率谱密度函数能清楚地表明轨道不平顺所包含的波长成分及其均方值密度,能够同时提供幅值和波长两方面的信息,然而至今我国尚未形成较为通用的轨道谱。

波长在 1 m 以下的轮轨短波不平顺,其测量方法可分直接测量法和间接测量法两类;短波不平顺的评价方法目前分为最大幅值法、功率谱法和 1/3 倍频等效粗糙度法等[165]。直接测量法是指直接用位移传感器测量轮轨表面不平顺幅值沿钢轨长度或轮周方向的分布情况。车轮踏面不平顺直接测量仪由一个相对复杂的系统组成,其主要部件为 LVDT 线性电压位移传感器,测量时,将轴箱顶起,在踏面上设置若干个平行测点,转动车轮进行数据采集,试验装置主要由启动装置、转速信号采集装置和粗糙度信号采集装置组成。轨面短波不平顺间接测量法的原理是通过测量轴箱振动加速度或轮轨辐射噪声来反推轨面不平顺[166,167],车轮踏面不平顺间接测量法则是通过测量列车引起钢轨轨头竖向振动加速度、钢轨垂向振动的衰减率谱和列车通过速度三项指标,求出轮轨联合粗糙度谱,然后与钢轨有效粗糙度谱能量相减得到车轮有效粗糙度谱[168~172]。

直接测量法具有操作简便、成本低、精度高的优点,能够分别测出钢轨与车轮的轮轨短波不平顺,能区分出轮轨不平顺对总体短波不平顺的贡献值,但是数据后处理较为烦琐,而且灵活性差、效率低下。间接测量法的优点是效率高,能够在不影响线路运营的前提下实时地获得整列车所有车轮粗糙度信息,操作很简单,但缺点也非常明显,主要体现在测试精度对试验条件的依赖性大;另外间接法无法区分出轮轨不平顺对总体短波不平顺的贡献值[170]。

1.4.1 轨道中长波不平顺谱的研究

英国道比铁路研究中心在 20 世纪 60 年代中期就开始了对轨道不平顺

的实测和分析工作，得到了功率谱的分布曲线及相应表示式[173]，轨道不平顺的谱密度表达式为

$$\left.\begin{aligned} S_v(\Omega) &= \frac{1}{22.94\Omega^4 + 7.81\Omega^3 + 1.33\Omega^2} \\ S_c(\Omega) &= \frac{1}{15.69\Omega^4 - 6.30\Omega^3 + 7.22\Omega^2} \\ S_a(\Omega) &= \frac{1}{100.8\Omega^3} \end{aligned}\right\} \quad (1.1)$$

式中，S_v、S_c 和 S_a 分别为高低、水平和轨向不平顺，单位为 $mm^2 \cdot m/rad$；Ω 为空间频率，为不平顺波长的倒数，即 $\Omega = 1/\lambda$，单位为 m^{-1}。

20 世纪 70 年代，法国学者 Peud' homme [158]提出了用于理论分析的轨道谱计算公式：

$$S(\Omega_\omega) = \frac{A}{(B + \Omega_\omega)^3} \quad (1.2)$$

式中，$S(\Omega_\omega)$ 为轨道不平顺的功率谱密度函数，单位为 $m^2 \cdot m$；Ω_ω 为空间圆周频率，空间圆周频率可用波长进行换算，换算式为 $\Omega_\omega = 2\pi/\lambda$，$\lambda$ 为波长，λ 的单位为 m；A，B 为系数，标准值分别为 2×10^{-6} 和 0.36。对 3 m 以下的短波不平顺，可忽略长波长部分，用式（1.3）表示。

$$S(\Omega_\omega) = \frac{A}{\Omega_\omega^3} \quad (1.3)$$

1980 年前后，日本在对 50 多组长度为 500 m 区间不平顺数据进行测试分析并进行平均的基础上得到了轨向、水平、高低三种轨道不平顺功率谱密度函数表达式，如式（1.4）所示，根据轨道状态的好坏，将轨道不平顺功率谱密度函数分为好、中、差三个等级[158]。

$$S(\Omega) = \frac{A}{\Omega^n} \quad (1.4)$$

式中，S 为轨道不平顺功率谱密度函数值，单位为 $mm^2 \cdot m$；Ω 为空间频率，单位为 m^{-1}；A 和 n 为功率谱密度函数表达式的参数值，具体见表1.1。

表 1.1　日本轨道不平顺功率谱密度函数表达式参数 A 与 n 的数值

轨道不平顺类型	轨道状态	长波 A	长波 n	短波 A	短波 n
轨向不平顺	好	0.17	2.05	0.006 5	3.06
	中	0.12	2.25	0.003 9	3.45
	差	0.27	2.25	0.002 9	3.64
水平不平顺	好	—	—	0.18	1.79
	中	—	—	0.25	1.78
	差	—	—	0.12	2.12
高低不平顺	好	0.008 3	3.10	0.14	1.97
	中	0.004 6	3.14	0.18	2.05
	差	0.004 6	3.24	0.45	1.89

美国联邦铁路管理局（FRA）根据大量实测资料，得到美国铁路的不平顺功率谱密度[174]表达式，如式（1.5）所示，然后根据制定的铁路安全法规将轨道不平顺谱按线路平顺状态的安全限度和相应的允许速度分为六个等级，有效波长范围为 1.524～304.8 m，表达式的参数如表 1.2 所示。对于每一级轨道谱 FRA 给出了建议的客、货车最高运行速度，美国轨道谱属于中、低速轨道谱。

$$\left.\begin{array}{l} S_v(\varOmega_\omega) = \dfrac{kA_v\varOmega_c^2}{(\varOmega_\omega^2+\varOmega_c^2)\varOmega_\omega^2} \\[2mm] S_a(\varOmega_\omega) = \dfrac{kA_a\varOmega_c^2}{(\varOmega_\omega^2+\varOmega_c^2)\varOmega_\omega^2} \\[2mm] S_{c,g}(\varOmega_\omega) = \dfrac{4kA_v\varOmega_c^2}{(\varOmega_\omega^2+\varOmega_c^2)(\varOmega_\omega^2+\varOmega_s^2)} \end{array}\right\} \quad (1.5)$$

式中，S_v、S_a、S_c 和 S_g 分别为高低、轨向、水平和轨距不平顺的功率谱密度值，单位为 $cm^2 \cdot m/rad$；$\varOmega_\omega$ 为空间圆周频率，rad/m；$\varOmega_c$ 和 $\varOmega_s$ 分别为截断频率，单位为 rad/m；A_v 和 A_a 分别为粗糙度系数，单位为 $cm^2 \cdot rad/m$，其值与线路等级有关；k 一般取 0.25。

表 1.2　美国轨道谱的参考值

参　　数	线路等级					
	1 级	2 级	3 级	4 级	5 级	6 级
A_v/(cm²·rad·m⁻¹)	1.210 7	1.018 1	0.681 6	0.537 6	0.209 5	0.033 9
A_a/(cm²·rad·m⁻¹)	3.363 4	1.210 7	0.412 8	0.302 7	0.076 2	0.033 9
Ω_s/(rad·m⁻¹)	0.604 6	0.930 8	0.852 0	1.131 2	0.820 9	0.438 0
Ω_c/(rad·m⁻¹)	0.824 5	0.824 5	0.824 5	0.824 5	0.824 5	0.824 5
允许最高速度 /(km/h) 货车	16	40	64	96	128	176
允许最高速度 /(km/h) 客车	24	48	96	128	144	176

20 世纪 80 年代初,德国[175]在进行高速列车的研究时采用了式(1.6)所示的轨道谱表达式。

$$\left.\begin{array}{l} S_v(\Omega_\omega) = \dfrac{A_v \Omega_c^2}{(\Omega_\omega^2 + \Omega_r^2)(\Omega_\omega^2 + \Omega_c^2)} \\[2mm] S_a(\Omega_\omega) = \dfrac{A_a \Omega_c^2}{(\Omega_\omega^2 + \Omega_r^2)(\Omega_\omega^2 + \Omega_c^2)} \\[2mm] S_c(\Omega_\omega) = \dfrac{A_v b^2 \Omega_c^2 \Omega_\omega^2}{(\Omega_\omega^2 + \Omega_r^2)(\Omega_\omega^2 + \Omega_c^2)(\Omega_\omega^2 + \Omega_s^2)} \end{array}\right\} \quad (1.6)$$

式中,S_v、S_a 和 S_c 分别为高低、轨向和水平不平顺的功率谱密度值,单位为 m²·m/rad;Ω_ω 为空间圆周频率,单位为 rad/m;Ω_c、Ω_r 和 Ω_s 分别为截断频率,单位为 rad/m;A_v 和 A_a 分别为粗糙度系数,单位为 rad·m;b 为名义滚动圆距离之半,取 0.75 m。粗糙度系数及截断频率如表 1.3 所示。

表 1.3　德国轨道谱粗糙度系数及截断频率

轨道类别	参数	Ω_c	Ω_r	Ω_s	A_a	A_v
	单位	rad/m	rad/m	rad/m	10⁻⁷rad·m	10⁻⁷rad·m
低干扰系数		0.824 6	0.020 6	0.438 0	2.119	4.032
高干扰系数		0.824 6	0.020 6	0.438 0	6.125	10.80

原长沙铁道学院等单位分别于 1965 年、1979 年和 1982 年先后在京广线上对轨道不平顺进行了实测,并用傅里叶变换法和最大熵谱估计法,求得有轮载和无轮载条件下京广线三段约数百米的轨道不平顺的功率谱密

度，提出了我国铁路干线的轨道不平顺功率谱的建议表达式[176]：

$$\left.\begin{array}{l} S_{vr}(\Omega) = S_{vl}(\Omega) = 9.836 \times 10^{-4} \dfrac{\Omega^2 + 1.023\Omega^{-2}}{\Omega^4 + 1.836 \times 10^{-2}\Omega^2 + 6.67 \times 10^{-7}} \\[6pt] S_v(\Omega) = 2.755 \times 10^{-3} \dfrac{\Omega^2 + 8.879\Omega^{-2}}{\Omega^4 + 2.524 \times 10^{-2} \times \Omega^2 + 9.61 \times 10^{-7}} \\[6pt] S_{ar}(\Omega) = S_{al}(\Omega) = 1.049 \times 10^{-2} \dfrac{\Omega^2 + 1.530\Omega^{-3}}{\Omega^4 + 1.598 \times 10^{-2}\Omega^2 + 2.514 \times 10^{-5}} \\[6pt] S_a(\Omega) = 9.404 \times 10^{-3} \dfrac{\Omega^2 + 9.701\Omega^{-2}}{\Omega^4 + 3.768 \times 10^{-2} \times \Omega^2 + 2.666 \times 10^{-5}} \\[6pt] S_c(\Omega) = 5.100 \times 10^{-2} \dfrac{\Omega^2 + 6.346 \times 10^{-3}}{\Omega^4 + 3.157 \times 10^{-2}\Omega^2 + 7.791 \times 10^{-5}} \\[6pt] S_g(\Omega) = 7.001 \times 10^{-3} \dfrac{\Omega^2 + 3.863 \times 10^{-2}}{\Omega^4 + 3.355 \times 10^{-2}\Omega^2 + 1.464 \times 10^{-5}} \end{array}\right\} \quad (1.7)$$

式中，S_{vl}、S_{vr}、S_v、S_{al}、S_{ar}、S_a、S_c、S_g 分别为左钢轨高低不平顺、右钢轨高低不平顺、线路中心线平均高低不平顺、左钢轨轨向不平顺、右钢轨轨向不平顺、线路中心线平均轨向不平顺、线路水平不平顺和轨距不平顺的功率谱密度值，单位为 $mm^2 \cdot m$；Ω 为空间频率，单位为 m^{-1}。

1997 年，铁道科学研究院对我国铁路干线的轨道不平顺数据进行了大量采集和分析，提出了我国主要干线的轨道高低、水平、轨向不平顺功率谱密度的解析表达式[177]：

$$S(\Omega) = \dfrac{A(\Omega^2 + B\Omega + C)}{\Omega^4 + D\Omega^3 + E\Omega^2 + F\Omega + G} \quad (1.8)$$

式中，S 为轨道不平顺功率谱密度值，单位为 $mm^2 \cdot m$；Ω 为空间频率，单位为 m^{-1}；$A \sim G$ 为轨道不平顺功率谱密度的特征参数，如表 1.4 和表 1.5 所示。

表 1.4　提速干线轨道谱的拟合曲线特征参数

参数	A	B	C	D	E	F	G
左高低	1.102 9	-1.470 9	0.594 1	0.848 0	3.801 6	-0.250 0	0.011 2
右高低	0.858 1	-1.460 7	0.584 8	0.040 7	2.842 8	-0.198 9	0.009 4
左轨向	0.224 4	-1.574 6	0.668 3	-2.146 6	1.766 5	-0.150 6	0.005 2
右轨向	0.374 3	-1.589 4	0.726 5	0.435 3	0.910 1	-0.027 0	0.003 1
水平	0.121 4	-2.160 3	2.021 4	4.508 9	2.222 7	-0.039 6	0.007 3

表 1.5 提速干线轨道中心线轨道谱的拟合曲线特征参数

参数	A	B	C	D	E	F	G
高低	0.665 0	-1.435 7	0.573 7	0.813 8	1.912 3	-0.123 4	0.006 3
轨向	0.705 2	-1.625 3	0.715 1	-2.597 7	3.712 8	-0.269 1	0.011 2

从 1970 年开始，铁道科学研究院就对我国铁路的轨道不平顺进行了许多测量和分析，取得了不少研究成果。文献[178]等分析了轨检车以不同速度通过轨道时的动态轨迹变化，指出基于负荷车轮进行轨道不平顺检测可如实反映实际轨道不平顺特征和幅值大小，用轨检车测取的不平顺样本进行谱分析可以满足精度要求。文献[179]等提出了检验轨道不平顺的平稳性和正态性的方法，基于轨道不平顺变化率以及小波分析方法，给出剔除轨道不平顺异常值算法和零均值化处理算法。文献[180]根据轨道不平顺检测数据进行了轨道谱估计，利用非线性最小二乘优化算法拟合方法，提出了我国铁路干线的通用轨道谱拟合公式。文献[181]根据行车速度，建议将我国干线铁路轨道谱划分为 3 个等级，并在文献[182]中提出了不同等级铁路轨道平顺性的定性评判方法。文献[183]~[185]基于轨道不平顺检测数据，分析了秦沈客运专线轨道不平顺的功率谱密度，得出平均意义上的最大值、建议值和最小值，提出了秦沈客运专线轨道谱的拟合曲线公式和轨道谱质量的评判方法。文献[186]根据轨道结构存在的不平顺特征，提出了基于数字统计、信号处理理论和不平顺检测数据的综合因子法，对各类轨道不平顺的发展趋势进行了预测。

西南交通大学对轨道谱的研究主要是以应用研究为主。文献[187]~[189]建立了车辆轨道耦合动力学随机振动模型，研究了轨道不平顺谱激励下的车辆轨道动力响应。文献[190]~[195]研究了利用轨道不平顺谱模拟时域轨道不平顺的方法。文献[196]和[197]通过仿真计算对比了国内外轨道不平顺谱。文献[198]通过车辆轨道耦合动力学时域模型研究了轨道随机不平顺激励下车辆轨道的动力响应。文献[199]利用左右钢轨不平顺和轨道中心线轨道不平顺的关系，把左、右钢轨的轨道不平顺谱等效转换成轨道中心线的轨道不平顺谱。文献[200]和[201]研究了循环平稳统计理论，分析了二阶统计量循环在自相关函数和循环谱密度的特性，并将其应用于轨道不平顺谱特性的研究。文献[202]通过对遂渝线无砟轨道动态不平顺检测数据进行统计分析，研究了无砟轨道不平顺的统计规律和特征，并对遂渝线无砟轨道不平顺的轨道谱进行初步研究。

同济大学对我国铁路干线和城市轨道交通的轨道不平顺谱也进行了研究。文献[203]~[205]总结了研究轨道不平顺谱时域模拟方法，并对车辆响应与轨道不平顺进行了相干性分析，研究了客货混运线路轨道不平顺最不利波长。文献[206]研究了轨道不平顺异常值的处理方法。文献[207]和[208]对轨道不平顺评价、轨道恶化模型进行了深入研究。文献[209]和[210]对国内外轨道不平顺谱作了简要对比，并对实测轨道不平顺谱及其拟合谱的分析方法作了较为详细的介绍。文献[211]对国外不平顺标准谱和我国轨道不平顺统计谱进行对比，对沪宁线的轨道不平顺数据进行谱分析，得到了沪宁线的不平顺谱。文献[212]对沪昆线的轨道不平顺谱进行了估计，分析了轨道不平顺谱与 TQI（轨道质量指数）之间的关系。文献[213]对我国城市高架轨道交通轨道不平顺谱进行了初步估计。文献[214]以合-武客运专线动检车实测不平顺数据为样本，对统计样本进行了谱估计，同时采用最小二乘法对轨道不平顺功率谱进行拟合。

此外，北京交通大学、中南大学、华东交通大学等院校也从数据信号的试验采集、幅值变化特征和波长特性等方面对轨道不平顺进行了研究，如文献[215]~[224]所示。

1.4.2　关于轮轨短波不平顺谱研究

目前，国内外对轮轨短波不平顺谱的研究主要集中在对轮轨噪声有重要影响的轮轨粗糙度谱的研究上。轮轨粗糙度谱的形式主要有轮轨分离谱、不考虑车轮表面的轨面粗糙度和轮轨联合粗糙度谱三种形式，虽然国外对包含轮轨粗糙度的短波不平顺进行了大量的测试及统计分析，但至今为止，仍然没有形成公认的轮轨短波不平顺谱公式。

轮轨分离谱，即分别对车轮和钢轨表面不平顺进行测量得到各自不平顺谱，然后将两者按能量相加的方法进行叠加，如式（1.9）所示。

$$S_{r,c}(\lambda) = S_{r,r}(\lambda) \oplus S_{r,w}(\lambda) = 10 \lg(10^{S_{r,r}(\lambda)/10} + 10^{S_{r,w}(\lambda)/10}) \quad (1.9)$$

式中，$S_{r,c}$、$S_{r,r}$ 和 $S_{r,w}$ 为轮轨粗糙度谱之和、钢轨有效粗糙度谱和车轮有效粗糙度谱，单位为 dB；λ 为波长，单位为 cm。

Remington[225]提出"等效粗糙度"的概念，用以等效模拟车轮扁疤、钢轨接头等冲击性的激扰谱，等效粗糙度的 1/3 倍频程计算如式（1.10）所示。

$$\left.\begin{array}{l} S_r(\Omega) = 0.46 \dfrac{h_r}{\pi R_w \Omega^3 L_r} \\ S_w(\Omega) = 0.11 \dfrac{L_w^2 n_w}{\pi^2 R_w^3 \Omega^3} \end{array}\right\} \quad (1.10)$$

式中，$S_r(\Omega)$ 和 $S_w(\Omega)$ 分别为轨面和车轮踏面等效粗糙度的 1/3 倍频程值，单位 $mm^2 \cdot m$；h_r 为钢轨接头高度，单位为 m；L_r 为钢轨接头波长，单位为 m；n_w 为车轮踏面扁疤个数；L_w 为车轮扁疤长度，单位为 m；R_w 为车轮半径，单位为 m；Ω 为空间频率，单位为 m^{-1}。

为了控制轨面粗糙度对轮轨噪声的影响，国际标准组织颁布了 ISO 3095[226]，对轨面粗糙度的测量方法、评价指标和评价方法进行了规定，提出了轨面粗糙度的控制限值谱。

Dings P. C.[227]等采用直接法对 150 个不同车轮踏面粗糙度和 30 个轨道区段的轨面粗糙度进行了测试，在进行数据归类和分析的基础上，采用 ISO 3095 对轮轨粗糙度谱进行了评价，获得了荷兰铁路系统的轮轨粗糙度谱，如图 1.2 所示。

仅考虑轨面的粗糙度谱，是指采用轨面不平顺的粗糙度水平来代表轮轨粗糙度谱，其前提是要保证车轮踏面的粗糙度水平处于一个非常良好的状态。文献[228]在研究高速铁路钢轨打磨效果时，提出了低噪声的理想轨面粗糙度谱拟合公式：

$$S(\Omega_w) = \dfrac{1.7 \times 10^{-8}}{\Omega^2} \quad (1.11)$$

式中，S 为粗糙度功率谱密度值，单位为 $cm^2 \cdot m/rad$；Ω 为空间频率，单位为 m^{-1}。

王澜[229]采用直接法通过对我国石太线轨面垂向短波不平顺进行测量，经回归分析，提出了轨面短波不平顺功率谱近似表达式：

$$S(\Omega) = 0.036 \Omega^{-3.15} \quad (1.12)$$

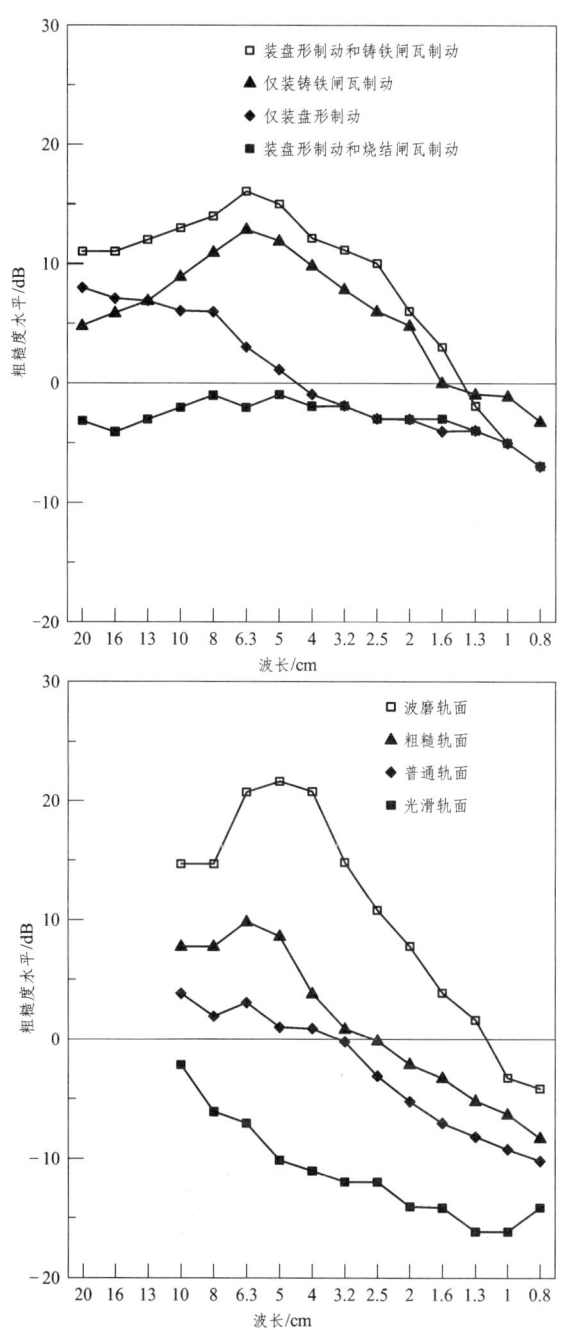

图 1.2 文献[229]测得的轮轨粗糙度谱

式中，S 为功率谱密度值，单位为 $cm^2 \cdot m$；Ω 为空间频率，单位为 m^{-1}，取值范围为 $0.01 \sim 1\ m$。

轮轨联合粗糙度谱充分考虑了车轮踏面粗糙度与钢轨表面粗糙度的相干性，其值介于只考虑钢轨表面粗糙度谱和轮轨分离谱之间，对振动噪声的预测效果也是最好的。Feldmann 实测了轮轨联合粗糙度谱[230]，其表达式如式（1.13）所示。

$$S(\Omega) = 3.98 \times 10^{-5} \Omega^{-4.4} \tag{1.13}$$

式中，S 为轮轨联合粗糙度谱，单位为 $m^2 \cdot m$；Ω 为空间频率，单位为 m^{-1}。

日本学者 Sato[231]在分析轮轨系统高频振动时引入粗糙度谱，表达式如式（1.14）所示。

$$S(\Omega) = A\Omega^{-3} \tag{1.14}$$

式中，S 为轮轨联合粗糙度谱，单位为 $m^2 \cdot m/rad$；Ω 为空间频率，单位为 m^{-1}；A 为粗糙度系数，取值范围为 $4.15 \times 10^{-8} \sim 5.0 \times 10^{-7}$，Sato 以此为粗糙度谱激扰源，分析了轮轨高频振动，此后，该轮轨粗糙度模型作为轮轨随机高频振动与噪声辐射模型的激扰输入谱得到了推广应用[232~235]。徐志胜[236]在其博士论文中利用黄金分割反演法，从实测噪声数据出发反推出轮轨表面粗糙度系数 A，认为当取 $A=3.15 \times 10^{-7}$ 时较为合理。

文献[237]通过对轮轨表面不平顺谱的测量，得出如下公式：

$$S(\Omega) = \frac{A}{(B+\Omega)^3} \quad (m^2/rad/m) \tag{1.15}$$

式中，Ω 为不平顺的空间频率，单位为 m^{-1}；A 为波长小于 $3\ m$ 的短波不平顺对应的特征值；B 为长波长不平顺对应的特征值。

在 MetaRail 项目[238]中，由荷兰、澳大利亚、法国和意大利四国结合 ISO 3095 评价方法，综合采用了直接测量法和间接测量法对分布于四国的 4 条铁路干线轮轨粗糙度进行了测试分析，得到了相应的轮轨粗糙度谱，如图 1.3 所示。

除了对轮轨表面短波不平顺进行实测和评价外，各国学者和研究机构还对轮轨短波不平顺的特征和轮轨短波不平顺与轮轨系统振动响应之间的关系进行了研究，尤其在分析轮轨粗糙度对轮轨噪声的影响方面，欧洲学者做了大量的研究工作。在轮轨短波不平顺的测试评价方面，Anders

Johansson[239]采用直接法对瑞典铁路干线的 X2 客车和货车的 99 个不同类型、运营里程达 100 000 km 的车轮踏面粗糙度进行了测试分析,并基于 ISO 3095 标准对车轮踏面的粗糙度进行了评价,得到相应的车轮踏面粗糙度谱。文献[240]~[247]分别采用直接法和间接法对轨面和车轮踏面的短波不平顺进行了测试评价(在轮轨短波不平顺对轮轨系统振动和噪声分析方面)。文献[248]对轮轨粗糙度与轮轨滚动噪声之间的关系进行了分析。文献[249]和[250]基于轮轨赫兹接触理论对轮轨粗糙度引起的轮轨相互作用力进行了分析评价。文献[251]和[252]采用二维和三维非赫兹接触理论对轮轨垂向接触的动态接触效应进行了分析。文献[253]~[261]分别采用理论分析和现场试验的方法对轮轨粗糙度引起的轨道结构高频振动特性进行了研究。文献[262]~[271]还基于轮轨相互作用关系,研究了各种条件下轮轨短波不平顺的发展和演变的过程,并对影响因素进行了分析。

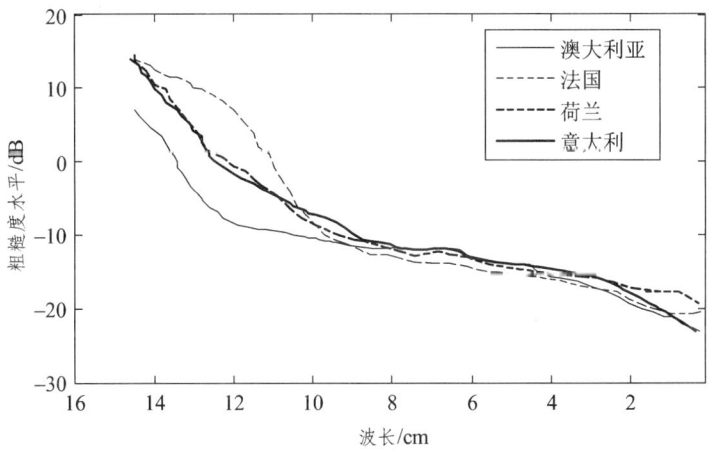

图 1.3　MetaRail 项目[238]测得的轮轨粗糙度谱

国内对轮轨短波不平顺的研究主要集中在测试和评价方面。刘秀波、吴卫新等[272,273]利用钢轨纵断面测量仪实测了京山线和广深线的焊接接头轨面不平顺,对轨面不平顺谱估计进行了尝试,而且采用小波分析和经验模式分解相结合的方法,对钢轨波浪弯曲不平顺进行识别和提取分析。同济大学对提速线路和城市轨道交通轮轨短波不平顺进行了测试和评价分析[274~277]。文献[278]和[279]通过对城市轨道交通和部分提速线路的轨面短波不平顺进行现场实测,采用 ISO 3095 对轨面粗糙度进行了分析和评价。文献[280]

和[281]分别建立车辆轨道耦合振动模型分析了轨面短波不平顺对轮轨相互作用和车辆动力响应的影响。文献[282]~[284]则通过现场试验分析了轨面短波不平顺对城市高架轨道和提速线路轨道结构动力响应的影响。北京交通大学张伟[285]将机械故障诊断理论运用于轨道短波不平顺诊断识别的领域，提出了基于轴箱谱的轨道短波不平顺识别方法。西南交通大学采用接触单元方法，对具有表面微观粗糙度和有液态介质存在于接触表面的轮轨弹塑性接触力学问题进行了研究，获得了轮轨表面接触应力分布等研究结果[286,287]。

1.5 高速铁路轨道维修管理标准[288]

理论分析和实践都已证明，轨道不平顺一方面直接影响高速行车的安全与平稳，另一方面由轨道不平顺引起的动荷载将进一步加速轨道的恶化和不平顺的发展。因此，在实际运营过程中必须对轨道进行科学、经济的维修管理，使其在较长的时间内保持良好的平顺状态，保障高速行车的安全与平稳。

高速铁路轨道维修管理是以轨道状态的检测和轨道不平顺对高速列车和轨道的动力影响为基础而展开的。轨道状态的检测通过先进的轨道检查车、钢轨探伤车和其他检测设备及铁路工务人员目测巡视来完成。经过检测，要对轨道状态做出科学评定。根据检测数据和评定结果，将轨道状态的各种参数进行分级管理，并做出相应的维修计划。对于严重影响高速行车安全与平稳的局部轨道不平顺和轨道病害必须采取紧急补修措施和列车限速。

1.5.1 德国高速铁路轨道维修管理标准

德国高速铁路对轨道不平顺的管理分为五级，见表1.6。

（1）SR_0：该值表明，不平顺安全储备很大，轨道平顺性优良，无须进行评定。

（2）SR_A：称为安全储备释放值，超过此值，表明轨道不平顺对安全储备开始有影响，需要进行详细评定。

（3）SR_{100}：该值表明，轨道不平顺除对安全储备有影响外，还会影响到技术经济上的储备合理性，需要安排计划维修。

（4）SR_{lim}：超过该值，表明轨道不平顺不仅会对安全储备有较大的影响，而且还会对机车车辆和轨道的破坏产生较大（规范不允许）的影响，需要进行紧急补修。

（5）$SR_{极限值}$：这是一个直接影响安全的极限值，即轨道不平顺的安全储备已完全用尽，需对高速列车进行限速运行，并采取一切必要的维修措施立即予以消除。

表 1.6 德国高速铁路轨道维修管理标准

序号	评价项目	测量基线	峰值类型	SR_0	SR_A	SR_{100}	SR_{lim}	$SR_{极限值}$
1	高低/mm	2.6/6.0 m	峰/峰值	6	10	14	20	35
2	三角坑/mm	2.5 m	平均/峰值	1.3	2.0	3.0	—	—
3	水平/mm	—	平均/峰值	4	6	8	12	20
4	轨向/mm	4.0/6.0 m	峰/峰值	6	10	14	20	35

德国高速铁路除直接评定管理轨道不平顺外，还对由于轨道不平顺引起的机车车辆的反应值进行管理，见表 1.7。

表 1.7 轨道不平顺对机车车辆反应的评价标准

序号	作用方向	评价值 公式符号	基准值	SR_0	SR_A	SR_{100}	SR_{lim}
1	横向	横向力 $\sum H$/ kN	$\left(10+\dfrac{2}{3}Q\right)k$	0.5	1.0	1.3	1.5
2	横向	水平加速度 a_y 峰值/（m/s²）	$2.5k$	0.7	1.0	1.3	1.5
3	横向	均方根值	$0.5k$	0.4	1.0	1.3	1.5
4	垂向	最大垂向力 Q/ kN	$170k$	0.8	1.0	1.3	1.5
5	垂向	最小垂向力 Q/ kN	$Q_0 k$	0.6	0.4	0.3	—
6	垂向	垂直加速度 a_z 峰值/（m/s²）	$2.5k$	0.7	1.0	1.3	1.5
7	垂向	均方根值	$0.5k$	0.4	1.0	1.3	1.5

注：表中 Q_0 为静轮重，表示平方根均值，$x_{RMS}=\left(\dfrac{1}{T}\int_0^T x^2 \mathrm{d}x\right)^{\frac{1}{2}}$。

1.5.2 日本新干线高速铁路轨道维修管理标准

日本新干线高速铁路对轨道不平顺的管理分为五级,随着速度的进一步提高,还增加了 40 m 弦长管理标准。日本新干线高速铁路轨道维修管理标准见表 1.8。

表 1.8 日本新干线高速铁路轨道维修管理标准

类别			作业验收目标值	计划维修目标值	舒适性管理目标值	安全管理目标值	慢行管理目标值
轨道不平顺	10 m 弦法	高低/mm	≤4	6	7	10	15
		轨向/mm	≤3	4	4	6	9
		轨距/mm	[-2, +2]	[-4, +6]	[-4, +6]	[-4, +6]	—
		水平/mm	≤3	5	5	7	—
		平面性/(mm/2.5 m)	≤3	4	5	6	—
	40 m 弦法	高低/mm	7~10				
		轨向/mm	6~7				
车体振动加速度	垂向 g/(全振幅)		—	0.25	0.25	0.35	0.45
	横向 g/(全振幅)		—	0.20	0.20	0.30	0.35

(1)作业验收目标值:维修作业和工程施工后应达到的质量目标值。

(2)计划维修目标值:在制订维修计划时,确定需要进行维修的轨道不平顺管理目标值。

(3)舒适性管理目标值:确保列车良好舒适度的目标值。

(4)安全管理目标值:当轨道不平顺达到或超过该值时,将会对高速行车安全有显著影响,因此应限期(一般为 15 天)做紧急补修。

(5)慢行管理目标值:当轨道不平顺达到或超过该值时,列车必须降速慢行,并以任何可能的手段立即予以消除。

1.5.3 中国高速铁路轨道维修管理标准

中国高速铁路轨道维修管理标准包括:客运专线 300~350 km/h 轨道动态几何偏差控制值,见表 1.9;高速铁路正线静态几何尺寸容许偏差值,见表 1.10;高速铁路正线道岔静态几何尺寸容许偏差管理值,见表 1.11。

表 1.9 客运专线 300~350 km/h 轨道动态几何偏差控制值

项 目		作业验收	计划维修	舒适度	临时补修	限速 200 km/h
		—	I	II	III	IV
1.5~42 m 波长	高低/mm	3	5	8	10	11
	轨向/mm	3	4	5	6	7
1.5~120 m 波长	高低/mm	4	7	9	12	15
	轨向/mm	4	6	8	10	12
轨距/mm		+3 −2	+4 −3	+6 −4	+7 −5	+8 −6
水平/mm		3	5	6	7	8
扭曲/mm		3	4	6	7	8
车体垂直加速度/(m/s²)		—	1.0	1.5	2.0	2.5
车体水平加速度/(m/s²)			0.6	0.9	1.5	2.0

表 1.10 高速铁路正线静态几何尺寸容许偏差值

项 目	临时补修管理值	限速管理值	
		限速 200 km/h 管理值	限速 160 km/h 管理值
高低/mm	7	8	11
轨向/mm	5	7	9
轨距/mm	+5 −3	+6 −4	+8 −6
水平/mm	7	8	10
扭曲/mm	5	6	8

注:
① 轨向偏差,直线为 10 m 弦测量的最大矢度值;
② 高低偏差为 10 m 弦测量的最大矢度值;
③ 扭曲基长为 2.5 m。

表 1.11 高速铁路正线道岔静态几何尺寸容许偏差管理值

项 目	作业验收管理值	临时补修管理值	限速管理值	
			限速 200 km/h 管理值	限速 160 km/h 管理值
高低/mm	2	7	8	11
直股轨向/mm	2	5	7	9
曲股支距/mm	2	4	—	—
岔区轨距/mm	+2 / −1	+5 / −2	+6 / −4	+8 / −6
尖端轨距/mm	+1 / −1	+3 / −2	+6 / −4	+8 / −6
水平/mm	2	7	8	10
导曲线反超/mm	0	3	—	—
扭曲/mm	2	5	6	8
查找间隔/mm	不小于 1 391 mm			

注：
① 轨向偏差，直线为 10 m 弦测量的最大矢度值；
② 高低偏差为 10 m 弦测量的最大矢度值；
③ 扭曲基长为 2.5 m；
④ 特殊道岔的轨距容许偏差按设计图办理。

1.5.4 欧洲高速列车-轨道耦合系统主频范围和敏感波长

表 1.12 所示为欧洲高速列车-轨道耦合系统主频范围和敏感波长，在进行车辆-轨道耦合系统结构设计时应尽量避免与车辆和轨道结构的主频相接近。

表 1.12 欧洲高速列车-轨道耦合系统主频范围和敏感波长

结 构	主频范围 /Hz	敏感波长及易产生的轨道周期性不平顺波长/m			
		160 km/h	200 km/h	300 km/h	350 km/h
车 体	1~2	22.0~44.0	27.8~55.6	41.5~83.0	48.5~97.0
转向架	8~12	3.5~5.0	4.6~7.0	6.9~10.4	8.1~12.1
轨 道	30~60	0.7~1.4	0.9~1.8	1.4~2.8	1.6~3.2

1.6 本章小结

本章针对车辆-轨道-桥梁耦合振动问题涉及的车辆-轨道动力学、车辆-轨道-桥梁耦合振动模型的建立、车辆-轨道-桥梁耦合振动的研究方法、轨道不平顺谱等方面的研究进行了回顾，并介绍了高速铁路维修管理标准。本书拟在总结前人研究成果的基础上，对我国高速客运专线部分线路轨道不平顺谱进行实测分析，建立相对较为完善的车辆-轨道-桥梁耦合振动有限元分析模型，分析了轨道不平顺对高架轨道结构振动响应的影响。技术路线如图 1.4 所示。

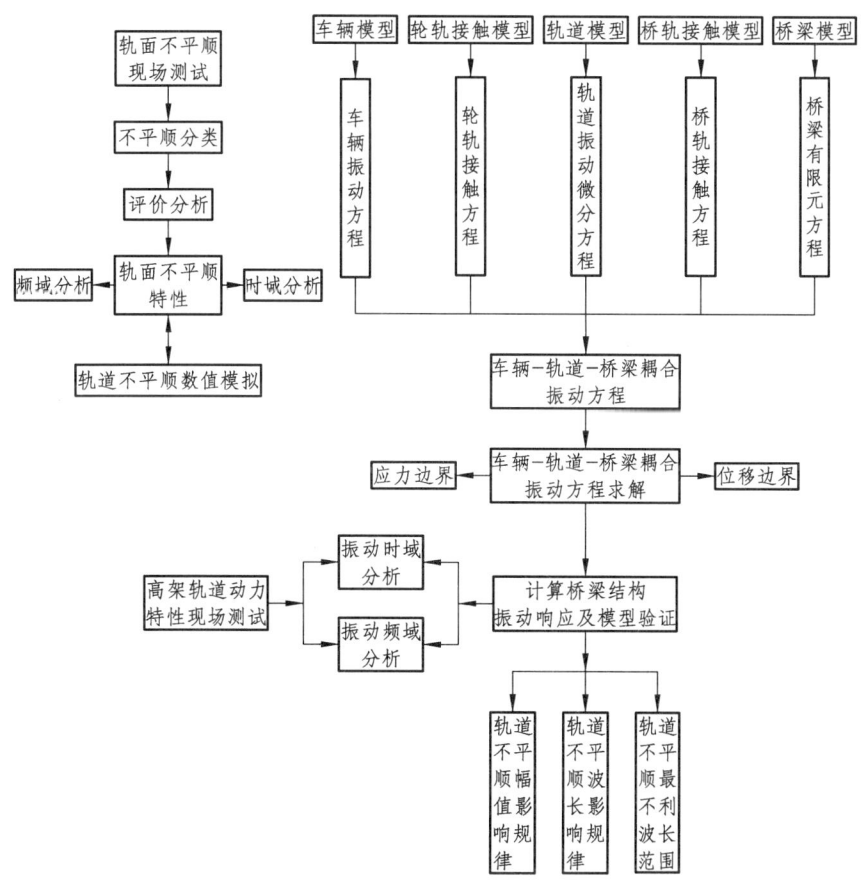

图 1.4　技术路线

本书的主要内容如下：

第 1 章：结合我国高速客运专线的高速发展及高速线路振动的问题，阐述了研究轨道不平顺对高速线路高架轨道结构振动影响的必要性，总结了相关领域的研究现状，提出了技术路线及各章的内容安排。

第 2 章：基于合-武客运专线轨道不平顺数据，讨论了波长在 1～50 m 范围内中长波轨道不平顺的分布规律，采用经典谱估计的 Welch 法对轨道不平顺功率谱进行了估计。研究了一年中不同月份轨道不平顺谱的变化规律，与德国高速谱、中国干线谱进行了对比分析，同时还研究了不同轨道结构对轨道不平顺功率谱分布特性的影响规律。最后对合-武客运专线轨道不平顺谱函数进行了拟合，提出了合-武客运专线不同轨道结构的不平顺谱拟合公式。

第 3 章：基于新型车辆单元与新型轨道单元，建立了轨道不平顺作用下车辆-轨道-桥梁系统耦合振动有限元分析模型，采用 MATLAB 软件编制了相应的计算程序。本书模型还适用于考虑多节车厢多自由度的车辆系统，突出了轨道结构在车辆-轨道-桥梁耦合振动模型中的作用，更符合我国高速客运专线轨道结构的实际情况。通过将本书的计算结果与文献对比，证明了本书理论模型和程序编制的正确性。

第 4 章：以京沪高铁桥上 CRTS Ⅱ 型板式轨道为对象，通过现场试验方法研究高速客运专线高架轨道结构的振动特性及振动传递特性，通过理论计算结果与实测结果比较，验证了本书模型的合理性。

第 5 章：基于建立的车辆-轨道-桥梁系统耦合振动有限元分析模型，研究了实际轨道不平顺条件下高速客运专线高架结构的振动，分析了不同幅值、不同波长范围内的轨道不平顺对客运专线高架线路振动的影响规律，提出了对高架轨道结构振动产生较为不利影响的不平顺波长。

第 6 章：基于建立的车辆-轨道-桥梁系统耦合振动有限元模型，研究轨道结构参数对高架轨道结构振动特性的影响规律，包括垫板、CA 砂浆、桥梁等结构参数分析，通过确定轨道结构、轨道板支承等特征参数的合理取值，来实现轨道系统减振的优化设计。

第 2 章 客运专线中长波轨道不平顺谱估计分析

轨道不平顺是导致车辆和线、桥、隧等结构物产生振动和破坏的重要原因。轮轨不平顺不仅激发了车辆与轨道之间的有害振动，而且加剧了运行车辆对轨道和基础的冲击作用，使轨道和基础的振动增大。随着列车运行速度不断提高，轨道不平顺的影响迅速增大。高速客运专线一般又采用无砟轨道结构，车辆运行时，不平顺引起轮轨间更加强烈的振动冲击，加大轨枕、轨道板和桥梁的振动，从而加剧列车运行产生的振动、噪声问题。因此在对高速列车、轨道结构振动特性分析之前，有必要对高速线路轨道不平顺特性进行分析。

轨道不平顺谱作为轨道不平顺最重要的表现形式，它反映了轨道不平顺的频率和幅值两方面的特性。当前我国对轨道谱进行了大量研究，但针对客运专线轨道的不平顺谱仍缺乏系统研究。本章拟对我国客运专线 1～50 m 波长范围的中长波轨道不平顺特性展开研究：首先根据合-武客运专线轨道不平顺检测数据，对轨道不平顺的功率谱密度函数进行分析，得出了轨道不平顺功率谱随不同月份以及波长的变化分布规律；然后利用非线性最小二乘法对不同轨道结构的不平顺谱密度函数进行拟合，提出合-武客运专线相应轨道结构的不平顺谱拟合公式。这些工作对当前高速线路客运专线不平顺谱研究的缺乏可做一定的弥补，同时可为高速轨道轮轨系统动力分析提供更为准确的不平顺激励模型。

2.1 合-武客运专线轨道不平顺数据的检测

2.1.1 轨道不平顺数据样本来源

轨道不平顺是一个沿线路方向分布的随机过程。轨道不平顺谱是描述和分析轨道不平顺最有效的工具，不仅用于评价轨道状态，同时还是设计、评估机车车辆、线、桥、隧等结构的最重要参数。当前国内外对轨道不平顺谱进行了大量研究，但大都是针对铁路干线的。随着我国高速客运专线的快速发展，列车运行速度有了明显提高，轨道结构、轨道状态、轨道不平顺的检测和管理波长都有了明显改变，以往的研究成果已经不适用于当前我国铁路发展的要求，因此，进一步研究轨道不平顺谱是必要的。

要想对线路的轨道不平顺谱进行分析和评估必须基于大量的轨道不平顺数据样本。本章利用中国铁路上海局集团有限公司合肥工务检测中心对合-武客运专线轨道不平顺的检测数据进行分析。中国铁路上海局集团有限公司合肥工务检测中心于2009年利用0号及10号高速综合检测列车对合-武客运专线轨道不平顺进行了大面积的检测，检测车如图 2.1 和图 2.2 所示。0号高速综合检测车含义来源于原铁道部对中国高速铁路的要求：零误差、零缺陷、零故障。0号高速综合检测列车为 CHR_2 型，由包括轨道检测车的8节列车组成（5动3拖），最高检测速度为 250 km/h。线路轨道检测项目包括左右轨向、左右高低、水平、三角坑、横向加速度、垂向加速度，如图 2.3 所示。10号高速综合检测车为 CHR_5 型，最高检测速度为 300 km/h。线路轨道检测项目中不包括轨距、轨向、轨距变化率，如图 2.4 所示。

图 2.1　0号高速综合检测列车

图 2.2　10 号高速综合检测列车

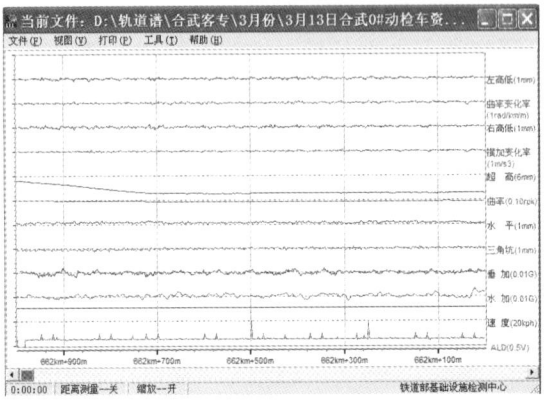

图 2.3　0 号高速综合检测列车

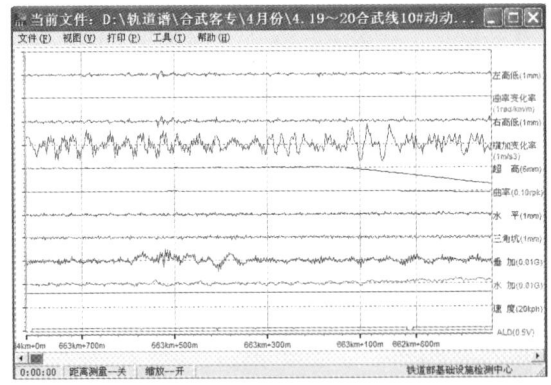

图 2.4　10 号高速综合检测列车

合-武客运专线轨道不平顺的检测时间为 2009 年 3 月—9 月，每月检测一到两次，共收集到 30 次里程范围为 K486～K663 区段的轨道不平顺数据，各次轨道不平顺检测的日期和里程范围如表 2.1 所示。本书选择 0 号高速综合检测车 3 月、4 月、5 月、6 月、7 月、8 月及 9 月检测的轨道不平顺数据进行计算和统计分析。

表 2.1 轨检车检测数据分类

检测日期（动检车类型）	里程范围/km	上/下行	检测日期（动检车类型）	里程范围/km	上/下行
2009-3-13（0#）	K663~K486	上行	2009-5-30（0#）	K664~K487	上行
	K486~K664	下行	2009-5-31（0#）	K487~K664	下行
2009-3-28（0#）	K664~K487	上行	2009-6-9（10#）	K664~K487	上行
	K488~K664	下行	2009-6-10（10#）	K487~K664	下行
2009-4-9（0#）	K664~K487	上行	2009-6-18（0#）	K664~K487	上行
2009-4-10（0#）	K488~K664	下行	2009-6-19（0#）	K487~K664	下行
2009-4-19（10#）	K664~K487	上行	2009-7-16（0#）	K781~K487	上行
	K487~K664	下行	2009-7-17（0#）	K487~K781	下行
2009-4-29（0#）	K664~K487	上行	2009-7-28（0#）	K664~K487	上行
2009-4-30（0#）	K487~K664	下行	2009-7-29（0#）	K487~K664	下行
2009-5-10（10#）	K664~K487	上行	2009-8-09（0#）	K664~K487	上行
2009-5-11（10#）	K664~K487	下行	2009-8-10（0#）	K487~K664	下行
2009-5-19（0#）	K664~K487	上行	2009-9-09（0#）	K664~K487	上行
2009-5-20（0#）	K487~K664	下行	2009-9-10（0#）	K487~K664	下行

合-武客运专线东起安徽合肥，西至湖北武汉，全线 356 km，由原铁道部和地方政府合资建设，设计速度为 250 km/h。合-武客运专线是我国沪-汉-蓉快速通道的组成部分，是国家规划的"八纵八横"快速客运网的重要组成部分。全线工程于 2005 年 9 月正式开工，于 2008 年年底完成调试并投入运营。线路共设大中小桥 171 座，总长度为 118.819 km，占正线总长的 33.1%；隧道 37 处，总长度约为 64.076 km，占正线总长的 17.83%。在动检车检测的区段（里程范围为 K486~K663）内，轨道类型主要包括路基上碎石道床有砟轨道、桥上碎石道床有砟轨道、隧道内碎石道床有砟轨道、长大隧道内双块式整体道床无砟轨道等。

为了较透彻分析合-武客运专线轨道不平顺特性，研究不同轨道结构类型对不平顺的影响，将不平顺数据按照路基上碎石道床有砟轨道结构、桥上碎石道床有砟轨道结构以及隧道内双块式整体道床无砟轨道 3 种典型的轨道形式进行分类。由于合-武客运专线隧道内碎石道床有砟轨道结构及桥上双块式整体道床无砟轨道线路长度短,测量数据较少,因此本书对3种类型轨道结构的轨道不平顺数据进行分析:① 路基上碎石道床有砟轨道结构;② 桥上碎石道床有砟轨道结构;③ 隧道内双块式整体道床无砟轨道。

轨道不平顺类型分为6种:① 水平不平顺;② 左轨向不平顺;③ 右轨向不平顺;④ 左高低不平顺;⑤ 右高低不平顺;⑥ 三角坑。

图2.5所示为轨道检查车对合-武客运专线进行检测所得到的轨道不平顺信号。

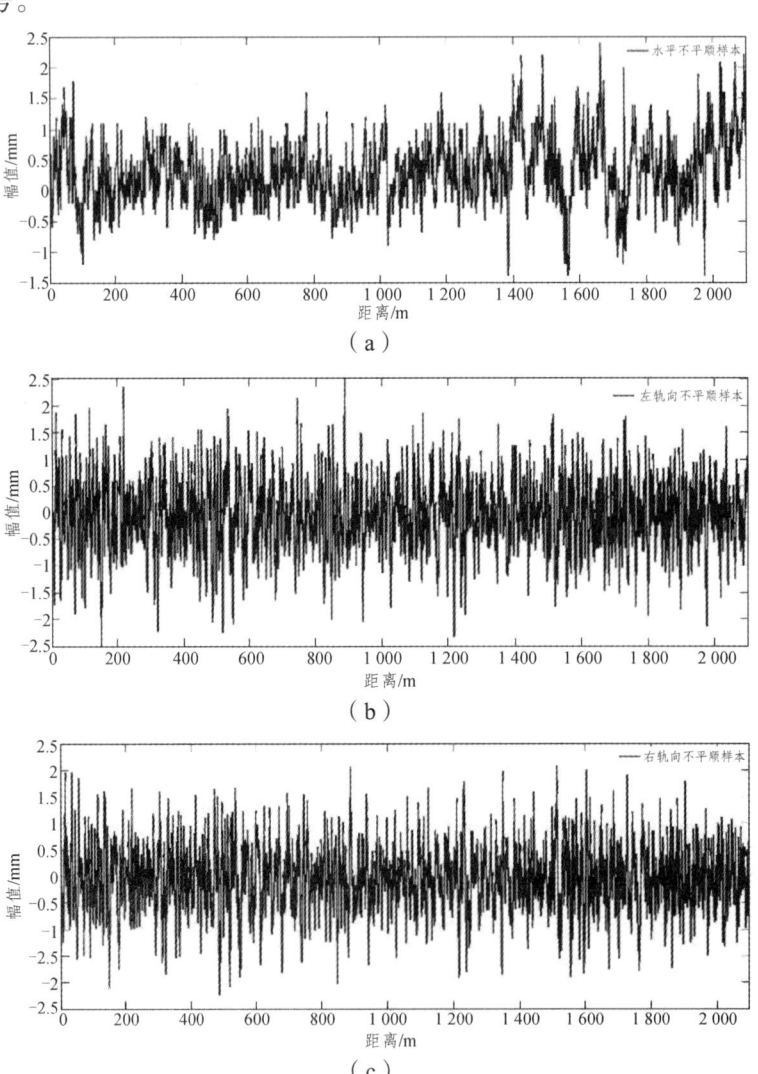

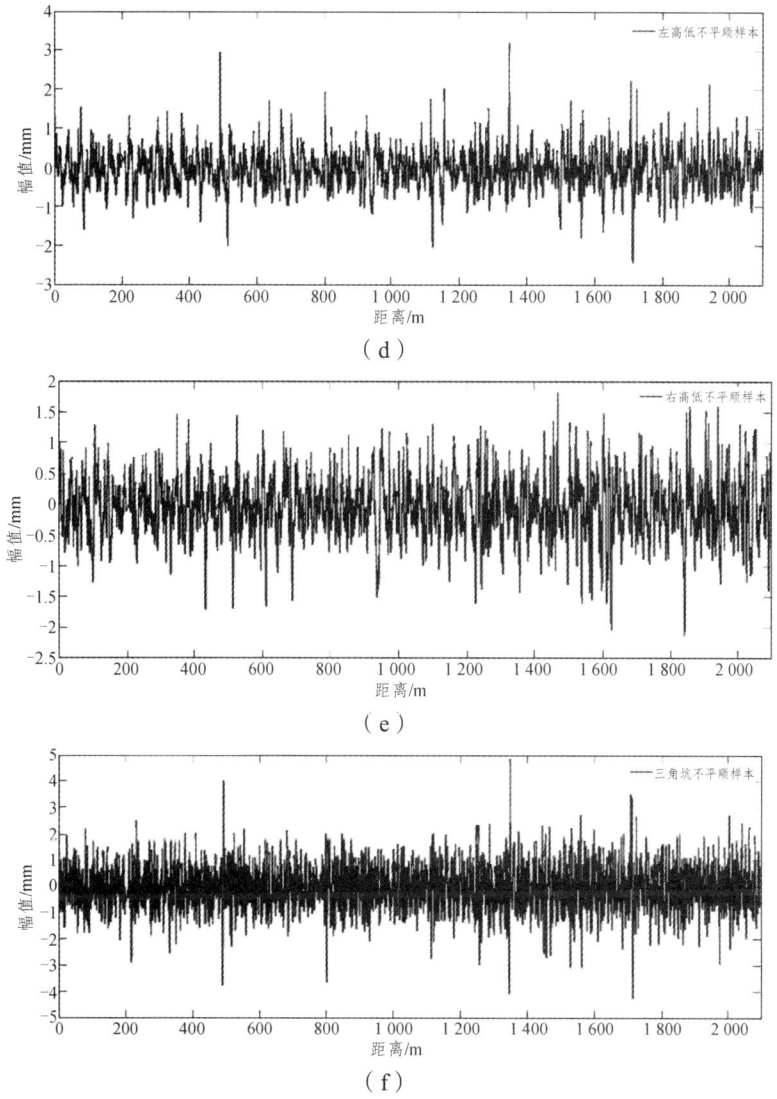

图 2.5 轨道不平顺样本

2.1.2 轨道不平顺异常值和趋势项剔除方法

轨道检测车检测的轨道不平顺数据由于干扰存在异常值;同时,由于标定误差及惯性漂移等原因,水平和轨距数据包含趋势项。直接利用轨检车检测的轨道不平顺数据进行计算将引起较大误差,一般应在超限判断、轨道质量指数和轨道不平顺谱计算前，剔除异常值和消除趋势项，但当前轨检车没有这些功能。

数据信号预处理可以将测试过程中采集的数据尽可能真实地还原成实际振动状态最基本的数据加工方式。数据信号预处理包括减少或消除采样数据中的干扰成分，通常包括零均值化、消除趋势项和剔除异常值等工作。为了提高本章数据的可靠性和计算精度，在不平顺数据分析前首先对数据进行了预处理。书中采用滑动平均法[289]消除合-武客运专线轨道不平顺检测数据的趋势项，采用文献[290]所述的方法剔除轨道不平顺异常值。

2.2 合-武客运专线轨道不平顺功率谱发展变化规律

2.2.1 轨道不平顺功率谱计算方法

随机信号在各时间点上的值是不能先验确定的，它的每个实现（即样本）往往不相同，因此无法像确定信号一样可以用数学表达式或图表精确地表示，而只能用随机信号的各种统计平均量来表征它。其中，自相关量作为时移的函数是最能较完整地表征它的特定统计平均量值。而一个随机信号的功率谱密度（函数），正是自相关函数的傅氏变换。对于一个随机信号来讲，它本身的傅氏变换是不存在的，只能用功率谱密度来表征它的统计平均谱特性。因此，功率谱密度是随机信号的一种最重要的表征形式。

轨道不平顺谱是轨道不平顺功率谱密度的简称，轨道不平顺谱的计算方法总的来讲分为经典谱估计法与现代谱估计法。本章拟采用经典法中的 Welch 法（即改进的周期图法）对合-武客运专线轨道不平顺功率谱函数进行估计，接下来主要讨论 Welch 法。

若 $x_1, x_2, \cdots, x_L$ 是不相关的随机变量，均具有期望值 μ 和方差 σ^2，则可证明其相应的数学平均的期望值等于 μ，数学平均的方差等于 σ^2/L，即

$$E(\overline{x}) = \frac{1}{L} E(x_1 + x_2 + \cdots + x_L) = \frac{1}{L} \cdot L\mu = \mu \qquad (2.1)$$

$$\mathrm{Var}(\overline{x}) = E\{[\overline{x} - E(\overline{x})]^2\} = E(\overline{x}^2) - [E(\overline{x})]^2$$

$$= \frac{1}{L^2} E\left[(x_1 + x_2 + \cdots + x_L)^2\right] - \mu^2$$

$$= \frac{1}{L^2}\left[E(x_1^2 + x_2^2 + \cdots + x_L^2) + \sum_{j=1}^{L}\sum_{\substack{i=1 \\ i \neq j}}^{L} E(x_i x_j)\right] - \mu^2 \qquad (2.2)$$

又因为

$$\sum_{j=1}^{L}\sum_{\substack{i=1 \\ i \neq j}}^{L} E(x_i x_j) = \sum_{j=1}^{L} E(x_j) \cdot \sum_{\substack{i=1 \\ i \neq j}}^{L} E(x_i)$$

$$= L\mu(L-1)\mu = L^2\mu^2 - L\mu^2 \qquad (2.3)$$

所以

$$\text{Var}(\bar{x}) = \frac{1}{L^2}\left[\sum_{i=1}^{L} E(x_i^2) + L^2\mu^2 - L\mu^2\right] - \mu^2 = \frac{1}{L^2}\left[\sum_{i=1}^{L} E(x_i^2) - L\mu^2\right]$$

$$= \frac{1}{L^2}\left\{\left[E(x_1^2) - (E(x_1))^2\right] + \left[E(x_2^2) - (E(x_2))^2\right] + \cdots + \left[E(x_L^2) - (E(x_L))^2\right]\right\}$$

$$= \frac{1}{L^2} L\sigma^2 = \frac{\sigma^2}{L} \qquad (2.4)$$

由式（2.4）可见，L 个平均的方差是每个随机变量单独方差的 $1/L$ 倍。当 $L \to \infty$ 时，则 $\text{Var}(\bar{x}) \to 0$，可达到一致谱估计的目的，因而降低估计量方差的一种有效方法是将若干个独立估计值进行平均。

Bartlett 平均周期图法是将序列 $x(n)$ $(1 \leqslant n \leqslant N)$ 分段求周期图再平均。设将 $x(n)$ 分成 L 段，每段有 M 个样本，因而 $N = LM$，第 i 段样本序列可写成：

$$x^i(n) = x(n + iM - M) \qquad 0 \leqslant n \leqslant M, 1 \leqslant i \leqslant L$$

因此，第 i 段的周期图如式（2.5）所示。

$$I_M^i(\omega) = \frac{1}{M}\left|\sum_{n=0}^{M-1} x^j(n) e^{-j\omega n}\right|^2 \qquad (2.5)$$

如果 $m > M$，$\phi_{xx}(m)$ 很小，则可假定各段的周期图 $I_M^i(\omega)$ 是互相独立的，谱估计可定义为 L 段周期图的平均，即

$$\hat{P}_{xx}(\omega) = \frac{1}{L}\sum_{i=1}^{L} I_M^i(\omega) \qquad (2.6)$$

Welch 提出了对 Bartlett 法的修正使之更适合于用 FFT 进行计算。他主要提出了两个方面的修正：其一是选择适当的窗函数 $\omega(n)$，并在周期图计

算前直接加进去，这样得到的每一段的周期图为

$$I_M^{(i)}(\omega) = \frac{1}{MU}\left|\sum_{n=0}^{N-1} x^i(n)\omega(n)\mathrm{e}^{-\mathrm{j}\omega n}\right|^2 \quad 1 < i < k \quad (2.7)$$

在这里 $\omega(n)\mathrm{e}^{-\mathrm{j}\omega n}$ ($n = 0,1,2,\cdots,N-1$) 为施加的数据窗，$U = \dfrac{1}{M}\sum_{n=0}^{N-1} W^2(n)$ 为施加数据窗的归一化因子，而 Bartlett 法每段的周期图为

$$I_M^{(i)}(\omega) = \frac{1}{M}\left|\sum_{n=0}^{N-1} x^i(n)\mathrm{e}^{-\mathrm{j}\omega n}\right|^2 \quad (2.8)$$

这样加窗函数的优点是无论什么样的窗函数均可使谱估计非负。

其二是在分段时，可使各段之间有重叠，这样将会使方差减小（当 N 与 M 一定时）。根据 Welch 建议，可以重叠 50%。

2.2.2 轨道不平顺功率谱计算步骤

2.2.1 节首先讨论了 Welch 法功率谱计算的原理，接下来对合-武客运专线不平顺功率谱计算流程进行讨论。

轨道不平顺统计量计算长度一直以来没有引起人们的重视，目前轨道质量指数计算普遍选择 200 m 的不平顺数据进行计算，而轨道不平顺谱的计算区段长度没有统一规定，但轨道不平顺统计量的计算长度却是一个极为重要的参数。如果计算长度选择太长，而可能导致计算机程序难以实现；计算长度选择太短，轨道不平顺数据不满足平稳性的要求，截断误差增大，影响计算精度。文献计算表明[290]：确定统计量的计算长度不仅与计算长度截断误差有关，而且与统计量所考虑的最长波长有关，分析波长越长，计算长度也应该越大。利用 FFT 方法计算轨道不平顺谱截断误差是由于计算数据非正周期截断引起的，减小该类误差最有效的方法就是加长计算长度。根据文献[39]，机车车辆振动下限频率以 0.5 Hz 计算，当列车运行速度为 250 km/h 时，轨道不平顺分析波长应为 140 m。文献[291]通过对正弦波均方根及均方的计算长度、截断误差和轨道不平顺谱精度进行计算，表明采用 FFT 方法计算轨道不平顺谱时，要保证计算长度截断误差小于 1%，计算长度要大于 1 120 m。由于 0 号动检车不平顺数据采样间隔为 0.256 4 m，FFT 计算点数一般取为 2 的 n 次幂，所以轨道不平顺谱分析长度应选择 2 100 m，即 8 192 个点进行计算。

对于无限连续的轨道不平顺，在计算轨道不平顺谱时，根据计算长度必须对轨道不平顺进行截断分段，这就遇到了数据截断窗函数的问题。窗函数的选择也是计算轨道不平顺谱的关键问题。选择窗函数的标准为：① 主瓣宽度小，增加谱估计分辨率；② 最大旁瓣小，减小"泄漏"现象；③ 旁瓣峰衰减要快，减小"泄漏"现象；④ 最好无负旁瓣或负旁瓣较小，防止或减小"泄漏"现象；⑤ 窗长要大，增加分辨率。文献[291]分析表明：在 2～125 m 范围内，矩形窗与文献所提出的新矩形窗基本相等，余弦矩形窗和 Hanning 窗与矩形窗、新矩形窗相近，余弦矩形窗稍微偏大，Hanning 窗稍微偏小，因此对于波长在 2 m 以上的轨道不平顺谱计算，矩形窗和文献所提出的新矩形窗函数均可满足统计计算要求。

通过以上分析可以确定轨道不平顺谱的计算流程如下：

（1）将轨道不平顺采样数据按照 8 192 点（计算里程长度为 2 100 m）划分成子段。

（2）利用滑动平均法等方法对轨道不平顺数据进行预处理，消除异常值、趋势项。

（3）采用矩形窗处理轨道不平顺。

（4）计算子段平均速度和标准差，排除异常子段。如果平均速度低于线路设计速度，这可能是施工慢性地段，则不对该段进行功率谱计算；如果标准差超过限值，这可能是检测设备异常或线路设备异常，也不对该段进行功率谱计算。

（5）对子段采用改进的平均周期图法即 Welch 法进行功率谱估计。

（6）利用最小二乘法对统计谱线进行拟合、误差分析等。

2.3 合-武客运专线轨道不平顺功率谱变化规律研究

采用 2.2 节所述的改进平均周期图法分别计算合-武客运专线九次检测的高低、轨向、水平不平顺功率谱，分析轨道不平顺功率谱一年的发展变化规律，得出可代表高低、轨向及水平不平顺状态的平均功率谱。当线路上、下行运量相差不大，运行列车型号相同时，同一线路上下行高低、轨向、水平不平顺功率谱密度值分布趋势与数值几近相同，由此可将合-武客运专线上下行轨道的高低、轨向、水平不平顺平均值作为线路高低、轨向、水平不平顺功率谱密度值。

2.3.1　轨道高低不平顺功率谱变化发展规律研究

图 2.6 所示为合-武客运专线路基有砟轨道一年各月份左、右轨高低不平顺功率谱密度（PSD）分布曲线。图 2.6（a）表明，各个月份左轨高低不平顺功率谱值分布趋势几近相同。在 11.7~50 m 的波长范围内，尽管不同月份左轨高低不平顺功率谱值变化范围较大，可达到 5.5 $mm^2 \cdot m$，但变化稳定。在该波长范围内，3 月、4 月左轨高低不平顺状态显著优于其他月份，应该是因为在线路刚刚开通运行及运行前，平顺状态较好，而开始运行一段时间之后，会造成一定量的沉降，轨道的高低平顺状态有所下降。6 月、7 月左轨高低不平顺状态明显下降是由于气温升高导致轨道几何形位发生变化。在 4~11 m 的波长范围内，不同月份左轨高低不平顺功率谱值的变化范围仍较大。但各月份左轨高低不平顺状态发生了显著变化。在该频段范围内，5 月、6 月、7 月及 9 月的左轨高低不平顺功率谱值明显小于 3 月、4 月。在 1~4 m 的波长范围内，除了 7 月份左轨高低不平顺功率谱值变化较大，其他各月份左轨高低不平顺功率谱变化较小。图 2.6（b）表明，各个月份右轨高低不平顺功率谱值分布趋势几近相同。在 8.3~50 m 的波长范围内，不同月份右轨高低不平顺功率谱值变化范围尽管偏大，最大为 3.3 $mm^2 \cdot m$，但变化趋势较稳定。在该波长范围内，3 月、4 月右轨高低不平顺状态显著优于其他月份，应该是因为在线路开通运行前后，平顺状态最好，而开始运行一段时间之后，会造成一定量的沉降，轨道的高低平顺状态有所下降。而 9 月份右轨高低不平顺状态依次优于 5 月、6 月和 7 月三个月，这反映了随着气温回落和及时养护维修，该月份轨道不平顺状态良好。在 1~8.3 m 的波长范围内，各月份右轨高低不平顺功率谱值不仅变化范围较大，而且变化趋势很不稳定。在该波长范围内，7 月份的右轨高低不平顺功率谱值较明显高于其他各月份，同样表明温度可对路基有砟轨道结构产生明显影响。

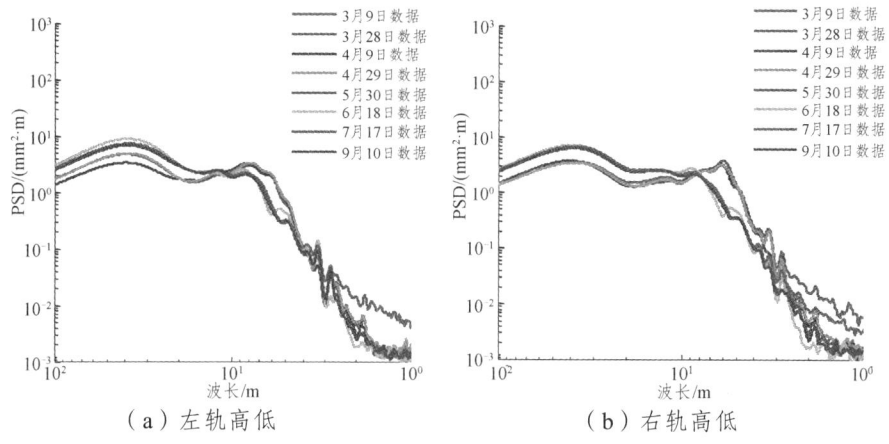

(a) 左轨高低　　　　　　　　　(b) 右轨高低

图 2.6　合-武客运专线路基有砟轨道

图 2.7 所示为合-武客运专线桥上有砟轨道一年各月份左、右轨高低不平顺功率谱密度分布曲线。图 2.7（a）表明，各个月份左轨高低不平顺功率谱值分布趋势几近相同。在 7.0～0 m 的波长范围内，尽管不同月份左轨高低不平顺功率谱值变化范围较大，可达到 5.1 mm²·m，但变化较稳定。在此波长范围内，4 月份左轨高低不平顺状态依次优于 3 月、7 月、9 月以及 5 月、6 月，这也是因为在线路刚刚开通运行时，平顺状态较好，而开始运行一段时间之后，会造成一定量的沉降，轨道的高低平顺状态有所下降。气温对桥上有砟轨道结构该波长范围内的左轨高低不平顺状态影响略小。在 1.0～7.0 m 的波长范围内，各月份左轨高低不平顺功率谱值变化范围偏大，且各月份变化趋势较不稳定。在此波长范围内，6 月、5 月、9 月、4 月的左轨高低不平顺谱值明显低于 3 月和 7 月。这表明，通过及时养护维修后，9 月份轨道平顺状态较好。同时表明，温度对桥上有砟轨道结构该波长范围内的左轨高低平顺状态有较大影响。图 2.7（b）表明，在 16.0～50 m 的波长范围内，不同月份左轨高低不平顺功率谱值变化范围偏大，但变化较稳定。4 月左轨高低不平顺状态依次优于 7 月、5 月、6 月、3 月、9 月。这也表明了线路刚刚开通运行，平顺状态较好，运行一段时间之后，由于造成一定量的沉降，轨道的高低平顺状态有所下降。气温对桥上有砟轨道结构该波长范围内的左轨高低不平顺状态影响不明显。在 1.0～16 m 的波长范围内，不同月份左轨高低不平顺功率谱值变化范围较大，且各月份功率谱值变化较大。在此波长范围内，6 月左轨高低不平顺功率谱值变为最小，而

7月17日左轨高低不平顺功率谱值变为最大,而其他各月份左轨高低不平顺功率谱值处于二者之间。

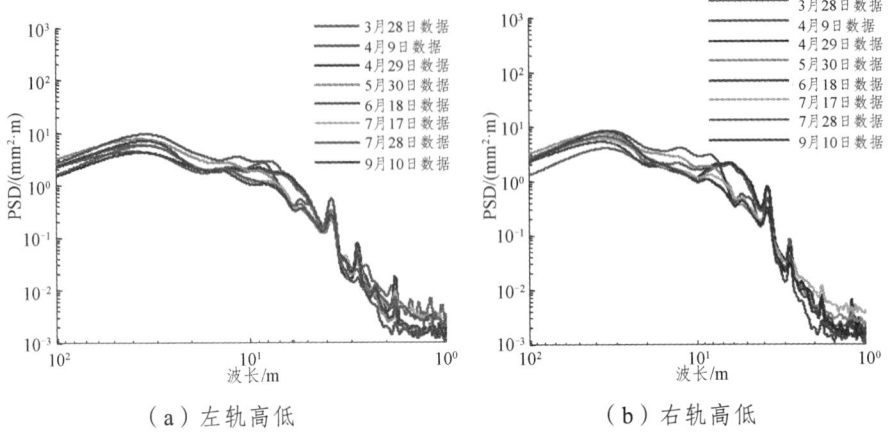

(a) 左轨高低　　　　　　　　(b) 右轨高低

图 2.7　合-武客运专线桥上有砟轨道

图 2.8 所示为合-武客运专线隧道内无砟轨道左、右轨高低不平顺功率谱密度分布曲线。图 2.8(a)表明,各个月份左轨高低不平顺功率谱值分布趋势几近相同。在 11.2～50 m 的波长范围内,相对路基有砟轨道结构与桥上有砟轨道结构而言,不同月份左轨高低不平顺功率谱值变化范围偏小,变化较为稳定。在此波长范围内,3月、4月左轨高低不平顺状态显著优于其他月份,应该是因为在线路刚刚开通运行及运行前,平顺状态较好,而开始运行一段时间之后,会造成一定量的沉降,轨道的高低平顺状态有所下降。在 9.5～11.2 m 波长范围内,各月份左轨高低不平顺功率谱值相当。而在 1～9.5 m 波长范围内,各月份的左轨高低不平顺功率谱变化范围较大,变化趋势不稳定,7月份的左轨高低不平顺值变为最大,而6月份的左轨高低不平顺功率谱值变为最小,其他各月份左轨高低不平顺功率谱值处于二者之间。图 2.8(b)表明,在 8.2～50 m 波长范围内,不同月份右轨高低不平顺功率谱值变化范围偏小,变化较为稳定。在此波长范围内,3月、4月右轨高低不平顺状态显著优于其他月份,应该是因为在线路刚刚开通运行及运行前,平顺状态较好,而开始运行一段时间之后,会造成一定量的沉降,轨道的高低平顺状态有所下降。在 2.5～8.2 m 波长范围内,各月份的右轨高低不平顺功率谱变化范围较大。在此波长范围内,5、6、7 与 9

月的右轨高低不平顺功率谱值要低于3、4月。在1~2.5 m波长范围内，各月份的右轨高低不平顺功率谱变化范围较大。各月份右轨高低轨道不平顺功率谱变化趋势相当，7月右轨高低轨道不平顺功率谱略大于其他月份。

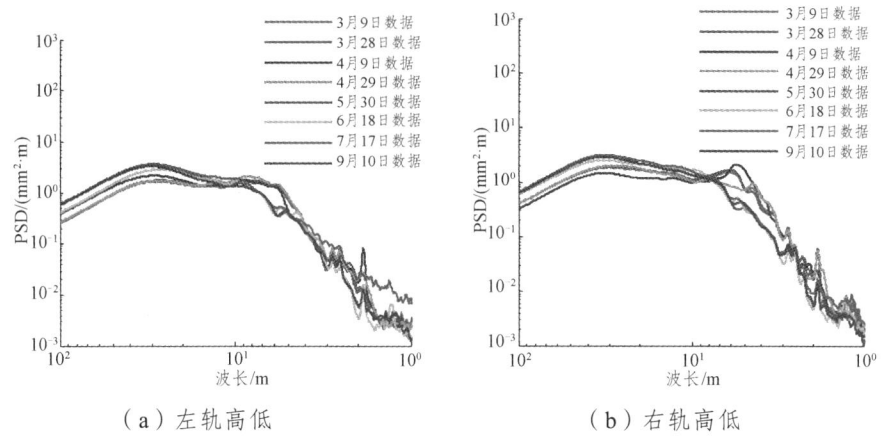

（a）左轨高低　　　　　　　　　（b）右轨高低

图2.8　合-武客运专线隧道内无砟轨道

2.3.2　轨道轨向不平顺功率谱变化发展规律研究

图2.9所示为合-武客运专线路基有砟轨道左、右轨轨向不平顺功率谱密度分布曲线。图2.9（a）表明，在整个分析频率范围内，各个月份左轨轨向不平顺功率谱曲线分布趋势几近相同，而且数值变化范围很小。可以看到9月的左轨轨向不平顺功率谱值略大于其他月份。图2.9（b）表明，在整个分析频率范围内，各个月份右轨轨向不平顺功率谱曲线分布趋势几近相同且数值变化也较小。可以看到9月的右轨轨向不平顺功率谱值在大部分波长范围略大于其他月份。

图2.10所示为合-武客运专线桥上有砟轨道左、右轨轨向不平顺功率谱密度分布曲线。图2.10（a）表明，在1~50 m分析波长范围内，各个月份左轨轨向不平顺功率谱值分布趋势几近相同且数值相当。仅在1~2.1 m短波长范围内，9月的左轨轨向不平顺功率谱值显著大于其他月份。图2.10（b）表明，在1~50 m分析波长范围内，各个月份右轨轨向不平顺功率谱值分布趋势几近相同且数值相当。仅在1~2.08 m短波长范围内，9月的右轨轨向不平顺功率谱值显著大于其他月份。

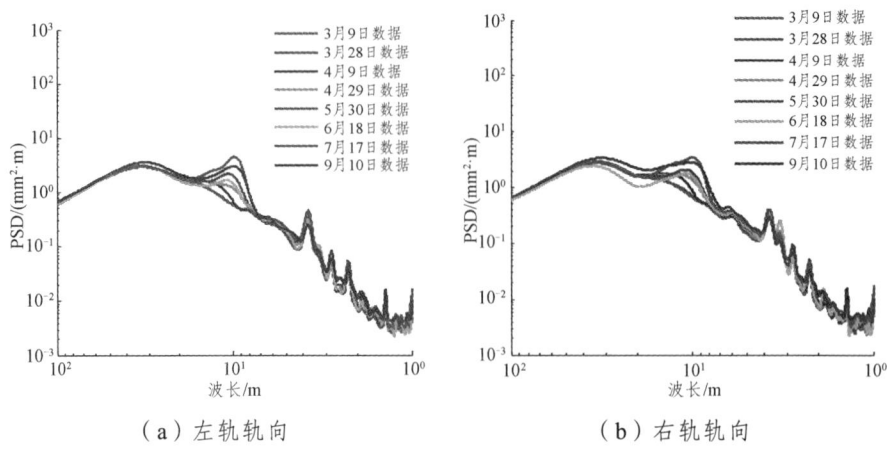

(a)左轨轨向　　　　　　　　(b)右轨轨向

图 2.9　合-武客运专线路基有砟轨道

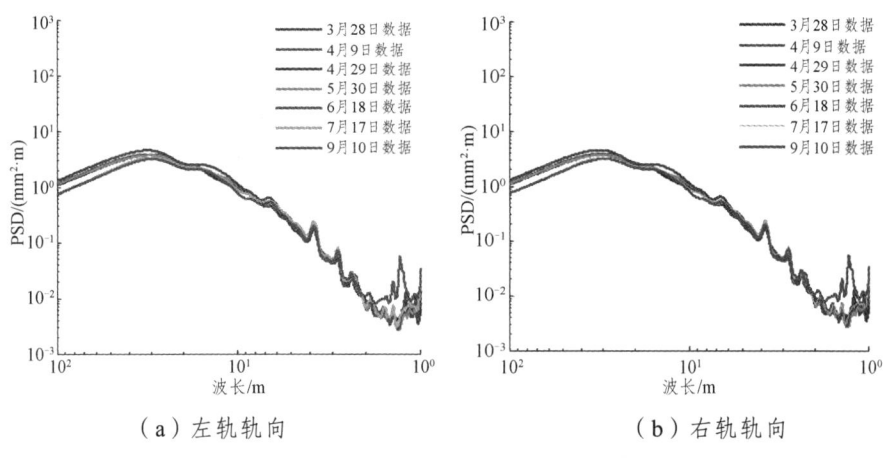

(a)左轨轨向　　　　　　　　(b)右轨轨向

图 2.10　合-武客运专线桥上有砟轨道

图 2.11 所示为合-武客运专线隧道内无砟轨道左、右轨轨向不平顺功率谱密度分布曲线。图 2.11(a)表明,在 1~50 m 的分析波长范围内,除了 9.9 m、2.2 m 及 1.4 m 峰值处,各个月份左轨轨向不平顺功率谱值分布趋势几近相同且数值相当。图 2.11(b)表明,在 1~50 m 的分析波长范围内,除了 9.9 m、2.8 m、2.2 m 及 1.4 m 峰值处,各个月份右轨轨向不平顺功率谱值分布趋势几近相同且数值相当。

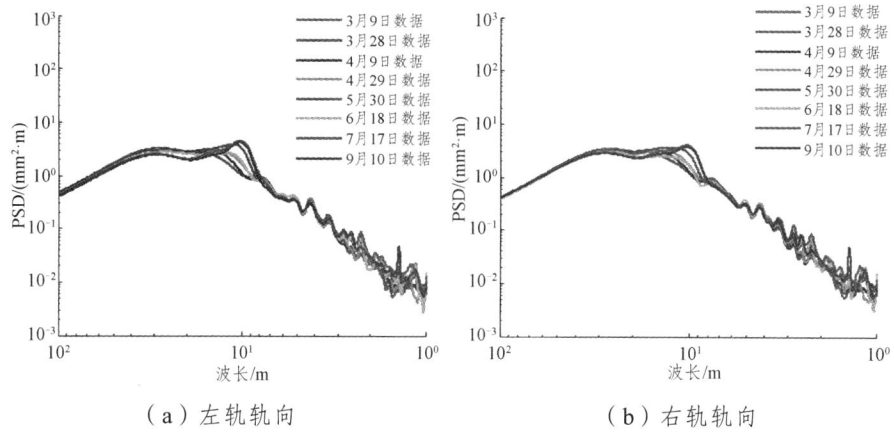

(a) 左轨轨向　　　　　　　　(b) 右轨轨向

图 2.11　合-武客运专线隧道内无砟轨道

2.3.3　轨道水平不平顺功率谱变化发展规律研究

图 2.12 所示为合-武客运专线路基有砟轨道、桥上有砟轨道及隧道内无砟轨道水平不平顺功率谱密度分布曲线。图 2.12（a）表明，在 1～50 m 波长范围内，路基有砟轨道各个月份的水平不平顺功率谱值分布趋势几近相同且数值基本相当。图 2.12（b）表明，在 1～50 m 波长范围内，桥上有砟轨道各个月份水平不平顺功率谱曲线几乎重合。图 2.12（c）表明，在 3.8～50 m 波长范围内，隧道内无砟轨道各个月份的水平不平顺功率谱值分布趋势几近相同且数值相当。仅仅在 1～3.8 m 短波长范围内，7 月的水平不平顺功率谱值明显大于其他月份的谱值。而其他月份的水平不平顺功率谱值则非常接近。

2.4　合-武客运专线轨道不平顺功率谱实测分析

2.3 节较详细地分析了一年不同月份合-武客运专线的高低、轨向、水平不平顺状态发展变化规律。本节首先求取可代表各线路高低、轨向和水平平均不平顺状态的功率谱平均值，然后将此平均值与德国平均高、低干扰谱以及我国提速线路干线谱进行对比分析，结果如图 2.13～2.18 所示。

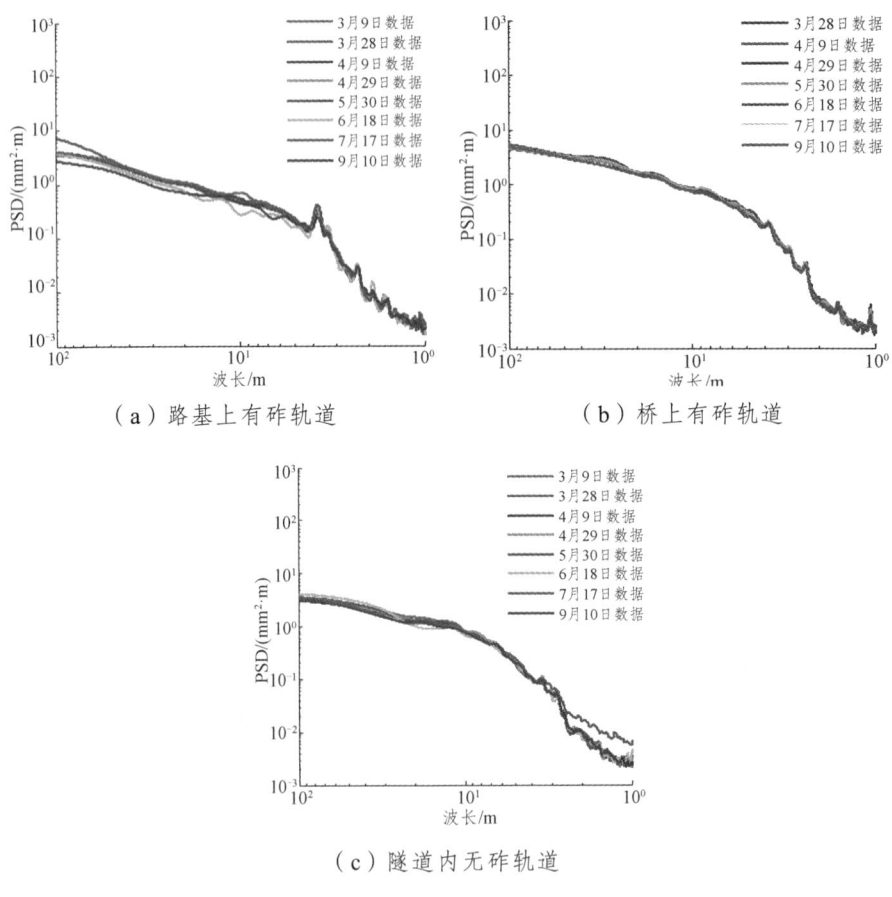

图 2.12 轨道水平不平顺功率谱

2.4.1 轨道高低不平顺功率谱实测研究

图 2.13（a）表明，对于合-武客运专线路基有砟轨道左轨高低不平顺功率谱而言，在 35~50 m 波长范围内，不平顺功率谱密度值呈现随波长增大而减小的趋势，而在 1~35 m 波长范围内，不平顺功率谱密度值总体上呈现随波长减小而减小的趋势，但是在波长 7.7 m、3.3 m 及 2.8 m 等处存在明显的峰值。在分析频段范围内，左轨高低不平顺平均功率谱明显低于中国干线谱；只有在 4.8~8.5 m 波长范围内，功率谱略高于德国低干扰谱并且低于德国高干扰谱，表明在该波长范围内，客运专线左轨高低不平顺

状态次于德国低干扰谱。图 2.13（b）表明，对于路基有砟轨道右轨高低不平顺功率谱而言，在 35～50 m 波长范围内，不平顺功率谱密度值呈现随波长增大而减小的趋势，在 1～35 m 波长范围内，不平顺功率谱密度值总体上随波长减小而减小的趋势，但是在波长 6 m、3.3 m、2.8 m 及 1.8 m 等处存在明显的峰值；在分析频段范围内，右轨高低不平顺平均功率谱值明显低于中国干线谱；仅在 4.4～8.1 m 范围内，功率谱值高于德国低干扰谱并且低于德国高干扰谱，表明在该波长范围内，客运专线右轨高低不平顺状态略次于德国低干扰谱。

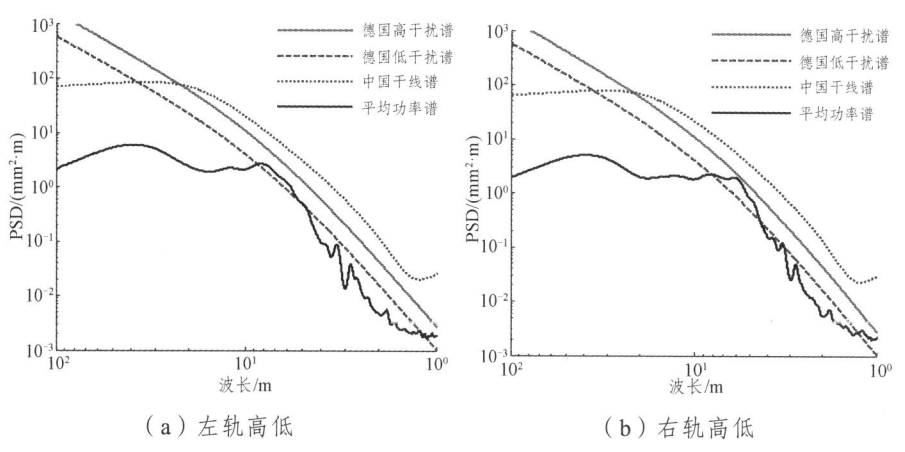

（a）左轨高低　　　　　　　　（b）右轨高低

图 2.13　合-武客运专线路基有砟轨道不平顺谱与标准谱比较

图 2.14（a）表明，对合-武客运专线桥上有砟轨道左轨高低不平顺而言，在 35～50 m 波长范围内，不平顺功率谱密度值呈现随波长增大而减小的趋势，在 1～35 m 波长范围内，不平顺功率谱密度值总体上呈现随波长减小而减小的趋势，但是在波长 3.7 m、2.8 m 及 1.8 m 等处存在明显的峰值；在分析波长范围内，左轨高低不平顺平均功率谱值明显低于中国干线谱及德国高干扰谱；在 5.3～7.5 m 波长范围内，功率谱值接近于德国低干扰谱，其余分析频段范围内客运专线桥上有砟轨道左轨高低不平顺状态均优于德国低干扰谱。图 2.14（b）表明，对合-武客运专线桥上有砟轨道右轨高低不平顺而言，在 35～50 m 波长范围内，不平顺功率谱密度值呈现随波长增大而减小的趋势，在 1～35 m 波长范围内，不平顺功率谱密度值总

体上呈现随波长减小而减小的趋势，但是在波长 3.8 m、2.8 m 及 1.8 m 等处存在明显的峰值；在分析频段范围内，右轨高低不平顺平均功率谱值均明显低于中国干线谱；在仅在 4.5~6.7 m 波长范围内，功率谱略微高于德国低干扰谱并且低于德国高干扰谱。

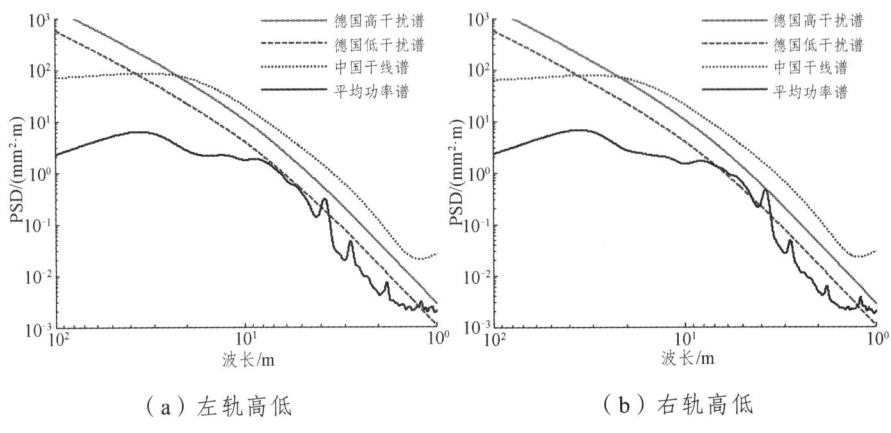

(a) 左轨高低　　　　　　　　　(b) 右轨高低

图 2.14　合-武客运专线桥上有砟轨道不平顺谱与标准谱比较

图 2.15（a）表明，对合-武客运专线隧道内无砟轨道左轨高低不平顺而言，在 35~50 m 波长范围内，不平顺功率谱密度值呈现随波长增大而减小的趋势，在 1~35 m 波长范围内，不平顺功率谱密度值总体上呈现随波长减小而减小的趋势，但是在波长 3.7 m、2.8 m、1.8 m 及 1.2 m 等处存在峰值；在分析频段范围内，左轨高低不平顺平均功率谱值明显低于中国干线谱及德国高干扰谱；在 5.3~7.5 m 波长范围内，功率谱值与德国低干扰谱相当，其余分析频段范围内客运专线桥上有砟轨道左轨高低不平顺状态均优于德国低干扰谱，这可能与合-武客运专线是新建线路，轨道、路基沉降引起的长波不平顺较小有关。图 2.15（b）表明，对合-武客运专线隧道内无砟轨道右轨高低不平顺而言，在 33~50 m 波长范围内，不平顺功率谱密度值呈现随波长增大而减小的趋势，在 1~33 m 波长范围内，不平顺功率谱密度值总体上呈现随波长减小而减小的趋势，但是在波长 3.8 m、2.8 m、1.8 m 及 1.2 m 等处存在峰值；在分析波长范围内，右轨高低不平顺平均功率谱值明显低于中国干线谱；在 4.5~6.9 m 波长范围内，功率谱略高于德

国低干扰谱并且低于德国高干扰谱，表明在该波长范围内，客运专线右轨高低不平顺状态次于德国低干扰谱。

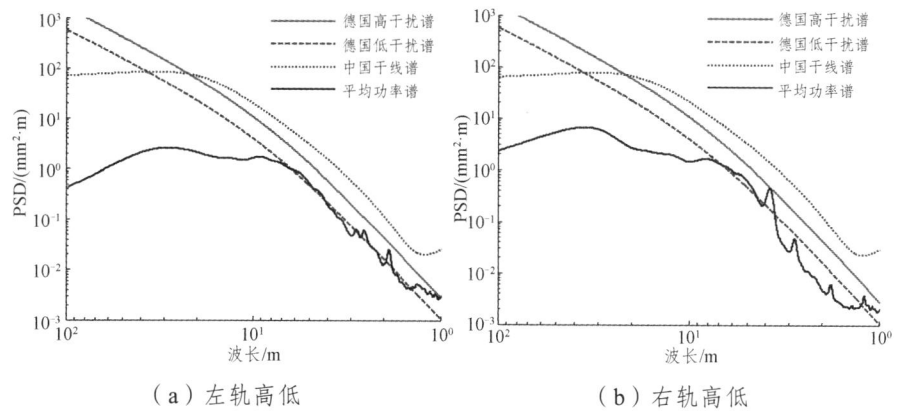

（a）左轨高低　　　　　　（b）右轨高低

图 2.15　合-武客运专线隧道内无砟轨道不平顺谱与标准谱比较

2.4.2　轨道轨向不平顺功率谱实测研究

图 2.16（a）表明，对合-武客运专线路基有砟轨道左轨轨向不平顺而言，在 35～50 m 波长范围内，不平顺功率谱密度值呈现随波长增大而减小的趋势；在 1～35 m 波长范围内，不平顺功率谱密度值总体上呈现随波长减小而减小的趋势，但是在波长 9.7 m、3.8 m、2.8 m、2.2 m 及 1.4 m 等处存在较明显的峰值。在 1～50 m 的分析波长范围内，功率谱明显低于中国干线谱。在 1.7～5 m 波长范围内，功率谱与德国低干扰谱相当；在 1.0～1.7 m 波长范围内，高于德国低干扰谱，部分值甚至大于德国高干扰谱，而在其他波长范围内均低于德国低干扰谱。图 2.16（b）表明，对右轨轨向不平顺而言，在 30～50 m 波长范围内，不平顺功率谱密度值呈现随波长增大而减小的趋势，在 1～30 m 波长范围内，不平顺功率谱密度值总体上呈现随波长减小而减小的趋势，但是在波长 3.8 m、2.8 m、1.8 m 及 2.4 m 等处存在明显的峰值。在 1～50 m 的分析波长范围内，功率谱明显低于中国干线谱。在 2～6.5 m 波长范围内，功率谱与德国低干扰谱相当，而在 1～2 m 波长范围内，高于德国低干扰谱，部分值甚至大于德国高干扰谱，而在其他波长范围内均低于德国低干扰谱。

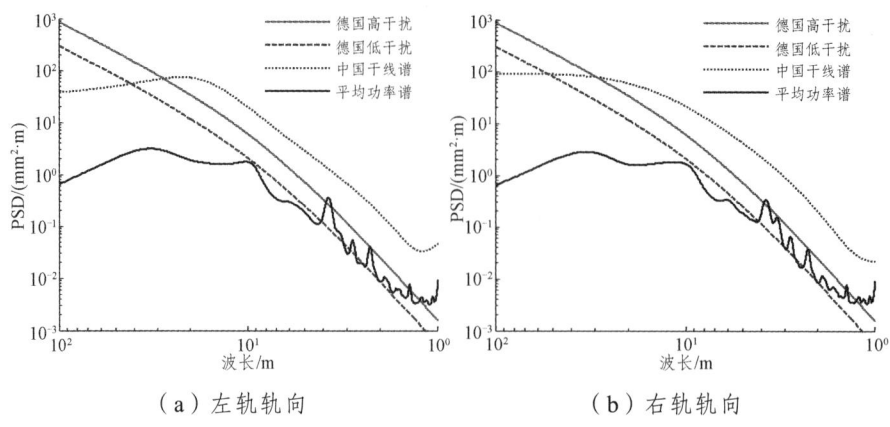

(a) 左轨轨向　　　　　　　　　(b) 右轨轨向

图 2.16　合-武客运专线路基有砟轨道不平顺谱与标准谱比较

　　图 2.17（a）表明，对合-武客运专线桥上有砟轨道左轨轨向不平顺而言，在 35～50 m 波长范围内，不平顺功率谱密度值呈现随波长增大而减小的趋势，在 1～35 m 波长范围内，不平顺功率谱密度值总体上呈现随波长减小而减小的趋势，但是在波长 9.7 m、3.8 m、2.8 m、2.2 m 及 1.4 m 等处存在较明显的峰值。在 1～50 m 的分析波长范围内，功率谱均明显低于中国干线谱。在 1.7～5 m 波长范围内，功率谱与德国低干扰谱相当，在 1.7～5 m 波长范围内，高于德国低干扰谱，部分值甚至高于德国高干扰谱值，而其他波长范围内均低于德国低干扰谱。图 2.17（b）表明，对右轨轨向不平顺而言，在 30～50 m 波长范围内，不平顺功率谱密度值呈现随波长增大而减小的趋势，在 1～30 m 波长范围内，不平顺功率谱密度值总体上呈现随波长减小而减小的趋势，但是在波长 3.8 m、2.8 m、1.8 m 及 1.4 m 等处存在较明显的峰值。在分析频段范围内，功率谱值明显低于中国干线谱。在 2～6.5 m 波长范围内，功率谱与德国低干扰谱相当，而在 1～2 m 波长范围内，高于德国低干扰谱，部分值甚至高于德国高干扰谱，而在其他波长范围内均低于德国低干扰谱。

　　图 2.18（a）表明，对合-武客运专线隧道内无砟轨道左轨轨向不平顺而言，在 30～50 m 波长范围内，不平顺功率谱密度值呈现随波长增大而减小的趋势，在 1～30 m 波长范围内，不平顺功率谱密度值总体上呈现随波长减小而减小的趋势，但是在波长 9.7 m、4.2 m、3.3 m 等处存在较明显的峰值。在 1～50 m 分析波长范围内，功率谱值明显低于中国干线谱。在 5～

10 m 波长范围内,功率谱与德国低干扰谱相当,在 1~5 m 波长范围内,高于德国低干扰谱,部分值甚至大于德国高干扰谱,而在其他波长范围内均低于德国低干扰谱。图 2.18(b)表明,对右轨轨向不平顺功率谱值而言,在 26~50 m 波长范围内,不平顺功率谱密度值呈现随波长增大而减小的趋势;在 1~26 m 波长范围内,不平顺功率谱密度值总体上呈现随波长减小而减小的趋势,但是在波长 9.7 m 存在较明显的峰值,在 1~5.6 m 波长范围内,曲线存在很多特征峰值,导致功率谱曲线呈现"毛刺"的特征。在分析波长范围内,功率谱值明显低于中国干线谱。在 5.2~10 m 波长范围内,功率谱与德国低干扰谱相当,而在 1~5.2 m 波长范围内,高于德国低干扰谱,部分值甚至大于德国高干扰谱,其他频段范围内均低于德国低干扰谱。

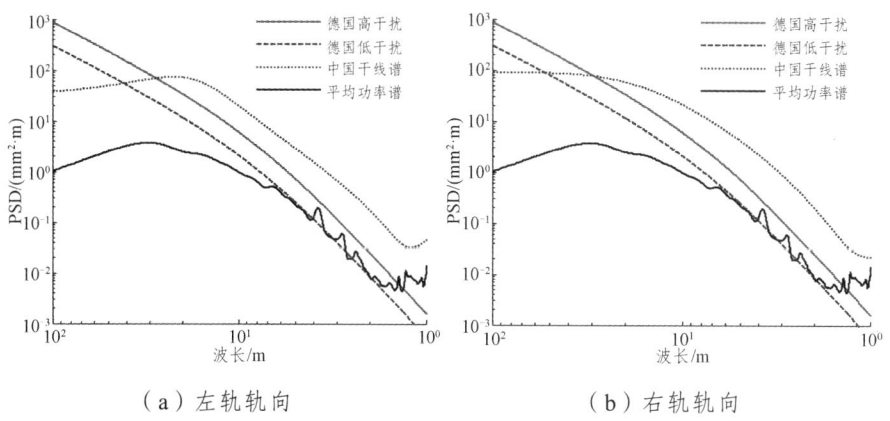

图 2.17 合-武客运专线桥上有砟轨道不平顺谱与标准谱比较

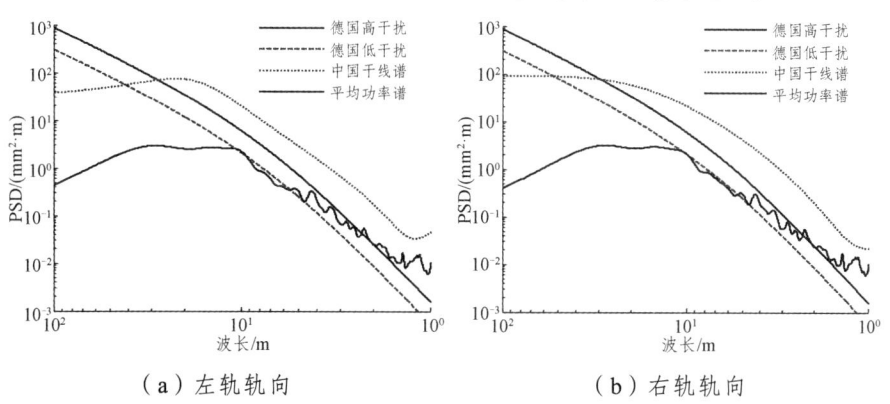

图 2.18 合-武客运专线隧道内无砟轨道不平顺谱与标准谱比较

2.4.3 轨道水平不平顺功率谱实测研究

图 2.19 所示为合-武客运专线路基有砟轨道、桥上有砟轨道及隧道内无砟轨道实测水平不平顺平均功率谱分布曲线。图 2.19（a）表明，对路基有砟轨道水平不平顺而言，在 1~50 m 分析波长范围内总体上呈现随波长减小而减小的趋势，在波长 3.4 m、2.3 m 及 1.9 m 处存在峰值。在分析波长范围内，功率谱值低于德国低干扰谱且较明显低于中国干线谱与德国低干扰谱。图 2.19（b）表明，对桥上有砟轨道水平不平顺而言，在 1~50 m 波长范围内，水平不平顺功率谱密度值总体上呈现随波长减小而减小的趋势，在波长 3.8 m、2.4 m 及 1.6 m 处存在峰值。在分析波长范围内，功率谱较明显低于德国低干扰谱。图 2.19（c）表明，对隧道内无砟轨道水平不平顺而言，在 1~50 m 波长范围内水平不平顺功率谱密度值总体上呈现随波长减小而减小的趋势，在波长 3.4 m 处存在峰值。在分析波长范围内，功率谱均明显低于中国干线谱与德国低干扰谱；在 1~1.5 m 波长范围内，功率谱与德国低干扰谱相当，而在其他频段范围内均明显低于德国低干扰谱。

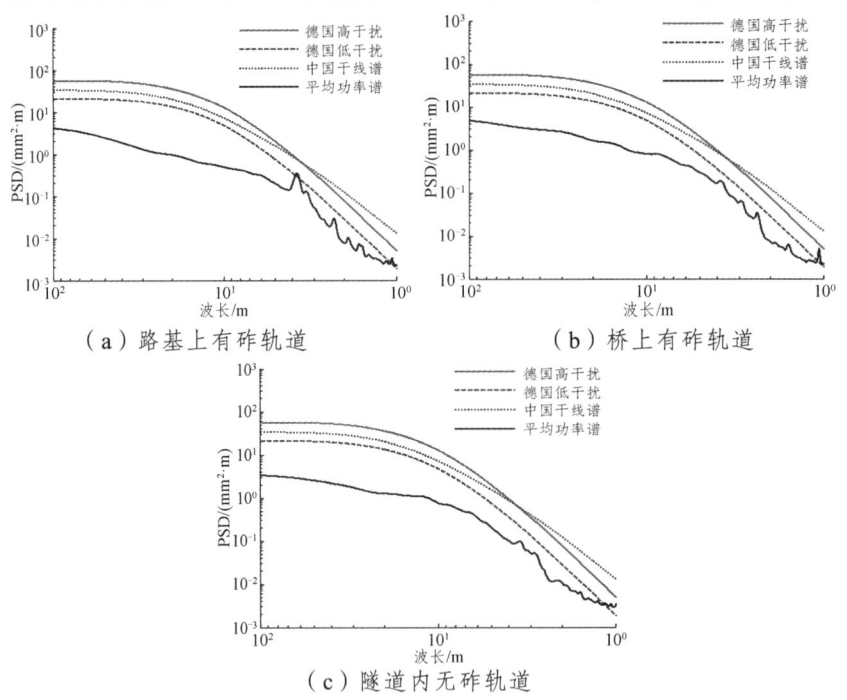

（a）路基上有砟轨道　　　（b）桥上有砟轨道

（c）隧道内无砟轨道

图 2.19　隧道内无砟轨道不平顺谱与标准谱比较

2.4.4 不同轨道结构对客运专线不平顺谱影响规律研究

选择合-武客运专线路基有砟轨道区段、桥上有砟轨道区段及隧道内无砟轨道区段的各项不平顺功率谱密度进行对比分析，以研究相同运营条件、相同养护条件下轨道结构类型对轨道不平顺功率谱波长分布特性的影响，结果如图 2.20 ~ 2.22 所示。

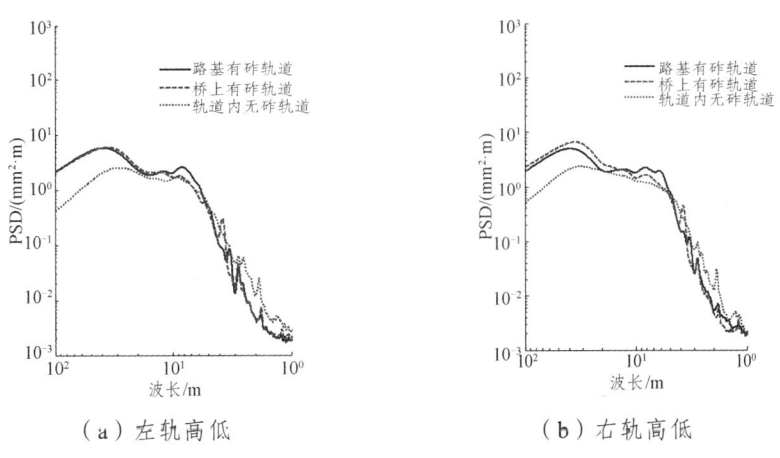

（a）左轨高低　　　　　　　　　（b）右轨高低

图 2.20　轨道结构对高低不平顺的影响

图 2.20 表明，在 5 ~ 50 m 波长范围内，路基有砟轨道和桥上有砟轨道的高低不平顺功率谱密度值显著大于隧道内无砟轨道，但在 1 ~ 5 m 波长范围内，除在 3.8 m 峰值处，隧道内无砟轨道高低不平顺功率谱密度值均要高于路基有砟轨道和桥上有砟轨道，桥上有砟轨道高低不平顺功率谱密度值略高于路基有砟轨道结构，以上可能是由于无砟轨道的刚度大于有砟轨道，在列车荷载作用下扣件的变形等因素而导致在 1 ~ 5 m 波长范围内无砟轨道的高低不平顺状态稍劣于有砟轨道，而在 5 ~ 50 m 波长范围内，由于碎石道床的不均匀沉降导致在该波长范围内有砟轨道高低不平顺状态劣于无砟轨道。

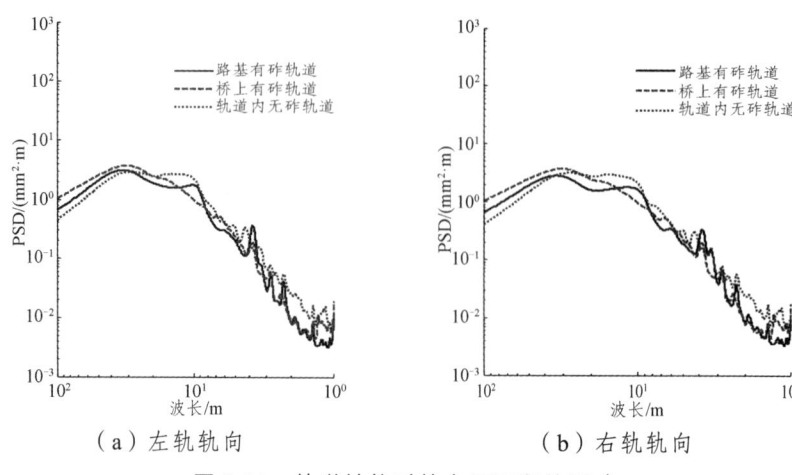

(a)左轨轨向　　　　　　　　(b)右轨轨向

图 2.21　轨道结构对轨向不平顺的影响

图 2.21 表明,对轨向不平顺而言,在 1~35 m 波长范围内,路基有砟轨道结构与桥上有砟轨道结构不平顺功率谱密度的分布趋势基本一致,在数值上也十分接近,均略小于隧道内无砟轨道;在 35~50 m 波长范围内桥上有砟轨道轨向不平顺功率谱密度值最大,路基有砟轨道的轨向不平顺功率谱值次之,隧道内无砟轨道轨向不平顺状态最好。

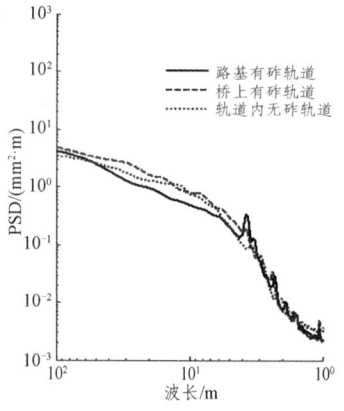

图 2.22　轨道结构对水平不平顺的影响

图 2.22 表明,在 4~50 m 波长范围内,隧道内无砟轨道和桥上有砟轨道水平不平顺功率谱密度值较路基有砟轨道均稍微偏大;在 2.3~4 m 波长范围内,各种类型轨道水平不平顺功率谱密度基本相当;在 1~2.2 m 波长范围内,隧道内无砟轨道的水平不平顺功率谱密度值高于路基有砟轨道和

桥上有砟轨道线路，而桥上有砟轨道和路基有砟轨道相差不大。以上说明在 4~50 m 波长范围内，桥上有砟轨道的水平不平顺状态最差，隧道内无砟轨道的水平不平顺次之，路基有砟轨道水平不平顺状态最好。

2.5　合-武客运专线轨道不平顺统计谱的拟合

当轨道不平顺谱应用于车辆轨道等结构动力分析和轨道状态管理等研究领域中时，一般都要将频域中的离散分布的轨道不平顺谱转化成一定的表达式，以方便应用。在 2.3 节计算得到合-武客运专线轨道不平顺功率谱后，本节研究如何拟合表示合-武客运专线的轨道不平顺谱。

2.5.1　建立合-武客运专线轨道不平顺统计谱拟合模型

本节采用非线性最小二乘方法[290]对高速客运专线轨道不平顺谱进行拟合。在对轨道不平顺谱进行拟合时，应根据高速客运专线轨道不平顺功率谱的分布规律及特点，借鉴国内外已有的轨道谱拟合模型，建立我国高速客运专线轨道不平顺谱拟合模型。本节在对合-武客运专线检测数据进行分析的基础上，拟采用式（2.9）对合-武客运专线高低不平顺、轨向不平顺及水平不平顺功率谱密度函数进行拟合。

$$S(\Omega) = \frac{A_1}{(A_2^2 + \Omega^2)(A_3^2 + \Omega^2)} \quad (2.9)$$

式中，S 为功率谱密度值，单位为 $mm^2 \cdot m$；Ω 为空间频率，单位为 m^{-1}；A_i 为待定系数，$i=1, 2, 3$，A_1 的单位为 mm^2/m^3，A_2 与 A_3 的单位为 m^{-1}。

2.5.2　合-武客运专线轨道不平顺统计谱的拟合

2.4 节的分析表明，相同线路运营方式和养护条件下，轨道结构对轨道不平顺功率谱的分布特性具有较大的影响。因此，本节按照轨道结构的类型对高速客运专线 1~50 m 波长的轨道不平顺功率谱进行分类，利用非线性最小二乘拟合方法，对线路高低不平顺、轨向不平顺及水平不平顺功率谱进行拟合，得到其拟合曲线的参数值，拟合效果如图 2.23~2.25 所示，拟合参数如表 2.2~2.4 所示。

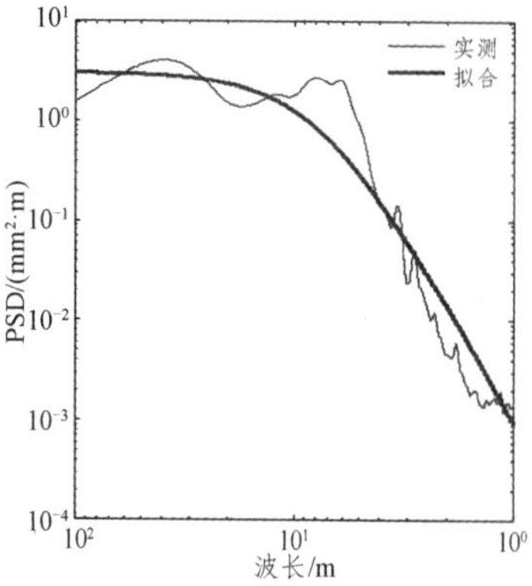

（a）高低不平顺 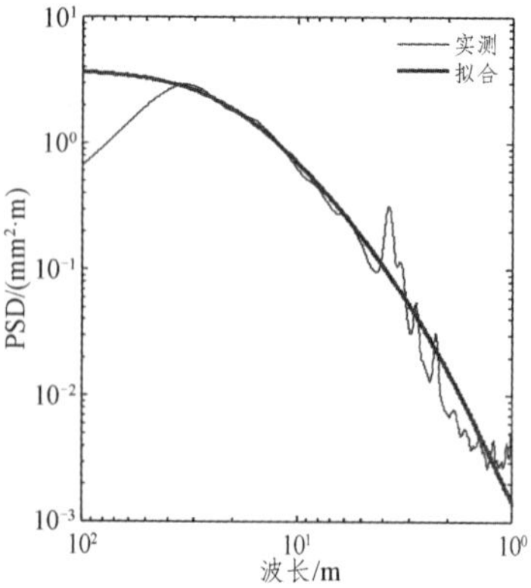　　　　　　　　　（b）轨向不平顺

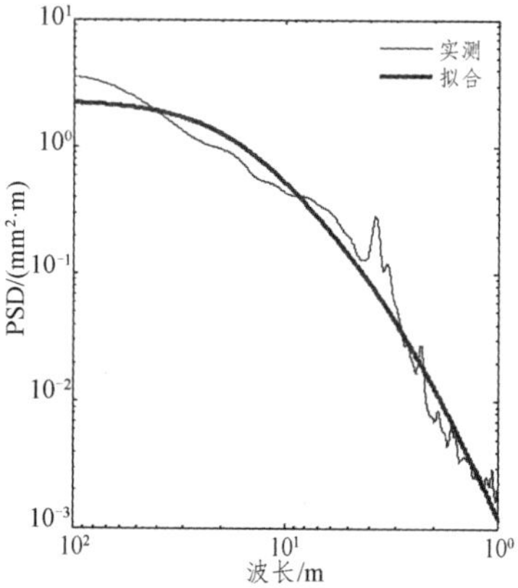

（c）水平不平顺

图 2.23　路基有砟轨道不平顺谱的拟合效果

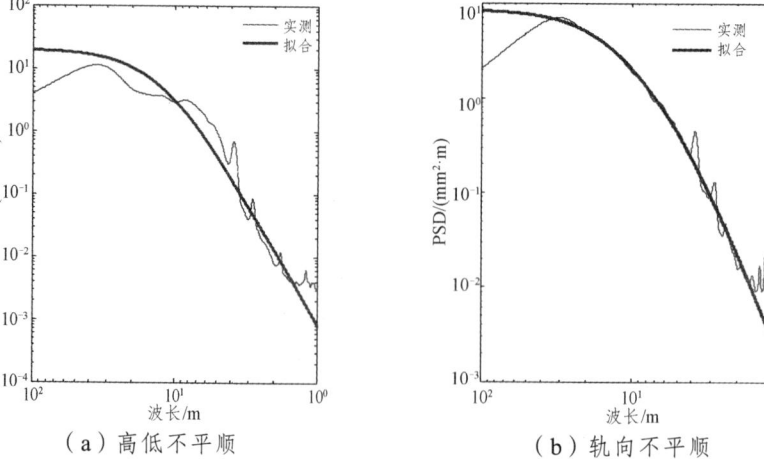

（a）高低不平顺　　　　　　　　　（b）轨向不平顺

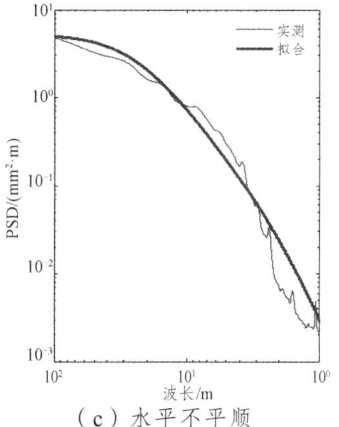

(c) 水平不平顺

图 2.24 桥上有砟轨道不平顺谱的拟合效果

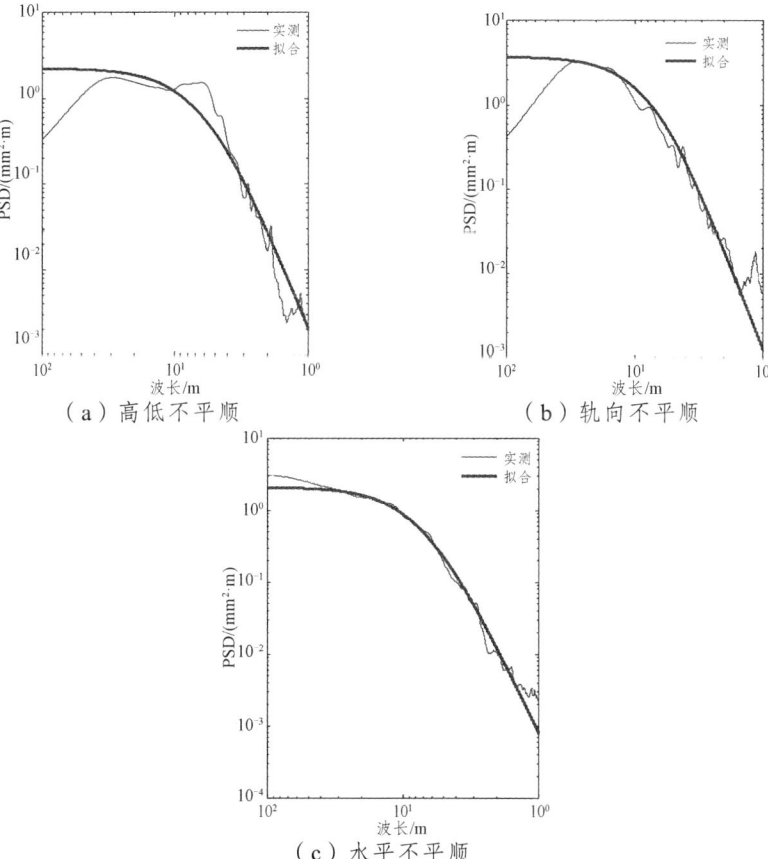

(a) 高低不平顺　　　　　　　　(b) 轨向不平顺

(c) 水平不平顺

图 2.25 桥上无砟轨道不平顺谱的拟合效果

表 2.2　高速客运专线路基有砟轨道高低、轨向、水平不平顺统计谱拟合公式参数

待定系数	高低不平顺	轨向不平顺	水平不平顺
$A_1/(\text{mm}^2/\text{m}^3)$	0.000 991	0.001 747	0.001 474
$A_2/(\text{m}^{-1})$	0.017 876	0.187 256	0.003 237
$A_3/(\text{m}^{-1})$	0.017 838	0.002 413	0.199 733

表 2.3　高速客运专线桥上有砟轨道高低、轨向、水平不平顺统计谱拟合公式参数

待定系数	高低不平顺	轨向不平顺	水平不平顺
$A_1/(\text{mm}^2/\text{m}^3)$	0.000 849	0.001 723	0.004 854
$A_2/(\text{m}^{-1})$	0.006 523	0.050 175	0.564 343
$A_3/(\text{m}^{-1})$	0.006 519	0.004 021	0.001 622

表 2.4　高速客运专线隧道内无砟轨道高低、轨向、水平不平顺统计谱拟合公式参数

待定系数	高低不平顺	轨向不平顺	水平不平顺
$A_1/(\text{mm}^2/\text{m}^3)$	0.002 252	0.001 368	0.000 870
$A_2/(\text{m}^{-1})$	0.058 017	0.015 602	0.012 326
$A_3/(\text{m}^{-1})$	0.017 164	0.023 396	0.033 728

2.6　本章小结

本章利用合-武客运专线轨道 0 号轨检车不平顺检测数据，并利用韦尔奇方法对合-武客运专线波长为 1~50 m 的轨道不平顺功率谱密度函数进行了估计和分析，然后求取各线路高低、轨向和水平不平顺功率谱分别与德国平均高、低干扰谱以及中国平均提速线路干线谱进行对比分析，主要结论总结如下：

（1）路基上有砟轨道的高低不平顺功率谱值、桥上有砟轨道的高低不平顺功率谱值及隧道内无砟轨道的高低不平顺功率谱值在一年各个月份分布趋势几近相同且数值相差不大，在 35~50 m 波长范围内，不平顺功率谱密度值呈现随波长增大而减小的趋势，在 1~35 m 波长范围内，不平顺功率谱密度值总体上呈现随波长减小而减小的趋势；高低不平顺功率谱均低于中国提速线路干线谱和德国高干扰谱，部分短波区段高于德国高干扰谱；

在波长 3.3 m、2.8 m、1.8 m 及 1.2 m 等处存在明显的峰值。

（2）路基上有砟轨道的轨向不平顺功率谱值、桥上有砟轨道的轨向不平顺功率谱值及隧道内无砟轨道的轨向不平顺功率谱值在一年各个月份分布趋势几近相同且数值相差不大，在 35~50 m 波长范围内，不平顺功率谱密度值呈现随波长增大而减小的趋势，在 1~35 m 波长范围内，不平顺功率谱密度值总体上呈现随波长减小而减小的趋势；在分析频段范围内，各个月份的功率谱均明显低于中国干线谱；在部分短波长范围内与德国低干扰谱相当，甚至大于德国低干扰谱；在波长 2.8 m、1.8 m 及 1.4 m 等处存在明显的峰值。

（3）路基上有砟轨道的水平不平顺功率谱值、桥上有砟轨道的水平不平顺功率谱值及隧道内无砟轨道的水平不平顺功率谱值在一年各个月份分布趋势几近相同且数值相差不大，在 1~50 m 波长范围内水平不平顺功率谱密度值总体上呈现随波长减小而减小的趋势；在波长 3.4 m 等处存在峰值；各个月份功率谱及平均功率谱低于德国低干扰谱且较明显低于中国干线谱与德国高干扰谱；桥上有砟轨道各个月份水平不平顺功率谱值较明显低于德国低干扰谱；隧道内无砟轨道在 1~1.5 m 波长范围内，功率谱与德国低干扰谱相当，而在其他频段范围内均明显低于德国低干扰谱。

（4）相同线路运营方式和养护条件下，轨道结构对轨道不平顺功率谱的分布特性有较大影响。对于高低不平顺，由于无砟轨道的刚度大于有砟轨道，在列车荷载作用下扣件的变形等因素而导致在 1~5 m 波长范围内无砟轨道的高低不平顺状态稍劣于有砟轨道，而在 5~50 m 范围内，由于碎石道床的不均匀沉降导致在该波长范围内有砟轨道高低不平顺状态劣于无砟轨道。对于轨向不平顺而言，在 1~35 m 波长范围内，路基有砟轨道结构与桥上有砟轨道结构不平顺状态基本一致，均略优于隧道内无砟轨道；而在 35~50 m 波长范围内桥上有砟轨道轨向不平顺功率谱密度值最大，路基有砟轨道的轨向不平顺功率谱次之，隧道内无砟轨道轨向不平顺状态最好。对于水平不平顺，在 4~50 m 波长范围内，桥上有砟轨道的水平不平顺状态最差，隧道内无砟轨道的水平不平顺次之，路基有砟轨道水平不平顺状态最好。而在 2.3~4 m 波长范围内，各种类型轨道水平不平顺功率谱密度基本相当；在更短波长 1~2.2 m 范围内，隧道无砟轨道的水平不平顺功率谱密度值高于路基有砟轨道和桥上有砟轨道线路，桥上有砟轨道和路基有砟轨道相差不大。

（5）在对轨道不平顺谱进行估计、分类和对比的基础上，采用非线性最小二乘拟合方法，对轨道不平顺功率谱进行拟合，得到相应的拟合曲线参数。

扫码查看本章彩图

第 3 章 高速列车与桥上 CRTS Ⅱ 型板式轨道结构振动分析

轨道不平顺是导致机车车辆以及轨道、桥梁等结构产生振动和破坏的主要原因之一。随着列车速度的大幅提高，轨道不平顺对机车车辆和轨道将会产生更大的影响。轨道不平顺激励是沿线路方向分布的随机过程。要想详细分析轨道不平顺对高速列车高架轨道结构振动特性的影响，必须建立一个比较正确、完善的车辆-轨道-桥梁相互作用模型，当前一般采用时域法或频域法对该问题进行求解。时域法通常是指采用振型叠加法或者有限元法建立振动方程，然后采用时域数值积分法对振动方程进行求解，从而得出系统的振动响应。时域的阵型叠加法只适用于线性结构的振动问题，而且对复杂桥梁结构，由于多阶振型参与贡献，其计算自由度将会大量增加，无法体现其优点。而时域有限元法不仅可对列车驶经桥梁进行全过程分析，还可用于非线性的问题，因此在分析车辆-桥梁耦合问题时被普遍采用，成为当前研究车辆-轨道-桥梁耦合振动的主流方法。但也存在以下几个问题：

（1）轨道结构简化或省略，车辆直接耦合的轨道部分通常省略或仅考虑一部分，而轨道结构会随着桥梁、车辆共同振动，对车辆和桥梁之间的耦合振动产生较大影响；

（2）考虑轨道不平顺条件下，多节车厢的列车通过高架线路时激发的振动响应为复杂的荷载叠加现象，文献中较少涉及。

因此，需要对时域法有限元模型进行修正和完善，以便能建立更准确的车辆-轨道-桥梁耦合振动分析模型。频域法在进行车辆-轨道耦合振动分析时，需对车辆和轨道结构进行较大简化处理，这将导致计算结果精度不高。

鉴于上述分析，本章建立了改进的车辆-轨道-桥梁垂向耦合振动的有限元分析模型，为进一步研究轨道不平顺与高架轨道结构振动响应之间的关系提供了理论分析手段。第 2 章对高速铁路客运专线波长为 1~50 m 的中长波不平顺功率谱所进行的估计分析，可为研究中长波轨道不平顺对高速线路高架轨道结构振动特性的影响提供实际情形下荷载激励条件。本章首先根据车辆-轨道-桥梁耦合作用特点，运用有限元法及 Lagrange 方程，提出适合该问题的两种新型单元，即新型车辆单元与新型轨道单元；同时推导了两种单元的刚度矩阵、质量矩阵及阻尼矩阵。新型车辆单元与传统车辆模型的不同在于每个车轮下附有一系钢轨，该钢轨仅用于车辆与轨道之间的耦合，不计其质量和刚度。新型轨道单元是根据高速客运专线广泛采用的 CRTS II 型板式轨道，考虑了钢轨、轨道板、混凝土支承层、桥面板以及相互作用关系建立的桥上 CRTS II 型板式轨道单元的四层梁模型。与其他学者已建的车辆-桥梁耦合振动模型相比，本书模型尤其适用于考虑多节编组、多自由度的车辆系统，且四层梁模型可较全面地考虑轨道结构的振动特性，这将更接近于我国高速客运专线轨道的实际情况。接下来基于轮轨接触关系，利用 Lagrange 方程建立了轨道不平顺作用下的车辆-轨道-桥梁系统耦合振动分析模型，采用有效的数值方法对车辆-轨道-桥梁耦合振动分析模型进行了求解，并与文献进行了对比分析，验证了理论模型的合理性。

3.1 车辆-轨道-桥梁相互作用有限元模型建模思想

桥上 CRTS Ⅱ 型板式轨道是博格板轨道为适应在京津城际铁路铺设，经中外专家共同研究后而进行改进的产品。随着 CRTS Ⅱ 型板式轨道在京津城际、京沪高铁、京石客专、石武客专等客运专线上的广泛应用，桥上 CRTS Ⅱ 型板式轨道成为高速无砟轨道结构最主要的形式之一。尽管近年来，我国对高速轨道结构振动特性进行了大量实验和理论研究，取得了许多有价值的研究成果，然而对新型的桥上 CRTS Ⅱ 型板式轨道振动特性的研究还很缺乏。

当高速列车通过桥梁时，引起车辆-轨道-桥梁振动的原因众多，如列车类型、轴重、行车速度、轨道结构类型、车轮与轨道表面的平顺状态等。要想系统地研究这些因素对高架轨道结构的振动影响，必须建立高速列车-无砟轨道-桥梁系统相互作用分析模型。车辆、轨道与桥梁之间相互作用表现为以轮轨接触为中间环节连接车辆、轨道结构，以有砟道床或无砟轨道混凝土基座作用于桥面的力以及变形协调条件连接线路与桥梁，从而形成车辆、轨道结构、桥梁结构的耦合振动大系统。基于车辆、轨道和桥梁相互动力作用系统各部分的参振特性，在建立车辆、线路、桥梁动力分析模型时需从大系统角度出发，综合运用车辆动力学原理、轮轨相互作用原理以及轨道结构和桥梁结构动力学原理，建立包括车辆、轨道、桥梁结构的耦合大系统动力学分析模型。

考虑到列车竖向荷载直接影响轨道、桥梁或路基的动应力水平，因此本章建立了竖向车辆-轨道-桥梁耦合振动的有限元分析模型。建模时将列车、多跨连续梁桥上 CRTS Ⅱ 型板式轨道及桥梁视为一个整体系统。对车辆和桥上 CRTS Ⅱ 型板式轨道进行离散时，采用本章提出的两种新型单元，即新型车辆单元与新型轨道单元。一节车辆可被离散为一个车辆单元，车辆单元每个车轮下附有一系钢轨，该钢轨用于车辆与轨道之间的耦合，不计其质量和刚度。轨道单元是根据桥上 CRTS Ⅱ 型板式轨道结构中轨道板、底座板跨梁缝连续铺设的特点，考虑钢轨、轨道板、混凝土支承层和桥面板以及相互作用关系的四层梁模型。相邻扣件之间的轨道为一个单元，其中钢轨模拟为离散弹簧-阻尼点支承的 Euler 梁，扣件-垫层视为离散点弹簧和阻尼器。轨道板模拟为连续弹性支承的 Euler 梁，砂浆垫层视为线性均布面弹簧和阻尼器。对于底座板和桥梁而言，为了减小桥梁温度伸缩对无砟轨道的影响，在桥梁与底座板间设置滑动层，底座板与梁面为滑动状态；由此在模型中将底座板和桥梁分开考虑，底座板视为连续黏弹性支承 Euler 长梁，桥梁被模拟为考虑 Rayleigh 阻尼的 Euler 梁，底座与桥梁之间的滑动层模拟成线性均布弹簧。桥上 CRTS Ⅱ 型板式轨道视为一个整体系统，利用轮轨之间相互关系进行耦合，建立列车-轨道-桥梁系统耦合振动的动力有限元方程，利用 Matlab 软件编制相应程序以进行振动特性的计算和分析。

3.2 车辆动力分析模型

车辆一般由车体、转向架和轮对三部分通过弹性悬挂和阻尼元件相互连接而成。本书选用多节移动 CHR_3 型动车，采用整车附有二系弹簧质量的车体模型，单节车辆模型见图 3.1。车辆模拟成以速度 c 运行于轨道结构上的多刚体系统；车体与转向架、转向架与轮对之间通过线性弹簧和黏滞阻尼器连接；考虑车体、转向架的沉浮振动和点头振动以及轮对的沉浮振动，将实际车辆悬挂系统的非线性特性处理为线性弹簧和黏滞阻尼。模型中竖向位移以向上为正，转角以顺时针为正，轮轨接触力以压力为正。在整车模型中，车体和转向架都考虑沉浮振动和点头振动，车轮考虑沉浮振动，每节钢轨上两个节点考虑竖向位移和转角，整车模型有 26 个自由度。

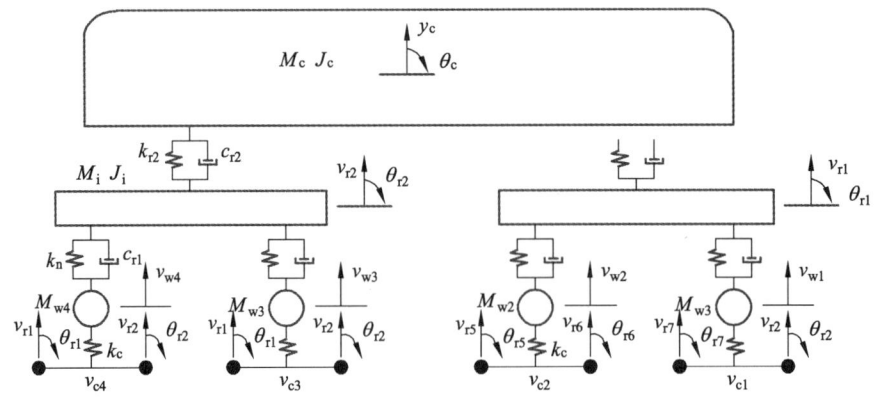

图 3.1 整车车辆单元模型

在图 3.1 中，M_c、J_c 表示车体的质量与转动惯量；M_t、J_t 表示转向架的质量与转动惯量；k_{s1}、k_{s2} 表示车辆一、二系悬挂刚度；c_{s1}、c_{s2} 表示车辆一、二系悬挂阻尼；$M_{wi}(i=1,2,3,4)$ 表示第 i 个车轮的质量；k_c 表示轮轨间的接触刚度；v_9、θ_9 表示车体沉浮振动的竖向位移、车体点头振动的角位移；v_i、θ_i $(i=10,11)$ 表示前、后转向架沉浮振动的竖向位移、点头振动的角位移；$v_i(i=12,13,14,15)$ 表示第 i 个车轮的竖向位移；$v_{ci}(i=1,2,3,4)$ 表示第 i 个轮轨接触点处钢轨的竖向位移；$v_{ri}(i=1,2,\cdots,8)$ 表示第 i 个钢轨节点的竖向位移，$\theta_{ri}(i=1,2,\cdots,8)$ 表示第 i 个钢轨节点的转角。

从图 3.1 中可以看到车辆单元包括 26 个自由度，则车辆单元的节点位移向量可以表示为

$$\underline{a}^e = \{v_{r1}\ \theta_{r1}\ v_{r2}\ \theta_{r2}\ v_{r3}\ \theta_{r3}\ v_{r4}\ \theta_{r4}\ v_{r5}\ \theta_{r5}\ v_{r6}\ \theta_{r6}\ v_{r7}\ \theta_{r7}\\ v_{r8}\ \theta_{r8}\ v_c\ \theta_c\ v_{t1}\ v_{t2}\ \theta_{t1}\ \theta_{t2}\ v_{w1}\ v_{w2}\ v_{w3}\ v_{w4}\}^T \quad (3.1)$$

可运用 Hamilton 原理建立车辆单元的动力有限元方程，即

$$\frac{d}{dt}\frac{\partial L}{\partial \dot{a}} - \frac{\partial L}{\partial a} + \frac{\partial R}{\partial \dot{a}} = 0 \quad (3.2)$$

式中，L 为拉格朗日函数，$L=T-\Pi$；T 为动能；Π 为势能；R 为耗散能。

3.2.1 车辆单元的弹性势能

由弹性势能可直接得出：

$$\begin{aligned}\Pi_V =& \frac{1}{2}k_{s2}(v_c - v_{t1} - \theta_c l_2)^2 + \frac{1}{2}k_{s2}(v_c - v_{t2} + \theta_c l_2)^2 + \frac{1}{2}k_{s1}(v_{t1} - v_{w1} - \theta_{t1} l_1)^2 +\\ & \frac{1}{2}k_{s1}(v_{t1} - v_{w2} + \theta_{t1} l_1)^2 + \frac{1}{2}k_{s1}(v_{t2} - v_{w3} - \theta_{t2} l_1)^2 + \frac{1}{2}k_{s1}(v_{t2} - v_{w4} + \theta_{t2} l_1)^2 +\\ & \frac{1}{2}k_c(v_{w1} - v_{c1})^2 + \frac{1}{2}k_c(v_{w2} - v_{c2})^2 + \frac{1}{2}k_c(v_{w3} - v_{c3})^2 + \frac{1}{2}k_c(v_{w4} - v_{c4})^2 +\\ & v_c M_c g + v_{t1} M_t g + v_{t2} M_t g + v_{w1} M_w g + v_{w2} M_w g + v_{w3} M_w g + v_{w4} M_w g\end{aligned} \quad (3.3)$$

式中：

$$v_c - v_{t1} - \theta_c l_2 = \{0\ 0\ 0\ 0\ 0\ 0\ 0\ 0\ 0\ 0\ 0\ 0\ 0\ 0\\ 0\ 1\ -l_2\ -1\ 0\ 0\ 0\ 0\ 0\ 0\ 0\ 0\}\underline{a}^e = \underline{N}_{c-t1}^T \underline{a}^e$$

$$\dot{v}_c - \dot{v}_{t1} - \dot{\theta}_c l_2 = \{0\ 0\ 0\ 0\ 0\ 0\ 0\ 0\ 0\ 0\ 0\ 0\ 0\ 0\ 0\ 1\ -l_2\ -1\ 0\ 0\ 0\ 0\ 0\ 0\ 0\}\underline{\dot{a}}^e = \underline{N}_{c-t1}^T \underline{\dot{a}}^e$$

$$v_c - v_{t2} + \theta_c l_2 = \{0\ 0\ 0\ 0\ 0\ 0\ 0\ 0\ 0\ 0\ 0\ 0\ 0\ 0\ 0\ 0\ 1\ l_2\ 0\ -1\ 0\ 0\ 0\ 0\ 0\ 0\}\underline{a}^e = \underline{N}_{c-t2}^T \underline{a}^e$$

$$\dot{v}_c - \dot{v}_{t2} + \dot{\theta}_c l_2 = \{0\ 0\ 0\ 0\ 0\ 0\ 0\ 0\ 0\ 0\ 0\ 0\ 0\ 0\ 0\ 0\ 1\ l_2\ 0\ -1\ 0\ 0\ 0\ 0\ 0\ 0\}\underline{\dot{a}}^e = \underline{N}_{c-t2}^T \underline{\dot{a}}^e$$

$$v_{t1} - v_{w1} - \theta_{t1} l_1 = \{0\ 0\ 0\ 0\ 0\ 0\ 0\ 0\ 0\ 0\ 0\ 0\ 0\ 0\ 0\ 0\ 0\ 0\ 1\ 0\ -l_1\ 0\ -1\ 0\ 0\ 0\}\underline{a}^e = \underline{N}_{t1-w1}^T \underline{a}^e$$

$$\dot{v}_{t1} - \dot{v}_{w1} - \dot{\theta}_{t1} l_1 = \{0\ 0\ 0\ 0\ 0\ 0\ 0\ 0\ 0\ 0\ 0\ 0\ 0\ 0\ 0\ 0\ 0\ 0\ 1\ 0\ -l_1\ 0\ -1\ 0\ 0\ 0\}\underline{\dot{a}}^e = \underline{N}_{t1-w1}^T \underline{\dot{a}}^e$$

$$v_{t1} - v_{w2} + \theta_{t1} l_1 = \{0\ 0\ 0\ 0\ 0\ 0\ 0\ 0\ 0\ 0\ 0\ 0\ 0\ 0\ 0\ 0\ 0\ 0\ 1\ 0\ l_1\ 0\ 0\ -1\ 0\ 0\}\underline{a}^e = \underline{N}_{t1-w2}^T \underline{a}^e$$

$$\dot{v}_{t1} - \dot{v}_{w2} + \dot{\theta}_{t1} l_1 = \{0\ 0\ 0\ 0\ 0\ 0\ 0\ 0\ 0\ 0\ 0\ 0\ 0\ 0\ 0\ 0\ 0\ 0\ 1\ 0\ l_1\ 0\ 0\ -1\ 0\ 0\}\underline{\dot{a}}^e = \underline{N}_{t1-w2}^T \underline{\dot{a}}^e$$

$$v_{t2} - v_{w3} - \theta_{t2} l_1 = \{0\ 0\ 0\ 0\ 0\ 0\ 0\ 0\ 0\ 0\ 0\ 0\ 0\ 0\ 0\ 0\ 0\ 0\ 0\ 1\ 0\ -l_1\ 0\ 0\ -1\ 0\}\underline{a}^e = \underline{N}_{t2-w3}^T \underline{a}^e$$

$$\dot{v}_{t2} - \dot{v}_{w3} - \dot{\theta}_{t2} l_1 = \{0\ 0\ 0\ 0\ 0\ 0\ 0\ 0\ 0\ 0\ 0\ 0\ 0\ 0\ 0\ 0\ 0\ 0\ 0\ 1\ 0\ -l_1\ 0\ 0\ -1\ 0\}\underline{\dot{a}}^e = \underline{N}_{t2-w3}^T \underline{\dot{a}}^e$$

$$v_{t2} - v_{w4} + \theta_{t2} l_1 = \{0\ 0\ 0\ 0\ 0\ 0\ 0\ 0\ 0\ 0\ 0\ 0\ 0\ 0\ 0\ 0\ 0\ 0\ 0\ 1\ 0\ l_1\ 0\ 0\ 0\ -1\}\underline{a}^e = \underline{N}_{t2-w4}^T \underline{a}^e$$

$$\dot{v}_{t2} - \dot{v}_{w4} + \dot{\theta}_{t2} l_1 = \{0\ 0\ 0\ 0\ 0\ 0\ 0\ 0\ 0\ 0\ 0\ 0\ 0\ 0\ 0\ 0\ 0\ 0\ 0\ 1\ 0\ l_1\ 0\ 0\ 0\ -1\}\underline{\dot{a}}^e = \underline{N}_{t2-w4}^T \underline{\dot{a}}^e$$

(3.4)

式中，l_1 是转向架长度的一半，l_2 是两转向架中心距的一半。

$$v_{w1} - v_{c1} = \{0\ 0\ 0\ 0\ 0\ 0\ 0\ 0\ 0\ 0\ -N_1\ -N_2\ -N_3\ -N_4\ 0\ 0\ 0\ 0\ 0\ 0\ 1\ 0\ 0\ 0\}\underline{a}^e = \underline{N}_{c1}^T \underline{a}^e$$

$$v_{w2} - v_{c2} = \{0\ 0\ 0\ 0\ 0\ 0\ 0\ 0\ -N_{c1}\ -N_{c2}\ -N_{c3}\ -N_{c4}\ 0\ 0\ 0\ 0\ 0\ 0\ 0\ 0\ 1\ 0\ 0\}\underline{a}^e = \underline{N}_{c2}^T \underline{a}^e$$

$$v_{w3} - v_{c3} = \{0\ 0\ 0\ 0\ -N_1\ -N_2\ -N_3\ -N_4\ 0\ 0\ 0\ 0\ 0\ 0\ 0\ 0\ 0\ 0\ 0\ 0\ 0\ 1\ 0\}\underline{a}^e = \underline{N}_{c3}^T \underline{a}^e$$

$$v_{w4} - v_{c4} = \{-N_1 \quad -N_2 \quad -N_3 \quad -N_4 \quad 0 \quad 0 \quad 0 \quad 0 \quad 0 \quad 0 \quad 0 \quad 0 \quad 0 \quad 0 \quad 0$$
$$0 \quad 0 \quad 0 \quad 0 \quad 0 \quad 0 \quad 0 \quad 0 \quad 0 \quad 1\}\underline{a}^e = \underline{N}_{c4}^T \underline{a}^e \tag{3.5}$$

式中，轮轨接触点的位移 v_{c1} 可用插值函数表示为

$$v_{c1} = N_1 v_{r1} + N_2 \theta_{r1} + N_3 v_{r2} + N_4 \theta_{r2} \tag{3.6}$$

其中，插值函数为

$$N_1 = 1 - \frac{3}{l^2}x^2 + \frac{2}{l^3}x^3$$

$$N_2 = -x + \frac{2}{l}x^2 - \frac{1}{l^2}x^3$$

$$N_3 = \frac{3}{l^2}x^2 - \frac{2}{l^3}x^3 \tag{3.7}$$

$$N_4 = \frac{1}{l}x^2 - \frac{1}{l^2}x^3$$

将车轮和钢轨接触点坐标 x_{c1} 代入式（3.7）中可以得到插值函数 N_1、N_2、N_3、N_4，再代入式（3.6）中，即可得到 v_{c1}。同理将坐标 x_{c2}、x_{c3}、x_{c4} 分别代入插值函数，可计算得到 $\underline{N}_{c2}$、$\underline{N}_{c3}$、$\underline{N}_{c4}$ 以及 v_{c2}、v_{c3}、v_{c4}。

$v_c = \{0 \quad 0 \quad 0 \quad 0 \quad 0 \quad 0 \quad 0 \quad 0 \quad 0 \quad 0 \quad 0 \quad 0 \quad 0 \quad 0 \quad 0 \quad 0 \quad 0 \quad 1 \quad 0 \quad 0 \quad 0 \quad 0 \quad 0 \quad 0$
$\quad 0 \quad 0\}\underline{a}^e = \underline{N}_c^T \underline{a}^e$

$v_{t1} = \{0 \quad 0 \quad 0 \quad 0 \quad 0 \quad 0 \quad 0 \quad 0 \quad 0 \quad 0 \quad 0 \quad 0 \quad 0 \quad 0 \quad 0 \quad 0 \quad 0 \quad 0 \quad 1 \quad 0 \quad 0 \quad 0 \quad 0$
$\quad 0 \quad 0\}\underline{a}^e = \underline{N}_{t1}^T \underline{a}^e$

$v_{w1} = \{0 \quad 1 \quad 0$
$\quad 0 \quad 0\}\underline{a}^e = \underline{N}_{w1}^T \underline{a}^e$

$v_{w2} = \{0 \quad 1$
$\quad 0 \quad 0\}\underline{a}^e = \underline{N}_{w2}^T \underline{a}^e$

$v_{w3} = \{0 \quad 0$
$\quad 1 \quad 0\}\underline{a}^e = \underline{N}_{w3}^T \underline{a}^e$

$v_{w4} = \{0 \quad 0$
$\quad 0 \quad 1\}\underline{a}^e = \underline{N}_{w4}^T \underline{a}^e$

$$\tag{3.8}$$

将式（3.4）、式（3.5）、式（3.6）代入式（3.3）中，则有：

$$\Pi_{\mathrm{V}} = \frac{1}{2}\underline{a}^{\mathrm{eT}}\left\{k_{\mathrm{s2}}\underline{N}_{\mathrm{c-t1}}\underline{N}_{\mathrm{c-t1}}^{\mathrm{T}} + k_{\mathrm{s2}}\underline{N}_{\mathrm{c-t2}}\underline{N}_{\mathrm{c-t2}}^{\mathrm{T}} + k_{\mathrm{s1}}\underline{N}_{\mathrm{t1-w1}}\underline{N}_{\mathrm{t1-w1}}^{\mathrm{T}} + k_{\mathrm{s1}}\underline{N}_{\mathrm{t1-w2}}\underline{N}_{\mathrm{t1-w2}}^{\mathrm{T}} + k_{\mathrm{s1}}\underline{N}_{\mathrm{t2-w3}}\underline{N}_{\mathrm{t2-w3}}^{\mathrm{T}}\right.$$

$$\left.+ k_{\mathrm{s1}}\underline{N}_{\mathrm{t2-w4}}\underline{N}_{\mathrm{t2-w4}}^{\mathrm{T}} + k_{\mathrm{c}}\underline{N}_{\mathrm{c1}}\underline{N}_{\mathrm{c1}}^{\mathrm{T}} + k_{\mathrm{c}}\underline{N}_{\mathrm{c2}}\underline{N}_{\mathrm{c2}}^{\mathrm{T}} + k_{\mathrm{c}}\underline{N}_{\mathrm{c3}}\underline{N}_{\mathrm{c3}}^{\mathrm{T}} + k_{\mathrm{c}}\underline{N}_{\mathrm{c4}}\underline{N}_{\mathrm{c4}}^{\mathrm{T}}\right\}\underline{a}^{\mathrm{e}}$$

$$+ \underline{a}^{\mathrm{eT}}\left(M_{\mathrm{c}}g\underline{N}_{\mathrm{c}} + M_{\mathrm{t}}g\underline{N}_{\mathrm{t1}} + M_{\mathrm{t}}g\underline{N}_{\mathrm{t2}} + M_{\mathrm{w}}g\underline{N}_{\mathrm{w1}} + M_{\mathrm{w}}g\underline{N}_{\mathrm{w2}} + M_{\mathrm{w}}g\underline{N}_{\mathrm{w3}} + M_{\mathrm{w}}g\underline{N}_{\mathrm{w4}}\right)$$

$$= \frac{1}{2}\underline{a}^{\mathrm{eT}}\left\{\underline{k}_1 + \underline{k}_2 + \underline{k}_3 + \underline{k}_4 + \underline{k}_5 + \underline{k}_6 + \underline{k}_{\mathrm{c1}} + \underline{k}_{\mathrm{c2}} + \underline{k}_{\mathrm{c3}} + \underline{k}_{\mathrm{c4}}\right\}\underline{a}^{\mathrm{e}}$$

$$+ \underline{a}^{\mathrm{eT}}\left(M_{\mathrm{c}}g\underline{N}_{\mathrm{c}} + M_{\mathrm{t}}g\underline{N}_{\mathrm{t1}} + M_{\mathrm{t}}g\underline{N}_{\mathrm{t2}} + M_{\mathrm{w}}g\underline{N}_{\mathrm{w1}} + M_{\mathrm{w}}g\underline{N}_{\mathrm{w2}} + M_{\mathrm{w}}g\underline{N}_{\mathrm{w3}} + M_{\mathrm{w}}g\underline{N}_{\mathrm{w4}}\right)$$

$$= \frac{1}{2}\underline{a}^{\mathrm{eT}}\underline{k}_{\mathrm{u}}^{\mathrm{e}}\underline{a}^{\mathrm{e}} + \underline{a}^{\mathrm{eT}}\underline{Q}_{\mathrm{u}}^{\mathrm{e}} \quad (3.9)$$

其中:

$$\underline{k}_{\mathrm{u}}^{\mathrm{e}} = \underline{k}_{\mathrm{v}} + \underline{k}_{\mathrm{c}} \quad (3.10)$$

$$\underline{k}_{\mathrm{v}} = \underline{k}_1 + \underline{k}_2 + \underline{k}_3 + \cdots + \underline{k}_6 = \begin{bmatrix} \underline{0}_{16\times16} & \\ & \underline{k}_{\mathrm{ve}} \end{bmatrix}_{26\times26} \quad (3.11)$$

$$\underline{k}_{\mathrm{ve}} = \frac{1}{2}\begin{bmatrix} 2k_{\mathrm{s2}} & 0 & -k_{\mathrm{s2}} & -k_{\mathrm{s2}} & 0 & 0 & 0 & 0 & 0 & 0 \\ 0 & 2k_{\mathrm{s2}}l_2^2 & k_{\mathrm{s2}}l_2 & -k_{\mathrm{s2}}l_2 & 0 & 0 & 0 & 0 & 0 & 0 \\ -k_{\mathrm{s2}} & k_{\mathrm{s2}}l_2 & 2k_{\mathrm{s1}} + k_{\mathrm{s2}} & 0 & 0 & 0 & -k_{\mathrm{s1}} & -k_{\mathrm{s1}} & 0 & 0 \\ -k_{\mathrm{s2}} & -k_{\mathrm{s2}}l_2 & 0 & 2k_{\mathrm{s1}} + k_{\mathrm{s2}} & 0 & 0 & 0 & 0 & -k_{\mathrm{s1}} & -k_{\mathrm{s1}} \\ 0 & 0 & 0 & 0 & 2k_{\mathrm{s1}}l_1^2 & 0 & k_{\mathrm{s1}}l_1 & -k_{\mathrm{s1}}l_1 & 0 & 0 \\ 0 & 0 & 0 & 0 & 0 & 2k_{\mathrm{s1}}l_1^2 & 0 & 0 & k_{\mathrm{s1}}l_1 & -k_{\mathrm{s1}}l_1 \\ 0 & 0 & -k_{\mathrm{s1}} & 0 & k_{\mathrm{s1}}l_1 & 0 & k_{\mathrm{s1}} & 0 & 0 & 0 \\ 0 & 0 & -k_{\mathrm{s1}} & 0 & -k_{\mathrm{s1}}l_1 & 0 & 0 & k_{\mathrm{s1}} & 0 & 0 \\ 0 & 0 & 0 & -k_{\mathrm{s1}} & 0 & k_{\mathrm{s1}}l_1 & 0 & 0 & k_{\mathrm{s1}} & 0 \\ 0 & 0 & 0 & -k_{\mathrm{s1}} & 0 & -k_{\mathrm{s1}}l_1 & 0 & 0 & 0 & k_{\mathrm{s1}} \end{bmatrix}$$

$$(3.12)$$

$$\underline{k}_{\mathrm{c}} = \underline{k}_{\mathrm{c1}} + \underline{k}_{\mathrm{c2}} + \underline{k}_{\mathrm{c3}} + \underline{k}_{\mathrm{c4}} = k_{\mathrm{c}}\begin{bmatrix} \underline{NN}_{\mathrm{c4}} & \underline{0} & \underline{0} & \underline{0} & \underline{0} & \underline{NI}_{\mathrm{c4}} \\ \underline{0} & \underline{NN}_{\mathrm{c3}} & \underline{0} & \underline{0} & \underline{0} & \underline{NI}_{\mathrm{c3}} \\ \underline{0} & \underline{0} & \underline{NN}_{\mathrm{c2}} & \underline{0} & \underline{0} & \underline{NI}_{\mathrm{c2}} \\ \underline{0} & \underline{0} & \underline{0} & \underline{NN}_{\mathrm{c1}} & \underline{0} & \underline{NI}_{\mathrm{c1}} \\ \underline{0} & \underline{0} & \underline{0} & \underline{0} & \underline{0}_{6\times6} & \underline{0} \\ \underline{NI}_{\mathrm{c4}} & \underline{NI}_{\mathrm{c3}} & \underline{NI}_{\mathrm{c2}} & \underline{NI}_{\mathrm{c1}} & \underline{0} & \underline{I}_{4\times4} \end{bmatrix}_{26\times26}$$

$$(3.13)$$

其中:

$$\underline{NN}_{ci} = \begin{bmatrix} N_1^2 & N_1N_2 & N_1N_3 & N_1N_4 \\ N_1N_2 & N_2^2 & N_2N_3 & N_2N_4 \\ N_1N_3 & N_2N_3 & N_3^2 & N_3N_4 \\ N_1N_4 & N_2N_4 & N_3N_4 & N_4^2 \end{bmatrix}_{x_{ci}} \quad (3.14)$$

$$\underline{I} = \begin{bmatrix} 1 & 0 & 0 & 0 \\ 0 & 1 & 0 & 0 \\ 0 & 0 & 1 & 0 \\ 0 & 0 & 0 & 1 \end{bmatrix} \quad (3.15)$$

$$\underline{NI}_{c1} = \begin{bmatrix} -N_1 & 0 & 0 & 0 \\ -N_2 & 0 & 0 & 0 \\ -N_3 & 0 & 0 & 0 \\ -N_4 & 0 & 0 & 0 \end{bmatrix}_{x_{c1}} \quad (3.16)$$

$$\underline{NI}_{c2} = \begin{bmatrix} 0 & -N_1 & 0 & 0 \\ 0 & -N_2 & 0 & 0 \\ 0 & -N_3 & 0 & 0 \\ 0 & -N_4 & 0 & 0 \end{bmatrix}_{x_{c2}} \quad (3.17)$$

$$\underline{NI}_{c3} = \begin{bmatrix} 0 & 0 & -N_1 & 0 \\ 0 & 0 & -N_2 & 0 \\ 0 & 0 & -N_3 & 0 \\ 0 & 0 & -N_4 & 0 \end{bmatrix}_{x_{c3}} \quad (3.18)$$

$$\underline{NI}_{c4} = \begin{bmatrix} 0 & 0 & 0 & -N_1 \\ 0 & 0 & 0 & -N_2 \\ 0 & 0 & 0 & -N_3 \\ 0 & 0 & 0 & -N_4 \end{bmatrix}_{x_{c4}} \quad (3.19)$$

$$\underline{Q}_u^e = \{0\ 0\ 0\ 0\ 0\ 0\ 0\ 0\ 0\ 0\ 0\ 0\ 0\ 0\ 0\ -M_cg\ 0\ -M_tg\ -M_tg$$
$$0\ 0\ -M_wg\ -M_wg\ -M_wg\ -M_wg\}^T \quad (3.20)$$

3.2.2 车辆单元的动能

由动能可直接得出：

$$T_V = \frac{1}{2}M_c \dot{v}_c^2 + \frac{1}{2}J_c \dot{\theta}_c^2 + \frac{1}{2}M_t \dot{v}_{t1}^2 + \frac{1}{2}M_t \dot{v}_{t2}^2 + \frac{1}{2}J_t \dot{\theta}_{t1}^2 + \frac{1}{2}J_t \dot{\theta}_{t2}^2 +$$
$$\frac{1}{2}M_w \dot{v}_{w1}^2 + \frac{1}{2}M_w \dot{v}_{w2}^2 + \frac{1}{2}M_w \dot{v}_{w3}^2 + \frac{1}{2}M_w \dot{v}_{w4}^2$$
$$= \frac{1}{2}\underline{\dot{a}}^{eT} \underline{m}_u^e \underline{\dot{a}}^e \qquad (3.21)$$

其中：

$$\underline{m}_u^e = \begin{bmatrix} \underline{0}_{16\times 16} & 0 \\ 0 & \underline{m}_{ve} \end{bmatrix}_{26\times 26} \qquad (3.22)$$

$$\underline{m}_{ve} = \frac{1}{2}\begin{bmatrix} M_c & 0 & 0 & 0 & 0 & 0 & 0 & 0 & 0 & 0 \\ 0 & J_c & 0 & 0 & 0 & 0 & 0 & 0 & 0 & 0 \\ 0 & 0 & M_t & 0 & 0 & 0 & 0 & 0 & 0 & 0 \\ 0 & 0 & 0 & M_t & 0 & 0 & 0 & 0 & 0 & 0 \\ 0 & 0 & 0 & 0 & J_t & 0 & 0 & 0 & 0 & 0 \\ 0 & 0 & 0 & 0 & 0 & J_t & 0 & 0 & 0 & 0 \\ 0 & 0 & 0 & 0 & 0 & 0 & M_w & 0 & 0 & 0 \\ 0 & 0 & 0 & 0 & 0 & 0 & 0 & M_w & 0 & 0 \\ 0 & 0 & 0 & 0 & 0 & 0 & 0 & 0 & M_w & 0 \\ 0 & 0 & 0 & 0 & 0 & 0 & 0 & 0 & 0 & M_w \end{bmatrix} \qquad (3.23)$$

3.2.3 车辆单元的耗散能

$$R_V = \frac{1}{2}c_{s2}\left(\dot{v}_c - \dot{v}_{t1} - \dot{\theta}_c l_2\right)^2 + \frac{1}{2}c_{s2}\left(\dot{v}_c - \dot{v}_{t2} + \dot{\theta}_c l_2\right)^2 + \frac{1}{2}c_{s1}\left(\dot{v}_{t1} - \dot{v}_{w1} - \dot{\theta}_{t1}l_1\right)^2 +$$
$$\frac{1}{2}c_{s1}\left(\dot{v}_{t1} - \dot{v}_{w2} + \dot{\theta}_{t1}l_1\right)^2 + \frac{1}{2}c_{s1}\left(\dot{v}_{t2} - \dot{v}_{w3} - \dot{\theta}_{t2}l_1\right)^2 + \frac{1}{2}c_{s1}\left(\dot{v}_{t2} - \dot{v}_{w4} + \dot{\theta}_{t2}l_1\right)^2$$
$$= \frac{1}{2}\underline{\dot{a}}^{eT} \underline{c}_u^e \underline{\dot{a}}^e \qquad (3.24)$$

其中：

$$\underline{c}_u^e = \begin{bmatrix} \underline{0}_{16\times 16} & \\ & \underline{c}_{ve} \end{bmatrix}_{26\times 26} \qquad (3.25)$$

$$\underline{c}_{ve} = \frac{1}{2}\begin{bmatrix} 2c_{s2} & 0 & -c_{s2} & -c_{s2} & 0 & 0 & 0 & 0 & 0 & 0 \\ 0 & 2c_{s2}l_2^2 & c_{s2}l_2 & -c_{s2}l_2 & 0 & 0 & 0 & 0 & 0 & 0 \\ -c_{s2} & c_{s2}l_2 & 2c_{s1}+c_{s2} & 0 & 0 & 0 & -c_{s1} & -c_{s1} & 0 & 0 \\ -c_{s2} & -c_{s2}l_2 & 0 & 2c_{s1}+c_{s2} & 0 & 0 & 0 & 0 & -c_{s1} & -c_{s1} \\ 0 & 0 & 0 & 0 & 2c_{s1}l_1^2 & 0 & c_{s1}l_1 & -c_{s1}l_1 & 0 & 0 \\ 0 & 0 & 0 & 0 & 0 & 2c_{s1}l_1^2 & 0 & 0 & c_{s1}l_1 & -c_{s1}l_1 \\ 0 & 0 & -c_{s1} & 0 & c_{s1}l_1 & 0 & c_{s1} & 0 & 0 & 0 \\ 0 & 0 & -c_{s1} & 0 & -c_{s1}l_1 & 0 & 0 & c_{s1} & 0 & 0 \\ 0 & 0 & 0 & -c_{s1} & 0 & c_{s1}l_1 & 0 & 0 & c_{s1} & 0 \\ 0 & 0 & 0 & -c_{s1} & 0 & -c_{s1}l_1 & 0 & 0 & 0 & c_{s1} \end{bmatrix} \quad (3.26)$$

3.2.4 建立车辆运动方程

通过计算各车辆单元的动能 T_V^e、势能 Π_V^e 以及耗散能 R_V^e，集合组成系统的动能 T_V、势能 Π_V 和耗散能 R_V。然后将 T_V、Π_V 及 R_V 代入式（3.2）中，可得到车辆系统运动方程：

$$\underline{M}_V \ddot{\underline{a}} + \underline{C}_V \dot{\underline{a}} + \underline{K}_V \underline{a} = \underline{Q}_V \quad (3.27)$$

其中：

$$\underline{K}_V = \sum_e k_u^e$$

$$\underline{M}_V = \sum_e m_u^e$$

$$\underline{C}_V = \sum_e c_u^e$$

$$\underline{Q}_V = \sum_e Q_u^e$$

3.3 高架轨道结构振动有限元模型的建立

本节对高速铁路无砟轨道结构进行阐述分析，以近年来在京津城际、京沪高铁等高速线路广泛采用的桥上 CRTS Ⅱ 型板式轨道结构为例建立相应的轨道结构振动有限元分析模型。

3.3.1 基本假定

列车、轨道和桥梁分别是由车体、转向架、轮对、钢轨、扣件、道床、桥梁等组成的多自由度和连续系统。在列车运行过程中，各系统通过耦合作用相互影响，会表现出复杂的振动现象。若要全面地考虑轮对、钢轨、轨道板和桥梁等各部件及其之间连接的真实力学特性是非常困难的。实际研究中往往要根据研究目的对车辆、轨道和桥梁结构进行适当的简化，要求所采取的计算分析模型既能满足理论研究精度的需要，同时要便于实现求解。针对在高速客运专线建设中广泛采用的新型桥上 CRTS Ⅱ 型板式轨道结构，本书在建立高架轨道结构振动有限元分析模型之前做出以下基本假设：

（1）考虑轮轨竖向动力效应；

（2）考虑轨道竖向随机不平顺，不平顺幅值用 η 表示；

（3）车辆系统假设为一系列移动荷载刚体，移动荷载为二系附有弹簧阻尼模型，模型包括轮对轴重、转向架和车辆荷载；

（4）轮轨间为弹性接触；

（5）钢轨视为离散黏弹性点支承的二维梁单元，扣件和轨下垫板的弹性支承系数和阻尼系数分别用 k_{y1} 和 c_{y1} 表示；

（6）预制轨道板被离散为连续黏弹性支承的二维梁单元，预制轨道板下沥青水泥砂浆层的支承弹性系数和阻尼系数分别用 k_{y2} 和 c_{y2} 表示；

（7）水硬性混凝土支承层（即混凝土底座板）被离散为连续黏弹性支承的二维梁单元，混凝土支承层下桥梁的支承弹性系数和阻尼系数分别用 k_{y3} 和 c_{y3} 表示；

（8）桥梁简化为二维梁单元。

3.3.2 高架线路轨道结构振动有限元模型

根据 3.1 节对高速列车-轨道-桥梁建模分析及 3.3.2 节的基本假定，建立如下桥上 CRTS Ⅱ 型板式轨道单元的四层梁模型，如图 3.2 和图 3.3 所示。

该四层梁模型，从上到下分别为钢轨、轨道板、混凝土支承层和桥梁。图 3.3 中 v_1、v_5 表示钢轨的竖向位移，θ_1、θ_5 表示钢轨的转角；v_2、v_6 表示轨道板的竖向位移，θ_2、θ_6 表示预制轨道板的转角；v_3、v_7 表示混凝土底座板的竖向位移，θ_3、θ_7 表示混凝土板支承层的转角；v_4、v_8 表示桥梁单元的竖向位移，θ_4、θ_8 表示桥梁单元的转角。

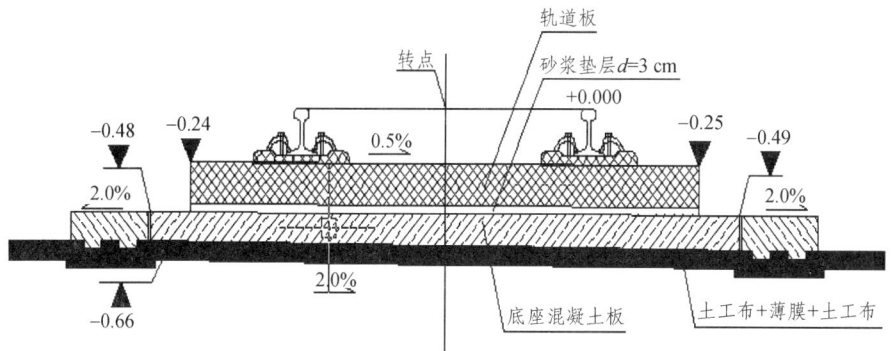

图 3.2 桥上 CRTS Ⅱ 板式轨道

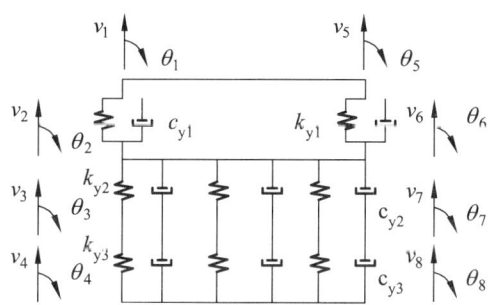

图 3.3 桥上 CRTS Ⅱ 板式轨道单元的四层梁模型

板式轨道-桥梁单元的节点位移向量：

$$\underline{a}^e = \{v_1 \quad \theta_1 \quad v_2 \quad \theta_2 \quad v_3 \quad \theta_3 \quad v_4 \quad \theta_4 \quad v_5 \quad \theta_5 \quad v_6 \quad \theta_6 \quad v_7 \quad \theta_7 \quad v_8 \quad \theta_8\} \quad (3.28)$$

1. 桥上 CRTS Ⅱ 型板式轨道的弹性势能

桥上 CRTS Ⅱ 板式轨道系统的势能包括钢轨的弯曲势能，预制轨道板的弯曲势能，混凝土底座板的弯曲势能，扣件、垫板等离散支承弹簧的势能，以及砂浆垫层和土工布层连续支承弹簧的势能。

（1）钢轨的弯曲势能。

钢轨上任意一点的位移可表示为

$$v_r = N_1 v_1 + N_2 \theta_1 + N_3 v_5 + N_4 \theta_5 = \\ \{N_1 \quad N_2 \quad 0\ 0\ 0\ 0\ 0\ 0 \quad N_3 \quad N_4 \quad 0\ 0\ 0\ 0\ 0\ 0\} \underline{a}^e \quad (3.29)\\ = \underline{N}_r^T \underline{a}^e$$

其中，位移插值函数为

$$N_1 = 1 - \frac{3}{l^2} x^2 + \frac{2}{l^3} x^3$$

$$N_2 = -x + \frac{2}{l} x^2 - \frac{1}{l^2} x^3$$

$$N_3 = \frac{3}{l^2} x^2 - \frac{2}{l^3} x^3 \quad (3.30)$$

$$N_4 = \frac{1}{l} x^2 - \frac{1}{l^2} x^3$$

$$\Pi_r = \frac{1}{2} \int_{\Omega^e} \sigma \varepsilon d\Omega = \frac{1}{2} \int_{\Omega^e} \frac{1}{E_r} \sigma^2 d\Omega = \frac{1}{2} \int_{\Omega^e} \frac{1}{E_r} \left(\frac{My}{I_r}\right)^2 d\Omega = \frac{1}{2} \int_{\Omega^e} \frac{1}{E_r} \left(-E_r \frac{d^2 v_r}{dx^2} y\right)^2 d\Omega$$

$$= \frac{1}{2} \int_{\Omega^e} E_r I_r \left(\frac{d^2 v_r}{dx^2}\right)^2 dx$$

$$= \frac{1}{2} \underline{a}^{eT} \int_{\Omega^e} E_r I_r \left(\frac{d^2 \underline{N}_r^T}{dx^2}\right)^T \left(\frac{d^2 \underline{N}_r^T}{dx^2}\right) dx \underline{a}^e = \frac{1}{2} \underline{a}^{eT} \underline{k}_r^e \underline{a}^e \quad (3.31)$$

式中，$\underline{k}_r^e$ 表示钢轨的刚度矩阵。

$$\underline{k}_r^e = \frac{E_r I_r}{l^3} \begin{bmatrix} 12 & -6l & 0 & 0 & 0 & 0 & 0 & 0 & -12 & -6l & 0 & 0 & 0 & 0 & 0 & 0 \\ -6l & 4l^2 & 0 & 0 & 0 & 0 & 0 & 0 & 6l & 2l^2 & 0 & 0 & 0 & 0 & 0 & 0 \\ 0 & 0 & 0 & 0 & 0 & 0 & 0 & 0 & 0 & 0 & 0 & 0 & 0 & 0 & 0 & 0 \\ 0 & 0 & 0 & 0 & 0 & 0 & 0 & 0 & 0 & 0 & 0 & 0 & 0 & 0 & 0 & 0 \\ 0 & 0 & 0 & 0 & 0 & 0 & 0 & 0 & 0 & 0 & 0 & 0 & 0 & 0 & 0 & 0 \\ 0 & 0 & 0 & 0 & 0 & 0 & 0 & 0 & 0 & 0 & 0 & 0 & 0 & 0 & 0 & 0 \\ 0 & 0 & 0 & 0 & 0 & 0 & 0 & 0 & 0 & 0 & 0 & 0 & 0 & 0 & 0 & 0 \\ 0 & 0 & 0 & 0 & 0 & 0 & 0 & 0 & 0 & 0 & 0 & 0 & 0 & 0 & 0 & 0 \\ -12 & 6l & 0 & 0 & 0 & 0 & 0 & 0 & 12 & 6l & 0 & 0 & 0 & 0 & 0 & 0 \\ -6l & 2l^2 & 0 & 0 & 0 & 0 & 0 & 0 & 6l & 4l^2 & 0 & 0 & 0 & 0 & 0 & 0 \\ 0 & 0 & 0 & 0 & 0 & 0 & 0 & 0 & 0 & 0 & 0 & 0 & 0 & 0 & 0 & 0 \\ 0 & 0 & 0 & 0 & 0 & 0 & 0 & 0 & 0 & 0 & 0 & 0 & 0 & 0 & 0 & 0 \\ 0 & 0 & 0 & 0 & 0 & 0 & 0 & 0 & 0 & 0 & 0 & 0 & 0 & 0 & 0 & 0 \\ 0 & 0 & 0 & 0 & 0 & 0 & 0 & 0 & 0 & 0 & 0 & 0 & 0 & 0 & 0 & 0 \\ 0 & 0 & 0 & 0 & 0 & 0 & 0 & 0 & 0 & 0 & 0 & 0 & 0 & 0 & 0 & 0 \\ 0 & 0 & 0 & 0 & 0 & 0 & 0 & 0 & 0 & 0 & 0 & 0 & 0 & 0 & 0 & 0 \end{bmatrix}$$
（3.32）

式中，$E_r I_r$ 为钢轨的抗弯刚度；l 为单元的长度，即扣件间的距离。

（2）预制轨道板的势能。

预制轨道板上任意一点的位移：

$$v_s = N_1 v_2 + N_2 \theta_2 + N_3 v_6 + N_4 \theta_6 =$$
$$\{0 \ 0 \ N_1 \ N_2 \ 0 \ 0 \ 0 \ 0 \ 0 \ 0 \ N_3 \ N_4 \ 0 \ 0 \ 0 \ 0\} \underline{a}^e \quad (3.33)$$
$$= \underline{N}_s^T \underline{a}^e$$

式中插值函数同式（3.30）。

$$\begin{aligned} \Pi_s &= \frac{1}{2} \int_{\Omega^e} \sigma \varepsilon \mathrm{d}\Omega = \frac{1}{2} \int_{\Omega^e} \frac{1}{E_s} \sigma^2 \mathrm{d}\Omega = \frac{1}{2} \int_{\Omega^e} \frac{1}{E_s} \left(\frac{My}{I_s}\right)^2 \mathrm{d}\Omega = \frac{1}{2} \int_{\Omega^e} \frac{1}{E_s} \left(-E_s \frac{\mathrm{d}^2 v_s}{\mathrm{d}x^2} y\right)^2 \mathrm{d}\Omega \\ &= \frac{1}{2} \int_{\Omega^e} E_s I_s \left(\frac{\mathrm{d}^2 v_s}{\mathrm{d}x^2}\right)^2 \mathrm{d}x \\ &= \frac{1}{2} \underline{a}^{eT} \int_{\Omega^e} E_s I_s \left(\frac{\mathrm{d}^2 \underline{N}_s^T}{\mathrm{d}x^2}\right)^T \left(\frac{\mathrm{d}^2 \underline{N}_s^T}{\mathrm{d}x^2}\right) \mathrm{d}x \underline{a}^e \\ &= \frac{1}{2} \underline{a}^{eT} \underline{k}_s^e \underline{a}^e \end{aligned}$$
（3.34）

式中，$\underline{k}_s^e$ 表示预制轨道板的刚度矩阵。

$$\underline{k}_s^e = \frac{E_s I_s}{l^3} \begin{bmatrix} 0 & 0 & 0 & 0 & 0 & 0 & 0 & 0 & 0 & 0 & 0 & 0 & 0 & 0 & 0 & 0 \\ 0 & 0 & 0 & 0 & 0 & 0 & 0 & 0 & 0 & 0 & 0 & 0 & 0 & 0 & 0 & 0 \\ 0 & 0 & 12 & -6l & 0 & 0 & 0 & 0 & 0 & 0 & -12 & -6l & 0 & 0 & 0 & 0 \\ 0 & 0 & -6l & 4l^2 & 0 & 0 & 0 & 0 & 0 & 0 & 6l & 2l^2 & 0 & 0 & 0 & 0 \\ 0 & 0 & 0 & 0 & 0 & 0 & 0 & 0 & 0 & 0 & 0 & 0 & 0 & 0 & 0 & 0 \\ 0 & 0 & 0 & 0 & 0 & 0 & 0 & 0 & 0 & 0 & 0 & 0 & 0 & 0 & 0 & 0 \\ 0 & 0 & 0 & 0 & 0 & 0 & 0 & 0 & 0 & 0 & 0 & 0 & 0 & 0 & 0 & 0 \\ 0 & 0 & 0 & 0 & 0 & 0 & 0 & 0 & 0 & 0 & 0 & 0 & 0 & 0 & 0 & 0 \\ 0 & 0 & 0 & 0 & 0 & 0 & 0 & 0 & 0 & 0 & 0 & 0 & 0 & 0 & 0 & 0 \\ 0 & 0 & 0 & 0 & 0 & 0 & 0 & 0 & 0 & 0 & 0 & 0 & 0 & 0 & 0 & 0 \\ 0 & 0 & -12 & 6l & 0 & 0 & 0 & 0 & 0 & 0 & 12 & 6l & 0 & 0 & 0 & 0 \\ 0 & 0 & -6l & 2l^2 & 0 & 0 & 0 & 0 & 0 & 0 & 6l & 4l^2 & 0 & 0 & 0 & 0 \\ 0 & 0 & 0 & 0 & 0 & 0 & 0 & 0 & 0 & 0 & 0 & 0 & 0 & 0 & 0 & 0 \\ 0 & 0 & 0 & 0 & 0 & 0 & 0 & 0 & 0 & 0 & 0 & 0 & 0 & 0 & 0 & 0 \\ 0 & 0 & 0 & 0 & 0 & 0 & 0 & 0 & 0 & 0 & 0 & 0 & 0 & 0 & 0 & 0 \\ 0 & 0 & 0 & 0 & 0 & 0 & 0 & 0 & 0 & 0 & 0 & 0 & 0 & 0 & 0 & 0 \end{bmatrix}$$

（3.35）

（3）混凝土底座板的势能。

混凝土底座板的任意一点位移：

$$v_f = N_1 v_3 + N_2 \theta_3 + N_3 v_7 + N_4 \theta_7 =$$
$$\{0 \quad 0 \quad 0 \quad 0 \quad N_1 \quad N_2 \quad 0 \quad 0 \quad 0 \quad 0 \quad 0 \quad 0 \quad N_3 \quad N_4 \quad 0 \quad 0\}\underline{a}^e = \underline{N}_f^T \underline{a}^e$$

（3.36）

式中插值函数同式（3.30）。

$$\Pi_f = \frac{1}{2}\int_{\Omega^e} \sigma \varepsilon d\Omega = \frac{1}{2}\int_{\Omega^e} \frac{1}{E_f}\sigma^2 d\Omega = \frac{1}{2}\int_{\Omega^e} \frac{1}{E_f}\left(\frac{My}{I_f}\right)^2 d\Omega = \frac{1}{2}\int_{\Omega^e} \frac{1}{E_f}\left(-E_f \frac{d^2 v_f}{dx^2} y\right)^2 d\Omega$$

$$= \frac{1}{2}\int_{\Omega^e} E_f I_f \left(\frac{d^2 v_f}{dx^2}\right)^2 dx$$

$$= \frac{1}{2}\underline{a}^{eT}\int_{\Omega^e} E_f I_f \left(\frac{d^2 \underline{N}_f^T}{dx^2}\right)^T \left(\frac{d^2 \underline{N}_f^T}{dx^2}\right) dx \underline{a}^e = \frac{1}{2}\underline{a}^{eT} \underline{k}_f^e \underline{a}^e$$

（3.37）

式中，$\underline{k}_f^e$ 表示预制轨道板的刚度矩阵。

$$\underline{k}_f^e = \frac{E_f I_f}{l^3} \begin{bmatrix} 0 & 0 & 0 & 0 & 0 & 0 & 0 & 0 & 0 & 0 & 0 & 0 & 0 & 0 & 0 & 0 \\ 0 & 0 & 0 & 0 & 0 & 0 & 0 & 0 & 0 & 0 & 0 & 0 & 0 & 0 & 0 & 0 \\ 0 & 0 & 0 & 0 & 0 & 0 & 0 & 0 & 0 & 0 & 0 & 0 & 0 & 0 & 0 & 0 \\ 0 & 0 & 0 & 0 & 0 & 0 & 0 & 0 & 0 & 0 & 0 & 0 & 0 & 0 & 0 & 0 \\ 0 & 0 & 0 & 0 & 12 & -6l & 0 & 0 & 0 & 0 & 0 & 0 & -12 & -6l & 0 & 0 \\ 0 & 0 & 0 & 0 & -6l & 4l^2 & 0 & 0 & 0 & 0 & 0 & 0 & 6l & 2l^2 & 0 & 0 \\ 0 & 0 & 0 & 0 & 0 & 0 & 0 & 0 & 0 & 0 & 0 & 0 & 0 & 0 & 0 & 0 \\ 0 & 0 & 0 & 0 & 0 & 0 & 0 & 0 & 0 & 0 & 0 & 0 & 0 & 0 & 0 & 0 \\ 0 & 0 & 0 & 0 & 0 & 0 & 0 & 0 & 0 & 0 & 0 & 0 & 0 & 0 & 0 & 0 \\ 0 & 0 & 0 & 0 & 0 & 0 & 0 & 0 & 0 & 0 & 0 & 0 & 0 & 0 & 0 & 0 \\ 0 & 0 & 0 & 0 & 0 & 0 & 0 & 0 & 0 & 0 & 0 & 0 & 0 & 0 & 0 & 0 \\ 0 & 0 & 0 & 0 & 0 & 0 & 0 & 0 & 0 & 0 & 0 & 0 & 0 & 0 & 0 & 0 \\ 0 & 0 & 0 & 0 & -12 & 6l & 0 & 0 & 0 & 0 & 0 & 0 & 12 & 6l & 0 & 0 \\ 0 & 0 & 0 & 0 & -6l & 2l^2 & 0 & 0 & 0 & 0 & 0 & 0 & 6l & 4l^2 & 0 & 0 \\ 0 & 0 & 0 & 0 & 0 & 0 & 0 & 0 & 0 & 0 & 0 & 0 & 0 & 0 & 0 & 0 \\ 0 & 0 & 0 & 0 & 0 & 0 & 0 & 0 & 0 & 0 & 0 & 0 & 0 & 0 & 0 & 0 \end{bmatrix}$$

（3.38）

（4）桥梁板的弹性势能。

桥梁板任意点的位移：

$$v_b = N_1 v_4 + N_2 \theta_4 + N_3 v_8 + N_4 \theta_8 = \{0\ 0\ 0\ 0\ 0\ 0\ N_1\ N_2\ 0\ 0\ 0\ 0\ 0\ 0\ N_3\ N_4\}\underline{a}^e = \underline{N}_b^T \underline{a}^e \quad (3.39)$$

式中插值函数同式（3.30）。

$$\Pi_b = \frac{1}{2}\int_{\Omega^e} \sigma\varepsilon \mathrm{d}\Omega = \frac{1}{2}\int_{\Omega^e} \frac{1}{E_b} \sigma^2 \mathrm{d}\Omega = \frac{1}{2}\int_{\Omega^e} \frac{1}{E_b}\left(\frac{My}{I_b}\right)^2 \mathrm{d}\Omega = \frac{1}{2}\int_{\Omega^e} \frac{1}{E_b}\left(-E_b \frac{\mathrm{d}^2 v_b}{\mathrm{d}x^2} y\right)^2 \mathrm{d}\Omega$$

$$= \frac{1}{2}\int_{\Omega^e} E_b I_b \left(\frac{\mathrm{d}^2 v_b}{\mathrm{d}x^2}\right)^2 \mathrm{d}x \quad (3.40)$$

$$= \frac{1}{2}\underline{a}^{eT} \int_{\Omega^e} E_b I_b \left(\frac{\mathrm{d}^2 \underline{N}_b^T}{\mathrm{d}x^2}\right)^T \left(\frac{\mathrm{d}^2 \underline{N}_b^T}{\mathrm{d}x^2}\right) \mathrm{d}x \underline{a}^e = \frac{1}{2}\underline{a}^{eT} \underline{k}_b^e \underline{a}^e$$

式中，$\underline{k}_b^e$ 表示预制轨道板的刚度矩阵。

$$\underline{k}_b^e = \frac{E_b I_b}{l^3}\begin{bmatrix} 0 & 0 & 0 & 0 & 0 & 0 & 0 & 0 & 0 & 0 & 0 & 0 & 0 & 0 & 0 & 0 \\ 0 & 0 & 0 & 0 & 0 & 0 & 0 & 0 & 0 & 0 & 0 & 0 & 0 & 0 & 0 & 0 \\ 0 & 0 & 0 & 0 & 0 & 0 & 0 & 0 & 0 & 0 & 0 & 0 & 0 & 0 & 0 & 0 \\ 0 & 0 & 0 & 0 & 0 & 0 & 0 & 0 & 0 & 0 & 0 & 0 & 0 & 0 & 0 & 0 \\ 0 & 0 & 0 & 0 & 0 & 0 & 0 & 0 & 0 & 0 & 0 & 0 & 0 & 0 & 0 & 0 \\ 0 & 0 & 0 & 0 & 0 & 0 & 0 & 0 & 0 & 0 & 0 & 0 & 0 & 0 & 0 & 0 \\ 0 & 0 & 0 & 0 & 0 & 0 & 12 & -6l & 0 & 0 & 0 & 0 & 0 & 0 & -12 & -6l \\ 0 & 0 & 0 & 0 & 0 & 0 & -6l & 4l^2 & 0 & 0 & 0 & 0 & 0 & 0 & 6l & 2l^2 \\ 0 & 0 & 0 & 0 & 0 & 0 & 0 & 0 & 0 & 0 & 0 & 0 & 0 & 0 & 0 & 0 \\ 0 & 0 & 0 & 0 & 0 & 0 & 0 & 0 & 0 & 0 & 0 & 0 & 0 & 0 & 0 & 0 \\ 0 & 0 & 0 & 0 & 0 & 0 & 0 & 0 & 0 & 0 & 0 & 0 & 0 & 0 & 0 & 0 \\ 0 & 0 & 0 & 0 & 0 & 0 & 0 & 0 & 0 & 0 & 0 & 0 & 0 & 0 & 0 & 0 \\ 0 & 0 & 0 & 0 & 0 & 0 & 0 & 0 & 0 & 0 & 0 & 0 & 0 & 0 & 0 & 0 \\ 0 & 0 & 0 & 0 & 0 & 0 & 0 & 0 & 0 & 0 & 0 & 0 & 0 & 0 & 0 & 0 \\ 0 & 0 & 0 & 0 & 0 & 0 & -12 & 6l & 0 & 0 & 0 & 0 & 0 & 0 & 12 & 6l \\ 0 & 0 & 0 & 0 & 0 & 0 & -6l & 2l^2 & 0 & 0 & 0 & 0 & 0 & 0 & 6l & 4l^2 \end{bmatrix}$$

（3.41）

（5）离散弹簧支承的势能：

$$\Pi_{1c} = \frac{1}{2}k_{sy1}(v_1 - v_2)^2 + \frac{1}{2}k_{sy1}(v_5 - v_6)^2 \tag{3.42}$$

$$v_1 - v_2 = \{1 \ 0 \ -1 \ 0 \ 0 \ 0 \ 0 \ 0 \ 0 \ 0 \ 0 \ 0 \ 0 \ 0 \ 0 \ 0\}\underline{a}^e = \underline{N}_1^T \underline{a}^e \tag{3.43}$$

$$v_5 - v_6 = \{0 \ 0 \ 0 \ 0 \ 0 \ 0 \ 0 \ 0 \ 1 \ 0 \ -1 \ 0 \ 0 \ 0 \ 0 \ 0\}\underline{a}^e = \underline{N}_2^T \underline{a}^e \tag{3.44}$$

$$\Pi_{1c} = \frac{1}{2}\underline{a}^{eT}\{k_{sy1}\underline{N}_1\underline{N}_1^T + k_{sy1}\underline{N}_2\underline{N}_2^T\}\underline{a}^e = \frac{1}{2}\underline{a}^{eT}\underline{k}_{1c}^e\underline{a}^e \tag{3.45}$$

式中，$\underline{k}_{1c}^e$ 表示预制轨道板的刚度矩阵。

$$\underline{\boldsymbol{k}}_{1c}^{e}=\begin{bmatrix} k_{sy1} & 0 & -k_{sy1} & 0 & 0 & 0 & 0 & 0 & 0 & 0 & 0 & 0 & 0 & 0 & 0 & 0 \\ 0 & 0 & 0 & 0 & 0 & 0 & 0 & 0 & 0 & 0 & 0 & 0 & 0 & 0 & 0 & 0 \\ -k_{sy1} & 0 & k_{sy1} & 0 & 0 & 0 & 0 & 0 & 0 & 0 & 0 & 0 & 0 & 0 & 0 & 0 \\ 0 & 0 & 0 & 0 & 0 & 0 & 0 & 0 & 0 & 0 & 0 & 0 & 0 & 0 & 0 & 0 \\ 0 & 0 & 0 & 0 & 0 & 0 & 0 & 0 & 0 & 0 & 0 & 0 & 0 & 0 & 0 & 0 \\ 0 & 0 & 0 & 0 & 0 & 0 & 0 & 0 & 0 & 0 & 0 & 0 & 0 & 0 & 0 & 0 \\ 0 & 0 & 0 & 0 & 0 & 0 & 0 & 0 & 0 & 0 & 0 & 0 & 0 & 0 & 0 & 0 \\ 0 & 0 & 0 & 0 & 0 & 0 & 0 & 0 & 0 & 0 & 0 & 0 & 0 & 0 & 0 & 0 \\ 0 & 0 & 0 & 0 & 0 & 0 & 0 & 0 & k_{sy1} & 0 & -k_{sy1} & 0 & 0 & 0 & 0 & 0 \\ 0 & 0 & 0 & 0 & 0 & 0 & 0 & 0 & 0 & 0 & 0 & 0 & 0 & 0 & 0 & 0 \\ 0 & 0 & 0 & 0 & 0 & 0 & 0 & 0 & -k_{sy1} & 0 & k_{sy1} & 0 & 0 & 0 & 0 & 0 \\ 0 & 0 & 0 & 0 & 0 & 0 & 0 & 0 & 0 & 0 & 0 & 0 & 0 & 0 & 0 & 0 \\ 0 & 0 & 0 & 0 & 0 & 0 & 0 & 0 & 0 & 0 & 0 & 0 & 0 & 0 & 0 & 0 \\ 0 & 0 & 0 & 0 & 0 & 0 & 0 & 0 & 0 & 0 & 0 & 0 & 0 & 0 & 0 & 0 \\ 0 & 0 & 0 & 0 & 0 & 0 & 0 & 0 & 0 & 0 & 0 & 0 & 0 & 0 & 0 & 0 \\ 0 & 0 & 0 & 0 & 0 & 0 & 0 & 0 & 0 & 0 & 0 & 0 & 0 & 0 & 0 & 0 \end{bmatrix}$$

（3.46）

（6）砂浆垫层连续弹簧支承的势能：

$$\begin{aligned} v_{sf} &= N_1 v_2 + N_2 \theta_2 + N_3 v_6 + N_4 \theta_6 - N_1 v_3 - N_2 \theta_3 - N_3 v_7 - N_4 \theta_7 \\ &= \{0 \quad 0 \quad N_1 \quad N_2 \quad -N_1 \quad -N_2 \quad 0 \quad 0 \quad 0 \quad 0 \quad N_3 \quad N_4 \quad -N_3 \quad -N_4 \quad 0 \quad 0\}\underline{\boldsymbol{a}}^e \\ &= \underline{\boldsymbol{N}}_{sf}^T \underline{\boldsymbol{a}}^e \end{aligned}$$

（3.47）

$$\Pi_{2c} = \frac{1}{2} \int_{\Omega^e} k_{sy2} v_{sf}^2 \mathrm{d}x = \frac{1}{2} \underline{\boldsymbol{a}}^{eT} \int_{\Omega^e} \{k_{sy2} \underline{\boldsymbol{N}}_{sf} \underline{\boldsymbol{N}}_{sf}^T\} \mathrm{d}x \underline{\boldsymbol{a}}^e = \frac{1}{2} \underline{\boldsymbol{a}}^{eT} \underline{\boldsymbol{k}}_{2c}^e \underline{\boldsymbol{a}}^e \qquad （3.48）$$

式中，$\underline{\boldsymbol{k}}_{2c}^e$ 表示第一层连续弹簧支承的刚度矩阵。

$$\underline{k}_{2c}^e = \frac{k_{sy2}l}{420}\begin{bmatrix} 0 & 0 & 0 & 0 & 0 & 0 & 0 & 0 & 0 & 0 & 0 & 0 & 0 & 0 & 0 & 0 \\ 0 & 0 & 0 & 0 & 0 & 0 & 0 & 0 & 0 & 0 & 0 & 0 & 0 & 0 & 0 & 0 \\ 0 & 0 & 156 & -22l & -156 & 22l & 0 & 0 & 0 & 0 & 54 & 13l & -54 & -13l & 0 & 0 \\ 0 & 0 & -22l & 4l^2 & 22l & -4l^2 & 0 & 0 & 0 & 0 & -13l & -3l^2 & 13l & 3l^2 & 0 & 0 \\ 0 & 0 & -156 & 22l & 156 & -22l & 0 & 0 & 0 & 0 & -54 & -13l & 54 & 13l & 0 & 0 \\ 0 & 0 & 22l & -4l^2 & -22l & 4l^2 & 0 & 0 & 0 & 0 & 13l & 3l^2 & -13l & -3l^2 & 0 & 0 \\ 0 & 0 & 0 & 0 & 0 & 0 & 0 & 0 & 0 & 0 & 0 & 0 & 0 & 0 & 0 & 0 \\ 0 & 0 & 0 & 0 & 0 & 0 & 0 & 0 & 0 & 0 & 0 & 0 & 0 & 0 & 0 & 0 \\ 0 & 0 & 0 & 0 & 0 & 0 & 0 & 0 & 0 & 0 & 0 & 0 & 0 & 0 & 0 & 0 \\ 0 & 0 & 0 & 0 & 0 & 0 & 0 & 0 & 0 & 0 & 0 & 0 & 0 & 0 & 0 & 0 \\ 0 & 0 & 54 & -13l & -54 & 13l & 0 & 0 & 0 & 0 & 156 & 22l & -156 & -22l & 0 & 0 \\ 0 & 0 & 13l & -3l^2 & -13l & 3l^2 & 0 & 0 & 0 & 0 & 22l & 4l^2 & -22l & -4l^2 & 0 & 0 \\ 0 & 0 & -54 & 13l & 54 & -13l & 0 & 0 & 0 & 0 & -156 & -22l & 156 & 22l & 0 & 0 \\ 0 & 0 & -13l & 3l^2 & 13l & -3l^2 & 0 & 0 & 0 & 0 & -22l & -4l^2 & 22l & 4l^2 & 0 & 0 \\ 0 & 0 & 0 & 0 & 0 & 0 & 0 & 0 & 0 & 0 & 0 & 0 & 0 & 0 & 0 & 0 \\ 0 & 0 & 0 & 0 & 0 & 0 & 0 & 0 & 0 & 0 & 0 & 0 & 0 & 0 & 0 & 0 \end{bmatrix}$$

(3.49)

（7）土工布层连续弹簧支承的势能：

$$v_{sb} = N_1 v_3 + N_2 \theta_3 + N_3 v_7 + N_4 \theta_7 - N_1 v_4 - N_2 \theta_4 - N_3 v_8 - N_4 \theta_8$$
$$= \{0 \quad 0 \quad 0 \quad 0 \quad N_1 \quad N_2 \quad -N_1 \quad -N_2 \quad 0 \quad 0 \quad 0 \quad 0 \quad N_3 \quad N_4 \quad -N_3 \quad -N_4\}\underline{a}^e$$
$$= \underline{N}_{sb}^T \underline{a}^e$$

(3.50)

$$\Pi_{3c} = \frac{1}{2}\int_{\Omega^e} k_{sy3} v_{sb}^2 \mathrm{d}x = \frac{1}{2}\underline{a}^{eT}\int_{\Omega^e} k_{sy3} \underline{N}_{sb} \underline{N}_{sb}^T \mathrm{d}x \underline{a}^e = \frac{1}{2}\underline{a}^{eT} \underline{k}_{3c}^e \underline{a}^e$$

(3.51)

式中，$\underline{k}_{3c}^e$ 表示第二层连续弹簧支承的刚度矩阵。

$$\underline{\boldsymbol{k}}_{3c}^{e} = \frac{k_{sy3}l}{420} \begin{bmatrix} 0 & 0 & 0 & 0 & 0 & 0 & 0 & 0 & 0 & 0 & 0 & 0 & 0 & 0 & 0 & 0 \\ 0 & 0 & 0 & 0 & 0 & 0 & 0 & 0 & 0 & 0 & 0 & 0 & 0 & 0 & 0 & 0 \\ 0 & 0 & 0 & 0 & 0 & 0 & 0 & 0 & 0 & 0 & 0 & 0 & 0 & 0 & 0 & 0 \\ 0 & 0 & 0 & 0 & 0 & 0 & 0 & 0 & 0 & 0 & 0 & 0 & 0 & 0 & 0 & 0 \\ 0 & 0 & 0 & 0 & 156 & -22l & -156 & 22l & 0 & 0 & 0 & 0 & 54 & 13l & -54 & -13l \\ 0 & 0 & 0 & 0 & -22l & 4l^2 & 22l & -4l & 0 & 0 & 0 & 0 & -13l & -3l^2 & 13l & 3l^2 \\ 0 & 0 & 0 & 0 & -156 & 22l & 156 & -22l & 0 & 0 & 0 & 0 & -54 & -13l & 54 & 13l \\ 0 & 0 & 0 & 0 & 22l & -4l & -22l & 4l^2 & 0 & 0 & 0 & 0 & 13l & 3l^2 & -13l & -3l^2 \\ 0 & 0 & 0 & 0 & 0 & 0 & 0 & 0 & 0 & 0 & 0 & 0 & 0 & 0 & 0 & 0 \\ 0 & 0 & 0 & 0 & 0 & 0 & 0 & 0 & 0 & 0 & 0 & 0 & 0 & 0 & 0 & 0 \\ 0 & 0 & 0 & 0 & 0 & 0 & 0 & 0 & 0 & 0 & 0 & 0 & 0 & 0 & 0 & 0 \\ 0 & 0 & 0 & 0 & 0 & 0 & 0 & 0 & 0 & 0 & 0 & 0 & 0 & 0 & 0 & 0 \\ 0 & 0 & 0 & 0 & 54 & -13l & -54 & 13l & 0 & 0 & 0 & 0 & 156 & 22l & -156 & -22l \\ 0 & 0 & 0 & 0 & 13l & -3l^2 & -13l & 3l^2 & 0 & 0 & 0 & 0 & 22l & 4l^2 & -22l & -4l^2 \\ 0 & 0 & 0 & 0 & -54 & 13l & 54 & -13l & 0 & 0 & 0 & 0 & -156 & -22l & 156 & 22l \\ 0 & 0 & 0 & 0 & -13l & 3l^2 & 13l & -3l^2 & 0 & 0 & 0 & 0 & -22l & -4l^2 & 22l & 4l^2 \end{bmatrix}$$

(3.52)

2. 桥上CRTSⅡ型板式轨道的动能

桥上CRTSⅡ型板式轨道系统的动能包括钢轨的弯曲动能、预制轨道板的动能、混凝土底座板的动能及桥梁板的动能。

（1）钢轨的动能：

$$\dot{v}_r = N_1 \dot{v}_1 + N_2 \dot{\theta}_1 + N_3 \dot{v}_5 + N_4 \dot{\theta}_5 = \\ \begin{bmatrix} N_1 & N_2 & 0 & 0 & 0 & 0 & 0 & 0 & N_3 & N_4 & 0 & 0 & 0 & 0 & 0 & 0 \end{bmatrix} \underline{\dot{\boldsymbol{a}}}^e = \underline{\boldsymbol{N}}_r^T \underline{\dot{\boldsymbol{a}}}^e$$

(3.53)

$$T_r = \frac{1}{2} \int_{\Omega^e} \rho_r \dot{v}_r^2 d\Omega = \frac{1}{2} \int_{\Omega^e} \rho_r \left(\underline{\boldsymbol{N}}_r^T \underline{\dot{\boldsymbol{a}}}^e \right)^T \left(\underline{\boldsymbol{N}}_r^T \underline{\dot{\boldsymbol{a}}}^e \right) d\Omega = \frac{1}{2} \underline{\dot{\boldsymbol{a}}}^{eT} \int_{\Omega^e} \rho_r A_r \underline{\boldsymbol{N}}_r \underline{\boldsymbol{N}}_r^T dx \underline{\dot{\boldsymbol{a}}}^e \\ = \frac{1}{2} \underline{\dot{\boldsymbol{a}}}^{eT} \underline{\boldsymbol{m}}_r^e \underline{\dot{\boldsymbol{a}}}^e$$

(3.54)

式中，$\underline{\boldsymbol{m}}_r^e$ 表示钢轨的质量矩阵。

$$\underline{m}_r^e = \frac{\rho_r l A_r}{420} \begin{bmatrix} 156 & -22l & 0 & 0 & 0 & 0 & 0 & 0 & 54 & 13l & 0 & 0 & 0 & 0 & 0 \\ -22l & 4l^2 & 0 & 0 & 0 & 0 & 0 & 0 & -13l & -3l^2 & 0 & 0 & 0 & 0 & 0 \\ 0 & 0 & 0 & 0 & 0 & 0 & 0 & 0 & 0 & 0 & 0 & 0 & 0 & 0 & 0 \\ 0 & 0 & 0 & 0 & 0 & 0 & 0 & 0 & 0 & 0 & 0 & 0 & 0 & 0 & 0 \\ 0 & 0 & 0 & 0 & 0 & 0 & 0 & 0 & 0 & 0 & 0 & 0 & 0 & 0 & 0 \\ 0 & 0 & 0 & 0 & 0 & 0 & 0 & 0 & 0 & 0 & 0 & 0 & 0 & 0 & 0 \\ 0 & 0 & 0 & 0 & 0 & 0 & 0 & 0 & 0 & 0 & 0 & 0 & 0 & 0 & 0 \\ 0 & 0 & 0 & 0 & 0 & 0 & 0 & 0 & 0 & 0 & 0 & 0 & 0 & 0 & 0 \\ 54 & -13l & 0 & 0 & 0 & 0 & 0 & 0 & 156 & 22l & 0 & 0 & 0 & 0 & 0 \\ 13l & -3l^2 & 0 & 0 & 0 & 0 & 0 & 0 & 22l & 4l^2 & 0 & 0 & 0 & 0 & 0 \\ 0 & 0 & 0 & 0 & 0 & 0 & 0 & 0 & 0 & 0 & 0 & 0 & 0 & 0 & 0 \\ 0 & 0 & 0 & 0 & 0 & 0 & 0 & 0 & 0 & 0 & 0 & 0 & 0 & 0 & 0 \\ 0 & 0 & 0 & 0 & 0 & 0 & 0 & 0 & 0 & 0 & 0 & 0 & 0 & 0 & 0 \\ 0 & 0 & 0 & 0 & 0 & 0 & 0 & 0 & 0 & 0 & 0 & 0 & 0 & 0 & 0 \\ 0 & 0 & 0 & 0 & 0 & 0 & 0 & 0 & 0 & 0 & 0 & 0 & 0 & 0 & 0 \\ 0 & 0 & 0 & 0 & 0 & 0 & 0 & 0 & 0 & 0 & 0 & 0 & 0 & 0 & 0 \end{bmatrix}$$

(3.55)

（2）预制轨道板的动能：

$$\dot{v}_s = N_1 \dot{v}_2 + N_2 \dot{\theta}_2 + N_3 \dot{v}_6 + N_4 \dot{\theta}_6 = \begin{bmatrix} 0 & 0 & N_1 & N_2 & 0 & 0 & 0 & 0 & 0 & 0 & N_3 & N_4 & 0 & 0 & 0 \end{bmatrix} \underline{\dot{a}}^e = \underline{N}_s^T \underline{\dot{a}}^e$$

(3.56)

$$T_s = \frac{1}{2} \int_{\Omega^e} \rho_s \dot{v}_s^2 d\Omega = \frac{1}{2} \int_{\Omega^e} \rho_s \left(\underline{N}_s^T \underline{\dot{a}}^e\right)^T \left(\underline{N}_s^T \underline{\dot{a}}^e\right) d\Omega = \frac{1}{2} \underline{\dot{a}}^{eT} \int_{\Omega^e} \rho_s A_s \underline{N}_s \underline{N}_s^T dx \underline{\dot{a}}^e$$
$$= \frac{1}{2} \underline{\dot{a}}^{eT} \underline{m}_s^e \underline{\dot{a}}^e$$

(3.57)

式中，$\underline{m}_s^e$ 表示预制轨道板的质量矩阵。

$$\underline{\boldsymbol{m}}_s^e = \frac{\rho_s l A_s}{420} \begin{bmatrix} 0 & 0 & 0 & 0 & 0 & 0 & 0 & 0 & 0 & 0 & 0 & 0 & 0 & 0 & 0 & 0 \\ 0 & 0 & 0 & 0 & 0 & 0 & 0 & 0 & 0 & 0 & 0 & 0 & 0 & 0 & 0 & 0 \\ 0 & 0 & 156 & -22l & 0 & 0 & 0 & 0 & 0 & 0 & 54 & 13l & 0 & 0 & 0 & 0 \\ 0 & 0 & -22l & 4l^2 & 0 & 0 & 0 & 0 & 0 & 0 & -13l & -3l^2 & 0 & 0 & 0 & 0 \\ 0 & 0 & 0 & 0 & 0 & 0 & 0 & 0 & 0 & 0 & 0 & 0 & 0 & 0 & 0 & 0 \\ 0 & 0 & 0 & 0 & 0 & 0 & 0 & 0 & 0 & 0 & 0 & 0 & 0 & 0 & 0 & 0 \\ 0 & 0 & 0 & 0 & 0 & 0 & 0 & 0 & 0 & 0 & 0 & 0 & 0 & 0 & 0 & 0 \\ 0 & 0 & 0 & 0 & 0 & 0 & 0 & 0 & 0 & 0 & 0 & 0 & 0 & 0 & 0 & 0 \\ 0 & 0 & 0 & 0 & 0 & 0 & 0 & 0 & 0 & 0 & 0 & 0 & 0 & 0 & 0 & 0 \\ 0 & 0 & 0 & 0 & 0 & 0 & 0 & 0 & 0 & 0 & 0 & 0 & 0 & 0 & 0 & 0 \\ 0 & 0 & 54 & -13l & 0 & 0 & 0 & 0 & 0 & 0 & 156 & 22l & 0 & 0 & 0 & 0 \\ 0 & 0 & 13l & -3l^2 & 0 & 0 & 0 & 0 & 0 & 0 & 22l & 4l^2 & 0 & 0 & 0 & 0 \\ 0 & 0 & 0 & 0 & 0 & 0 & 0 & 0 & 0 & 0 & 0 & 0 & 0 & 0 & 0 & 0 \\ 0 & 0 & 0 & 0 & 0 & 0 & 0 & 0 & 0 & 0 & 0 & 0 & 0 & 0 & 0 & 0 \\ 0 & 0 & 0 & 0 & 0 & 0 & 0 & 0 & 0 & 0 & 0 & 0 & 0 & 0 & 0 & 0 \\ 0 & 0 & 0 & 0 & 0 & 0 & 0 & 0 & 0 & 0 & 0 & 0 & 0 & 0 & 0 & 0 \end{bmatrix}$$

(3.58)

（3）混凝土底座板的动能：

$$\dot{v}_f = N_1 \dot{v}_3 + N_2 \dot{\theta}_3 + N_3 \dot{v}_7 + N_4 \dot{\theta}_7 =$$
$$[0 \ 0 \ 0 \ 0 \ N_1 \ N_2 \ 0 \ 0 \ 0 \ 0 \ 0 \ 0 \ N_3 \ N_4 \ 0 \ 0]\underline{\dot{a}}^e = \underline{N}_f^T \underline{\dot{a}}^e$$

(3.59)

$$T_f = \frac{1}{2}\int_{\Omega^e} \rho_f \dot{v}_f^2 \mathrm{d}\Omega = \frac{1}{2}\int_{\Omega^e} \rho_f \left(\underline{N}_f^T \underline{\dot{a}}^e\right)^T \left(\underline{N}_f^T \underline{\dot{a}}^e\right) \mathrm{d}\Omega = \frac{1}{2}\underline{\dot{a}}^{eT} \int_{\Omega^e} \rho_f A_f \underline{N}_f \underline{N}_f^T \mathrm{d}x \underline{\dot{a}}^e$$
$$= \frac{1}{2}\underline{\dot{a}}^{eT} \underline{\boldsymbol{m}}_f^e \underline{\dot{a}}^e$$

(3.60)

式中，$\underline{\boldsymbol{m}}_f^e$ 表示预制轨道板的质量矩阵。

$$\underline{m}_\text{f}^\text{e} = \frac{\rho_\text{f} l A_\text{f}}{420} \begin{bmatrix} 0 & 0 & 0 & 0 & 0 & 0 & 0 & 0 & 0 & 0 & 0 & 0 & 0 & 0 & 0 & 0 \\ 0 & 0 & 0 & 0 & 0 & 0 & 0 & 0 & 0 & 0 & 0 & 0 & 0 & 0 & 0 & 0 \\ 0 & 0 & 0 & 0 & 0 & 0 & 0 & 0 & 0 & 0 & 0 & 0 & 0 & 0 & 0 & 0 \\ 0 & 0 & 0 & 0 & 0 & 0 & 0 & 0 & 0 & 0 & 0 & 0 & 0 & 0 & 0 & 0 \\ 0 & 0 & 0 & 0 & 156 & -22l & 0 & 0 & 0 & 0 & 0 & 0 & 54 & 13l & 0 & 0 \\ 0 & 0 & 0 & 0 & -22l & 4l^2 & 0 & 0 & 0 & 0 & 0 & 0 & -13l & -3l^2 & 0 & 0 \\ 0 & 0 & 0 & 0 & 0 & 0 & 0 & 0 & 0 & 0 & 0 & 0 & 0 & 0 & 0 & 0 \\ 0 & 0 & 0 & 0 & 0 & 0 & 0 & 0 & 0 & 0 & 0 & 0 & 0 & 0 & 0 & 0 \\ 0 & 0 & 0 & 0 & 0 & 0 & 0 & 0 & 0 & 0 & 0 & 0 & 0 & 0 & 0 & 0 \\ 0 & 0 & 0 & 0 & 0 & 0 & 0 & 0 & 0 & 0 & 0 & 0 & 0 & 0 & 0 & 0 \\ 0 & 0 & 0 & 0 & 0 & 0 & 0 & 0 & 0 & 0 & 0 & 0 & 0 & 0 & 0 & 0 \\ 0 & 0 & 0 & 0 & 0 & 0 & 0 & 0 & 0 & 0 & 0 & 0 & 0 & 0 & 0 & 0 \\ 0 & 0 & 0 & 0 & 54 & -13l & 0 & 0 & 0 & 0 & 0 & 0 & 156 & 22l & 0 & 0 \\ 0 & 0 & 0 & 0 & 13l & -3l^2 & 0 & 0 & 0 & 0 & 0 & 0 & 22l & 4l^2 & 0 & 0 \\ 0 & 0 & 0 & 0 & 0 & 0 & 0 & 0 & 0 & 0 & 0 & 0 & 0 & 0 & 0 & 0 \\ 0 & 0 & 0 & 0 & 0 & 0 & 0 & 0 & 0 & 0 & 0 & 0 & 0 & 0 & 0 & 0 \end{bmatrix}$$

(3.61)

（4）桥梁板的动能：

$$\dot{v}_\text{b} = N_1 \dot{v}_4 + N_2 \dot{\theta}_4 + N_3 \dot{v}_8 + N_4 \dot{\theta}_8 = \\ \begin{bmatrix} 0 & 0 & 0 & 0 & 0 & 0 & N_1 & N_2 & 0 & 0 & 0 & 0 & 0 & 0 & N_3 & N_4 \end{bmatrix} \underline{\dot{a}}^\text{e} = \underline{N}_\text{b}^\text{T} \underline{\dot{a}}^\text{e}$$

(3.62)

$$T_\text{b} = \frac{1}{2} \int_{\varOmega^\text{e}} \rho_\text{b} \dot{v}_\text{b}^2 \mathrm{d}\varOmega = \frac{1}{2} \int_{\varOmega^\text{e}} \rho_\text{b} \left(\underline{N}_\text{b}^\text{T} \underline{\dot{a}}^\text{e}\right)^\text{T} \left(\underline{N}_\text{b}^\text{T} \underline{\dot{a}}^\text{e}\right) \mathrm{d}\varOmega = \frac{1}{2} \underline{\dot{a}}^{\text{eT}} \int_{\varOmega^\text{e}} \rho_\text{b} A_\text{b} \underline{N}_\text{b} \underline{N}_\text{b}^\text{T} \mathrm{d}x \underline{\dot{a}}^\text{e} \\ = \frac{1}{2} \underline{\dot{a}}^{\text{eT}} \underline{m}_\text{b}^\text{e} \underline{\dot{a}}^\text{e}$$

(3.63)

式中，$\underline{m}_\text{b}^\text{e}$ 表示混凝土底座板的质量矩阵。

$$\underline{m}_{\mathrm{b}}^{\mathrm{e}} = \frac{\rho_{\mathrm{b}} l A_{\mathrm{b}}}{420} \begin{bmatrix} 0 & 0 & 0 & 0 & 0 & 0 & 0 & 0 & 0 & 0 & 0 & 0 & 0 & 0 & 0 & 0 \\ 0 & 0 & 0 & 0 & 0 & 0 & 0 & 0 & 0 & 0 & 0 & 0 & 0 & 0 & 0 & 0 \\ 0 & 0 & 0 & 0 & 0 & 0 & 0 & 0 & 0 & 0 & 0 & 0 & 0 & 0 & 0 & 0 \\ 0 & 0 & 0 & 0 & 0 & 0 & 0 & 0 & 0 & 0 & 0 & 0 & 0 & 0 & 0 & 0 \\ 0 & 0 & 0 & 0 & 0 & 0 & 0 & 0 & 0 & 0 & 0 & 0 & 0 & 0 & 0 & 0 \\ 0 & 0 & 0 & 0 & 0 & 0 & 0 & 0 & 0 & 0 & 0 & 0 & 0 & 0 & 0 & 0 \\ 0 & 0 & 0 & 0 & 0 & 0 & 156 & -22l & 0 & 0 & 0 & 0 & 0 & 54 & 13l \\ 0 & 0 & 0 & 0 & 0 & 0 & -22l & 4l^2 & 0 & 0 & 0 & 0 & 0 & -13l & -3l^2 \\ 0 & 0 & 0 & 0 & 0 & 0 & 0 & 0 & 0 & 0 & 0 & 0 & 0 & 0 & 0 \\ 0 & 0 & 0 & 0 & 0 & 0 & 0 & 0 & 0 & 0 & 0 & 0 & 0 & 0 & 0 \\ 0 & 0 & 0 & 0 & 0 & 0 & 0 & 0 & 0 & 0 & 0 & 0 & 0 & 0 & 0 \\ 0 & 0 & 0 & 0 & 0 & 0 & 0 & 0 & 0 & 0 & 0 & 0 & 0 & 0 & 0 \\ 0 & 0 & 0 & 0 & 0 & 0 & 0 & 0 & 0 & 0 & 0 & 0 & 0 & 0 & 0 \\ 0 & 0 & 0 & 0 & 0 & 0 & 54 & -13l & 0 & 0 & 0 & 0 & 0 & 156 & 22l \\ 0 & 0 & 0 & 0 & 0 & 0 & 13l & -3l^2 & 0 & 0 & 0 & 0 & 0 & 22l & 4l^2 \end{bmatrix}$$

(3.64)

3. 桥上 CRTS Ⅱ 型板式轨道的耗散能

桥上 CRTS Ⅱ 型板式轨道系统包括由钢轨、轨道板、混凝土底座板和桥面板产生的阻尼，以及离散弹簧阻尼支承和两层连续弹簧阻尼支承产生的阻尼。

（1）比例阻尼：

$$\underline{c}_{\mathrm{b}}^{\mathrm{e}} = \alpha_{\mathrm{r}} \underline{m}_{\mathrm{r}}^{\mathrm{e}} + \beta_{\mathrm{r}} \underline{k}_{\mathrm{r}}^{\mathrm{e}} + \alpha_{\mathrm{s}} \underline{m}_{\mathrm{s}}^{\mathrm{e}} + \beta_{\mathrm{s}} \underline{k}_{\mathrm{s}}^{\mathrm{e}} + \alpha_{\mathrm{f}} \underline{m}_{\mathrm{f}}^{\mathrm{e}} + \beta_{\mathrm{f}} \underline{k}_{\mathrm{f}}^{\mathrm{e}} + \alpha_{\mathrm{b}} \underline{m}_{\mathrm{b}}^{\mathrm{e}} + \beta_{\mathrm{b}} \underline{m}_{\mathrm{b}}^{\mathrm{e}} \quad (3.65)$$

（2）离散弹簧阻尼支承的耗散能：

$$R_{1c} = \frac{1}{2} c_{\mathrm{sy1}} (\dot{v}_1 - \dot{v}_2)^2 + \frac{1}{2} c_{\mathrm{sy1}} (\dot{v}_5 - \dot{v}_6)^2 \quad (3.66)$$

$$\begin{aligned} \dot{v}_1 - \dot{v}_2 &= \begin{bmatrix} 1 & 0 & -1 & 0 & 0 & 0 & 0 & 0 & 0 & 0 & 0 & 0 & 0 & 0 & 0 & 0 \end{bmatrix} \underline{\dot{a}}^{\mathrm{e}} \\ &= \underline{N}_1^{\mathrm{T}} \underline{\dot{a}}^{\mathrm{e}} \end{aligned} \quad (3.67)$$

$$\dot{v}_5 - \dot{v}_6$$
$$= \begin{bmatrix} 0 & 0 & 0 & 0 & 0 & 0 & 0 & 1 & 0 & -1 & 0 & 0 & 0 & 0 \end{bmatrix} \underline{\dot{a}}^e = \underline{N}_2^T \underline{\dot{a}}^e \qquad (3.68)$$

$$R_{1c} = \frac{1}{2} \underline{\dot{a}}^{eT} \left\{ c_{sy1} \underline{N}_1 \underline{N}_1^T + c_{sy1} \underline{N}_2 \underline{N}_2^T \right\} \underline{\dot{a}}^e = \frac{1}{2} \underline{\dot{a}}^{eT} \underline{c}_{1c}^e \underline{\dot{a}}^e \qquad (3.69)$$

式中，$\underline{c}_{1c}^e$ 表示离散弹簧阻尼系数矩阵。

$$\underline{c}_{1c}^e = \begin{bmatrix}
c_{sy1} & 0 & -c_{sy1} & 0 & 0 & 0 & 0 & 0 & 0 & 0 & 0 & 0 & 0 & 0 \\
0 & 0 & 0 & 0 & 0 & 0 & 0 & 0 & 0 & 0 & 0 & 0 & 0 & 0 \\
-c_{sy1} & 0 & c_{sy1} & 0 & 0 & 0 & 0 & 0 & 0 & 0 & 0 & 0 & 0 & 0 \\
0 & 0 & 0 & 0 & 0 & 0 & 0 & 0 & 0 & 0 & 0 & 0 & 0 & 0 \\
0 & 0 & 0 & 0 & 0 & 0 & 0 & 0 & 0 & 0 & 0 & 0 & 0 & 0 \\
0 & 0 & 0 & 0 & 0 & 0 & 0 & 0 & 0 & 0 & 0 & 0 & 0 & 0 \\
0 & 0 & 0 & 0 & 0 & 0 & 0 & 0 & 0 & 0 & 0 & 0 & 0 & 0 \\
0 & 0 & 0 & 0 & 0 & 0 & 0 & c_{sy1} & 0 & -c_{sy1} & 0 & 0 & 0 & 0 \\
0 & 0 & 0 & 0 & 0 & 0 & 0 & 0 & 0 & 0 & 0 & 0 & 0 & 0 \\
0 & 0 & 0 & 0 & 0 & 0 & 0 & -c_{sy1} & 0 & c_{sy1} & 0 & 0 & 0 & 0 \\
0 & 0 & 0 & 0 & 0 & 0 & 0 & 0 & 0 & 0 & 0 & 0 & 0 & 0 \\
0 & 0 & 0 & 0 & 0 & 0 & 0 & 0 & 0 & 0 & 0 & 0 & 0 & 0 \\
0 & 0 & 0 & 0 & 0 & 0 & 0 & 0 & 0 & 0 & 0 & 0 & 0 & 0 \\
0 & 0 & 0 & 0 & 0 & 0 & 0 & 0 & 0 & 0 & 0 & 0 & 0 & 0
\end{bmatrix}$$
$$(3.70)$$

（3）第一层连续支承弹簧的耗散能：

$$\dot{v}_{sf} = N_1 \dot{v}_2 + N_2 \dot{\theta}_2 + N_3 \dot{v}_6 + N_4 \dot{\theta}_6 - N_1 \dot{v}_3 - N_2 \dot{\theta}_3 - N_3 \dot{v}_7 - N_4 \dot{\theta}_7$$
$$= \left\{ 0 \quad 0 \quad N_1 \quad N_2 \quad -N_1 \quad -N_2 \quad 0 \quad 0 \quad 0 \quad 0 \quad N_3 \quad N_4 \quad -N_3 \quad -N_4 \quad 0 \quad 0 \right\} \underline{\dot{a}}^e$$
$$= \underline{N}_{sf}^T \underline{\dot{a}}^e \qquad (3.71)$$

$$R_{2c} = \frac{1}{2} \int_{\Omega^e} c_{sy2} \dot{v}_{sf}^2 \mathrm{d}x = \frac{1}{2} \underline{\dot{a}}^{eT} \int_{\Omega^e} \left\{ c_{sy2} \underline{N}_{sf} \underline{N}_{sf}^T \right\} \mathrm{d}x \underline{\dot{a}}^e = \frac{1}{2} \underline{\dot{a}}^{eT} \underline{c}_{2c}^e \underline{\dot{a}}^e \qquad (3.72)$$

式中，$\underline{c}_{2c}^{e}$ 表示第一层连续弹簧阻尼支承产生的质量矩阵。

$$\underline{c}_{2c}^{e} = \frac{c_{sy2}l}{420}\begin{bmatrix} 0 & 0 & 0 & 0 & 0 & 0 & 0 & 0 & 0 & 0 & 0 & 0 & 0 & 0 & 0 & 0 \\ 0 & 0 & 0 & 0 & 0 & 0 & 0 & 0 & 0 & 0 & 0 & 0 & 0 & 0 & 0 & 0 \\ 0 & 0 & 156 & -22l & -156 & 22l & 0 & 0 & 0 & 0 & 54 & 13l & -54 & -13l & 0 & 0 \\ 0 & 0 & -22l & 4l^2 & 22l & -4l & 0 & 0 & 0 & 0 & -13l & -3l^2 & 13l & 3l^2 & 0 & 0 \\ 0 & 0 & -156 & 22l & 156 & -22l & 0 & 0 & 0 & 0 & -54 & -13l & 54 & 13l & 0 & 0 \\ 0 & 0 & 22l & -4l & -22l & 4l^2 & 0 & 0 & 0 & 0 & 13l & 3l^2 & -13l & -3l^2 & 0 & 0 \\ 0 & 0 & 0 & 0 & 0 & 0 & 0 & 0 & 0 & 0 & 0 & 0 & 0 & 0 & 0 & 0 \\ 0 & 0 & 0 & 0 & 0 & 0 & 0 & 0 & 0 & 0 & 0 & 0 & 0 & 0 & 0 & 0 \\ 0 & 0 & 0 & 0 & 0 & 0 & 0 & 0 & 0 & 0 & 0 & 0 & 0 & 0 & 0 & 0 \\ 0 & 0 & 0 & 0 & 0 & 0 & 0 & 0 & 0 & 0 & 0 & 0 & 0 & 0 & 0 & 0 \\ 0 & 0 & 54 & -13l & -54 & 13l & 0 & 0 & 0 & 0 & 156 & 22l & -156 & -22l & 0 & 0 \\ 0 & 0 & 13l & -3l^2 & -13l & 3l^2 & 0 & 0 & 0 & 0 & 22l & 4l^2 & -22l & -4l^2 & 0 & 0 \\ 0 & 0 & -54 & 13l & 54 & -13l & 0 & 0 & 0 & 0 & -156 & -22l & 156 & 22l & 0 & 0 \\ 0 & 0 & -13l & 3l^2 & 13l & -3l^2 & 0 & 0 & 0 & 0 & -22l & -4l^2 & 22l & 4l^2 & 0 & 0 \\ 0 & 0 & 0 & 0 & 0 & 0 & 0 & 0 & 0 & 0 & 0 & 0 & 0 & 0 & 0 & 0 \\ 0 & 0 & 0 & 0 & 0 & 0 & 0 & 0 & 0 & 0 & 0 & 0 & 0 & 0 & 0 & 0 \end{bmatrix}$$

(3.73)

（4）第二层连续支承弹簧的耗散能：

$$\begin{aligned} \dot{v}_{sb} &= N_1\dot{v}_3 + N_2\dot{\theta}_3 + N_3\dot{v}_7 + N_4\dot{\theta}_7 - N_1\dot{v}_4 - N_2\dot{\theta}_4 - N_3\dot{v}_8 - N_4\dot{\theta}_8 \\ &= \{0\ 0\ 0\ 0\ N_1\ N_2\ -N_1\ -N_2\ 0\ 0\ 0\ 0\ N_3\ N_4\ -N_3\ -N_4\}\underline{\dot{a}}^{e} \\ &= \underline{N}_{sb}^{T}\underline{\dot{a}}^{e} \end{aligned}$$ (3.74)

$$R_{3c} = \frac{1}{2}\int_{\Omega^e} c_{sy3}\dot{v}_{sb}^2 dx = \frac{1}{2}\underline{\dot{a}}^{eT}\int_{\Omega^e}\{c_{sy3}\underline{N}_{sb}\underline{N}_{sb}^{T}\}dx\underline{\dot{a}}^{e} = \frac{1}{2}\underline{\dot{a}}^{eT}\underline{c}_{3c}^{e}\underline{\dot{a}}^{e}$$ (3.75)

式中，$\underline{c}_{3c}^{e}$ 表示第二层连续弹簧阻尼支承产生的质量矩阵。

$$\underline{c}_{3c}^{e} = \frac{c_{sy3}l}{420} \begin{bmatrix} 0 & 0 & 0 & 0 & 0 & 0 & 0 & 0 & 0 & 0 & 0 & 0 & 0 & 0 & 0 & 0 \\ 0 & 0 & 0 & 0 & 0 & 0 & 0 & 0 & 0 & 0 & 0 & 0 & 0 & 0 & 0 & 0 \\ 0 & 0 & 0 & 0 & 0 & 0 & 0 & 0 & 0 & 0 & 0 & 0 & 0 & 0 & 0 & 0 \\ 0 & 0 & 0 & 0 & 0 & 0 & 0 & 0 & 0 & 0 & 0 & 0 & 0 & 0 & 0 & 0 \\ 0 & 0 & 0 & 0 & 156 & -22l & -156 & 22l & 0 & 0 & 0 & 0 & 54 & 13l & -54 & -13l \\ 0 & 0 & 0 & 0 & -22l & 4l^2 & 22l & -4l & 0 & 0 & 0 & 0 & -13l & -3l^2 & 13l & 3l^2 \\ 0 & 0 & 0 & 0 & -156 & 22l & 156 & -22l & 0 & 0 & 0 & 0 & -54 & -13l & 54 & 13l \\ 0 & 0 & 0 & 0 & 22l & -4l & -22l & 4l^2 & 0 & 0 & 0 & 0 & 13l & 3l^2 & -13l & -3l^2 \\ 0 & 0 & 0 & 0 & 0 & 0 & 0 & 0 & 0 & 0 & 0 & 0 & 0 & 0 & 0 & 0 \\ 0 & 0 & 0 & 0 & 0 & 0 & 0 & 0 & 0 & 0 & 0 & 0 & 0 & 0 & 0 & 0 \\ 0 & 0 & 0 & 0 & 0 & 0 & 0 & 0 & 0 & 0 & 0 & 0 & 0 & 0 & 0 & 0 \\ 0 & 0 & 0 & 0 & 0 & 0 & 0 & 0 & 0 & 0 & 0 & 0 & 0 & 0 & 0 & 0 \\ 0 & 0 & 0 & 0 & 54 & -13l & -54 & 13l & 0 & 0 & 0 & 0 & 156 & 22l & -156 & -22l \\ 0 & 0 & 0 & 0 & 13l & -3l^2 & -13l & 3l^2 & 0 & 0 & 0 & 0 & 22l & 4l^2 & -22l & -4l^2 \\ 0 & 0 & 0 & 0 & -54 & 13l & 54 & -13l & 0 & 0 & 0 & 0 & -156 & -22l & 156 & 22l \\ 0 & 0 & 0 & 0 & -13l & 3l^2 & 13l & -3l^2 & 0 & 0 & 0 & 0 & -22l & -4l^2 & 22l & 4l^2 \end{bmatrix}$$

(3.76)

将以上形成的轨道-桥梁单元刚度矩阵 $\underline{k}^e$、质量矩阵 $\underline{m}^e$ 和阻尼矩阵 $\underline{c}^e$ 代入式（3.2）中，可得板式轨道-桥梁单元四层梁的动力有限元方程：

$$\underline{M}_T \ddot{\underline{a}} + \underline{C}_T \dot{\underline{a}} + \underline{K}_T \underline{a} = \underline{Q}_T \quad (3.77)$$

其中：

$$\underline{M}_T = \sum_e \underline{m}^e = \sum_e \left(\underline{m}_r^e + \underline{m}_s^e + \underline{m}_f^e + \underline{m}_b^e \right)$$

$$\underline{K}_T = \sum_e \underline{k}^e = \sum_e \left(\underline{k}_r^e + \underline{k}_s^e + \underline{k}_f^e + \underline{k}_b^e + \underline{k}_{1c}^e + \underline{k}_{2c}^e + \underline{k}_{3c}^e + \underline{k}_{4c}^e \right)$$

$$\underline{C}_T = \sum_e \underline{c}^e = \sum_e \left(\underline{c}_b^e + \underline{c}_{1c}^e + \underline{c}_{2c}^e + \underline{c}_{3c}^e + \underline{c}_{4c}^e \right)$$

$$\underline{Q}_T = \sum_e \underline{Q}_T^e$$

3.4 高架轨道结构振动有限元模型的求解

3.2 节与 3.3 节分别推导了车辆系统、桥上 CRTS Ⅱ 型板式轨道的振动有限元方程。本节将考虑车辆与下部基础的耦合作用，建立车辆-轨道-桥梁耦合振动有限元分析模型。车辆-板式轨道-桥梁系统的有限元方程只涉及两种单元，即车辆单元与桥上板式无砟轨道单元。车辆单元集合组成的车辆系统刚度矩阵、质量矩阵、阻尼矩阵和荷载向量见式（3.27）。轨道单元的刚度矩阵 K_t^e、质量矩阵 M_t^e 及阻尼矩阵 C_t^e 见式（3.77）。计算时可以采用一次集成轨道系统的总刚度矩阵 K_T、总质量矩阵 M_T 和总阻尼矩阵 C_T，并将其存在相应的文件中，在每一时步计算时调用。然后再利用标准的有限元组集方法形成车辆-板式无砟轨道-桥梁耦合系统的总刚度矩阵、总质量矩阵及总阻尼矩阵。得到的系统动力有限元方程为

$$M\ddot{a} + C\dot{a} + Ka = Q \tag{3.78}$$

其中：

$$M = \sum_e (M_V + M_T)$$

$$C = \sum_e (C_V + C_T)$$

$$K = \sum_e (K_V + K_T)$$

$$Q = \sum_e (Q_T + Q_V)$$

对于桥梁支座处的边界条件，可通过引入零位移约束进行考虑，即将式（3.78）中总刚度矩阵与零位移节点相对应的对角元素改为1，其他元素设为0，在荷载列阵中将与零节点位移相对应的元素改为零，即"零位移约束法"。车辆-桥上板式无砟轨道-桥梁动力有限元方程可通过直接积分（如 Newmark 数值积分法）方法进行求解。

3.5 算例分析

3.5.1 模型验证

文献[150]利用车辆-轨道耦合动力学方法计算了"中华之星"试验列车

以 250 km/h 速度行经狗河特大桥时,在美国六级不平顺激励下机车的垂向轮轨力,如图 3.4(a)所示。本节采用相同的车辆模型参数与轨道模型参数,利用自编的程序进行计算,得到的机车垂向轮轨力如图 3.4(b)所示。

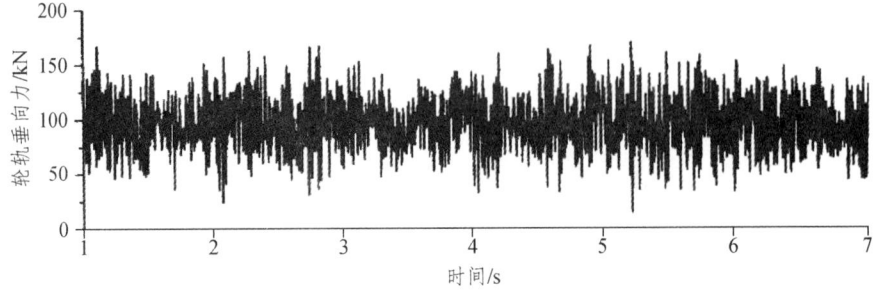

(a)文献[150]计算的机车轮轨垂向作用力

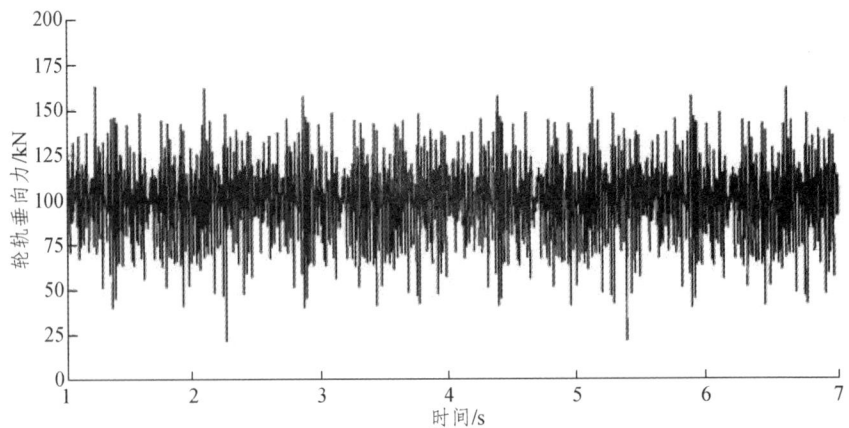

(b)本节计算的机车轮轨垂向作用力

图 3.4 机车前转向架前轴轮轨力时程曲线

可见对于相同的车辆参数、速度以及轨道不平顺状态,本节计算的轮轨相互作用力变化规律、量值大小与文献基本一致,表明了本书建立的车辆-桥上板式轨道耦合模型基本合理,分析方法正确,计算结果可信。

3.5.2 轨道不平顺对桥上板式轨道振动特性的影响分析

不平顺是轮轨系统产生振动的主要激励之一。利用所建立的车辆-高速线路桥上 CRTS Ⅱ 型轨道-桥梁耦合振动有限元分析模型,对轨道不平顺条件下高速线路桥上 CRTS Ⅱ 型板式轨道结构的振动响应进行计算,对比分析轨道不平顺的影响规律。车辆选取我国 CHR₃ 型动车,具体参数如表 3.1 所示,轨道结构选取我国京沪高铁桥上的 CRTS Ⅱ 型板式轨道,计算参数如表 3.2 所示,桥梁结构跨度为 32 m。

表 3.1 和谐号高速动车组 CRH₃ 车辆结构参数

参 数	取 值	参 数	取 值
车体质量 M_c/kg	40 000	二系弹簧刚度 K_{s2}/(kN/m)	800
构架质量 M_t/kg	3 200	一系阻尼系数 C_{s1}/(kN·s/m)	100
轮对质量 M_w/kg	2 400	二系阻尼系数 C_{s2}/(kN·s/m)	120
车体点头惯量 J_c/(kg·m²)	5.47×10⁵	固定轴距/m	2.5
构架点头惯量 J_t/(kg·m²)	6 800	构架中心距离/m	17.375
一系弹簧刚度 K_{s1}/(kN/m)	2.08×10³	轮轨接触弹簧刚 K_c/(kN/m)	1.325×10⁶

表 3.2 CRTS Ⅱ 型板式无砟轨道结构和桥梁结构参数

参 数	取 值	参 数	取 值
钢轨截面面积 A_r/m²	0.7745×10⁻²	底座板密度 ρ_f/(kg/m)	2 500
钢轨弹性模量 E_r/Pa	2.1×10¹¹	桥梁截面面积 A_b/m²	9.877
钢轨惯性矩 I_r/m⁴	0.3217×10⁻⁴	桥梁抗弯刚度 $E_b I_b$/(N·m²)	3.47×10¹¹
钢轨密度 ρ_r/(kg/m)	7 800	桥梁密度 ρ_b/(kg/m)	2 500
轨道板截面面积 A_s/m²	0.51	扣件、垫板刚度 k_{y11}/(kN/m)	6×10⁴
轨道板弹性模量 E_s/Pa	3.9×10¹⁰	砂浆的垫层刚度 k_{y22}/(kN/m)	9×10⁵
轨道板惯性矩 I_s/m⁴	1.7×10⁻³	桥梁的支承刚度 k_{y33}/(kN/m)	1×10⁵
轨道板密度 ρ_s/(kg/m)	2 500	扣件、垫板阻尼系数 c_{y11}/(kN·s/m)	47.7
底座板截面面积 A_f/m²	0.560 5	砂浆垫层的阻尼系数 c_{y22}/(kN·s/m)	166
底座板弹性模量 E_f/Pa	3.3×10¹⁰	桥梁的支撑阻尼系数 c_{y33}/(kN·s/m)	248
底座板惯性矩 I_f/m⁴	1.7×10⁻³	扣件间距 L_w/m	0.65

列车运行的速度为 250 km/h,线路总长 160 m,共划分 247 个单元,8 个二系弹簧阻尼的动轮单元,2 000 个节点,计算的步长为 10⁻³ s,结果如图 3.5 所示。

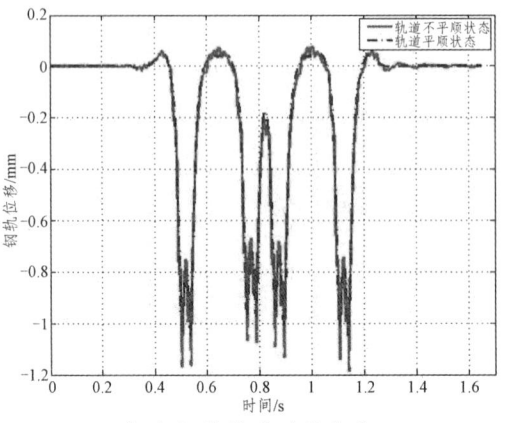
（a）钢轨位移时程曲线

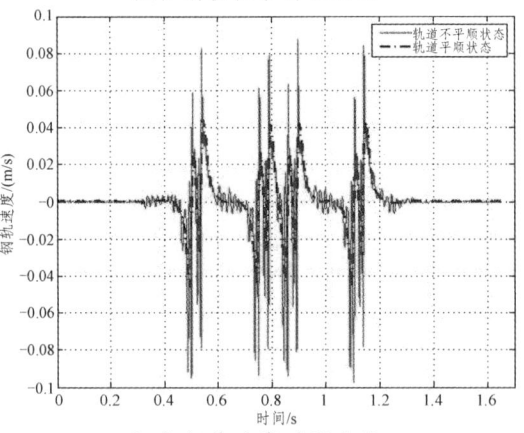
（b）钢轨速度时程曲线

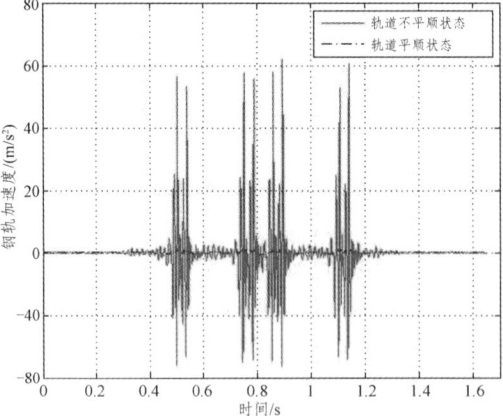
（c）钢轨加速度时程曲线

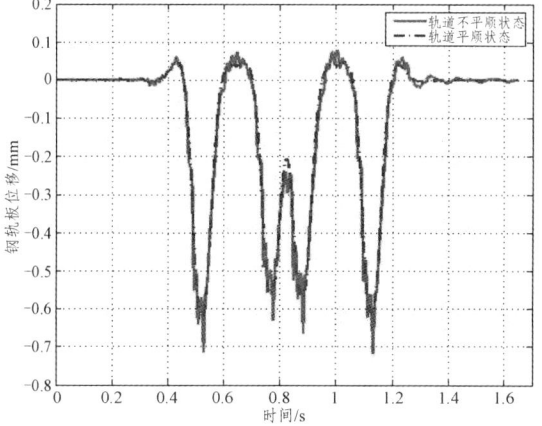

（d）轨道板位移时程曲线

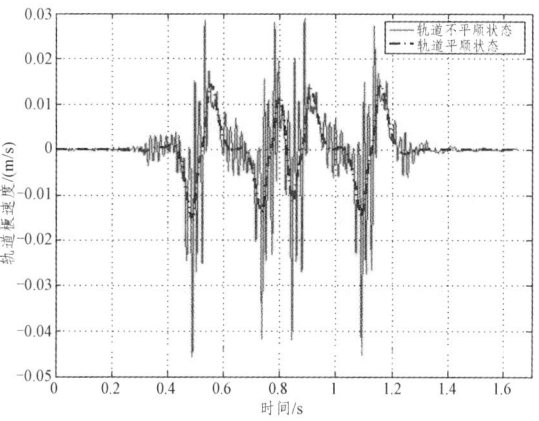

（e）轨道板速度时程曲线

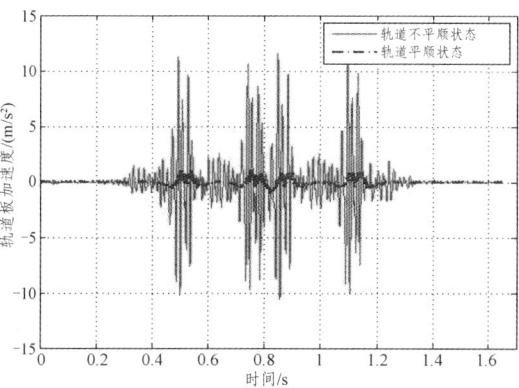

（f）轨道板加速度时程曲线

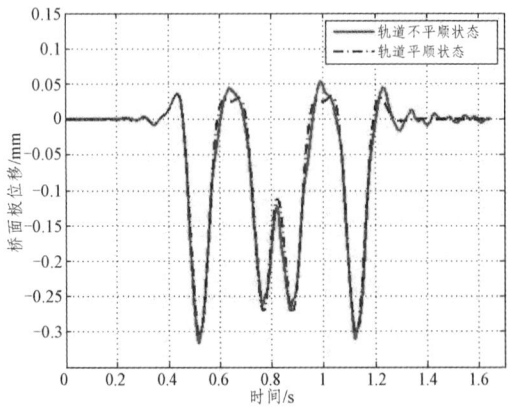

（g）桥面板位移时程曲线

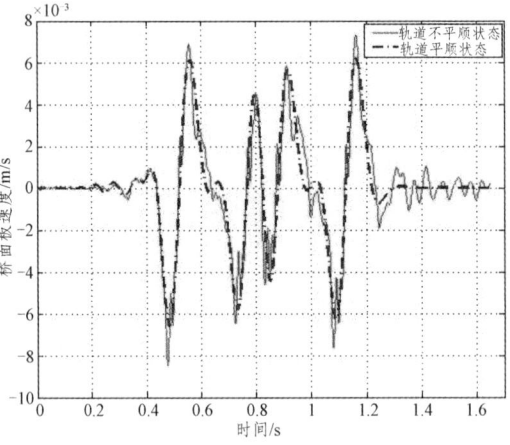

（h）桥面板速度时程曲线

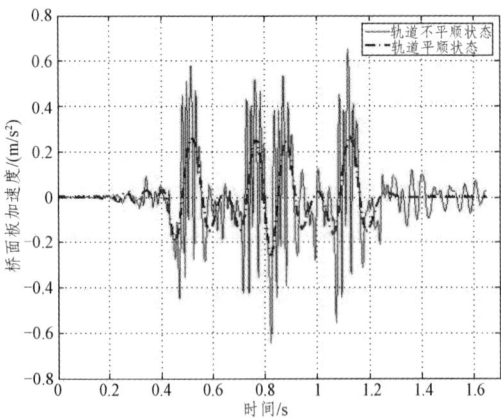

（i）桥面板加速度时程曲线

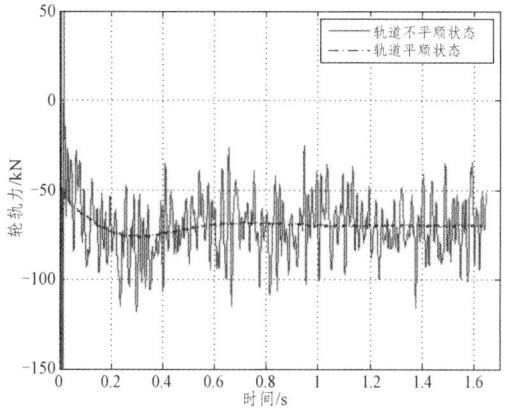

(j）第一轮对的轮轨作用力时程曲线

图 3.5　轨道结构振动响应时程曲线

图 3.5 表明，当列车以 250 km/h 的速度在桥上板式轨道运行时，对比轨面平顺及输入德国低干扰谱两种工况，钢轨垂向位移、钢轨垂向加速度、轨道板垂向位移、轨道板垂向加速度、桥梁垂向位移、桥梁垂向加速度、动态轮轨作用力最大值分别为 1.1 mm 和 1.2 mm、14 m/s^2 和 61.8 m/s^2、0.62 mm 和 0.72 mm、1.1 m/s^2 和 11.61 m/s^2、0.3 mm 和 0.32 mm、0.27 m/s^2 和 0.64 m/s^2、76.84 kN 和 118 kN，这表明轨道不平顺加大了高架板式轨道结构的动力响应，轨道不平顺对加速度幅值及轮轨力幅值的影响尤为显著，其加速度幅值的增幅达到 10 倍以上。

3.6　本章小结

日本和法国的经验表明，在高速运输的线路上，道砟很快就会流动变形、磨损，为了保持线路的高平顺性，随之而来的就是需要经常维修线路；高速铁路由于列车速度快，行车间隔短，能够用于维修作业的时间很短，没有条件对线路进行经常维修；因此线路状态可长期保持、维修工作量可显著减少的无砟轨道结构在世界高速铁路中得到了广泛的应用，已成为高速铁路的发展方向。

为满足我国客运专线和高速铁路的建设需要，2005 年我国全面引进了国外无砟轨道先进技术,桥上CRTSⅡ型板式轨道是博格板式轨道为适应在京津城际铁路上铺设,经中外专家共同研究后而进行改进的产品。随着桥上CRTSⅡ型板式轨道在我国京津城际、京沪高铁、京石客专、石武客专等客运专线得到了越来越广泛的应用,该类轨道逐渐成为我国高速无砟轨道结构最主要的形式之一。

本章针对桥上CRTSⅡ型板式轨道的特点,根据列车-轨道-桥梁耦合系统相互作用的特点,运用有限元法及Lagrange方程,提出适合该问题的两种新型单元,即新型车辆单元与新型轨道单元。运用这两种新型单元对车辆-桥上CRTSⅡ型板式轨道结构-桥梁进行离散时,单元划分将更为简单、方便,一节车辆只需离散为一个车辆单元,两个扣件之间的一跨轨道结构作为一个轨道单元。基于这两种单元,计算分析时可推导出车辆-轨道-桥梁系统耦合振动的显式表达式,这将使程序的编制更为容易。在实际计算时只需形成一次轨道系统的总刚度矩阵、总质量矩阵和总阻尼矩阵,在接下来的每一时步计算中,只需组集车辆单元的刚度、质量和阻尼矩阵,这样大大提高了计算的效率。

本章对建立的高速列车-桥上板式轨道-桥梁耦合系统动力分析模型,利用Matlab编制了计算软件,作为一个算例,计算了在轨道不平顺条件激励下高速列车通过时的轮轨作用力。书中建立的高速列车-桥上板式轨道-桥梁耦合动力有限元分析模型计算值与文献基本一致,从而验证了本书所建理论模型的合理性和正确性。

扫码查看本章彩图

第 4 章 / 客运专线高架轨道结构振动特性现场实测与振动传递特性分析

轨道不平顺作为车辆-轨道-桥梁系统的主要激扰源,是轨道结构产生振动的根源。列车行车速度越高,轨道不平顺对轮轨力、车辆和轨道系统振动的影响也越大。目前,国内外学者对铁路干线不平顺对轨道结构振动、轮轨噪声的影响展开了实测研究,取得了大量的研究成果,但轨道不平顺条件下,高速客运专线振动特性的测试还是比较缺乏。而高速客运专线车辆类型、轨道结构、运营方式以及维护水平等因素与铁路干线均存在较大的差异,针对高速客运专线轨道不平顺条件下轨道结构的振动特性开展现场试验是十分必要的。本章现场实测了轨道不平顺条件下高速客运专线桥上CRTSⅡ型板式轨道的振动特性,并将轮轨力、轨道结构振动响应进行了时域、频域的对比分析。本章的工作一方面可以验证模型的正确性,为理论分析提供验证依据和数据支持;另一方面可为高速客运专线高架轨道结构减振降噪研究提供参考。

4.1 现场试验概况

2011 年 12 月,华东交通大学铁路环境振动与噪声教育部工程研究中心研究人员在相关铁路工务人员的帮助下,对京沪高铁某段线路进行了现场实测,包括路基段、桥梁段的轨道结构动力测试。

4.1.1 试验方法

轨道各部件的振动响应采用压电式加速度传感器测试。试验时轨道结构各部位振动信号,经二次仪表放大后,输入计算机工作站,由数据分析处理软件采集处理,其测试分析系统构造如图 4.1 所示。

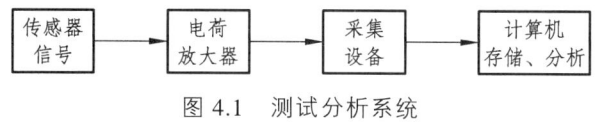

图 4.1 测试分析系统

4.1.2 试验内容

根据研究目的,结合现场实际情况,测试断面位于京沪高铁某段线路。该段线路为夹直线,其前后均为曲线,线路坡度均为 0,且在上坡段和下坡段之间,线路铺设方式为高架线路,架高为 10 m。轨道结构形式采用 CRTS Ⅱ 型板式无砟轨道,钢轨为标准 60 轨,无缝线路基本轨长 25 m,焊接方式为接触焊。

振动测试的内容包括:选择在箱梁 1/2 断面的轨道结构以及桥梁不同位置处布置振动传感器,拾取列车经过时各测点的振动加速度信号,分析列车引起的轨道、底座板和桥梁结构的振动。

4.1.3 加载方式

京沪高铁某区段测试采用的列车类型为 CRH380AL 型动车组(见图 4.2),收集到 15 组数据,各趟次列车的编组方式和车速如表 4.1 所示。

（a）高架结构运行的高速动车组　　（b）路基结构运行的高速动车组

图 4.2　高速动车组

表 4.1　列车速度及编组方式

趟次	时间	编组形式	最高速度/（km/h）	运行方向
1	9:26	16节长编组	336	下行
2	10:14	16节长编组	384	上行
3	10:50	16节长编组	380	下行
4	11:18	16节长编组	200	下行
5	11:34	16节长编组	380	上行
6	12:14	16节长编组	380	下行
7	12:54	16节长编组	381.2	上行
8	13:10	16节长编组	200	上行
9	13:27	16节长编组	401	下行
10	14:12	6车短编组	400	上行
11	14:45	16节长编组	399.50	下行
12	15:29	16节长编组	403	上行
13	15:57	16节长编组	401	下行
14	16:37	16节长编组	402	上行
15	17:12	16节长编组	380	下行

4.1.4　测试仪器

为满足分析和研究的需要，本次测试采用的仪器有东华5920动态信号采集与分析系统、日本理音振动采集仪等，如图 4.3 所示，其他实验设备如表 4.2 所示。

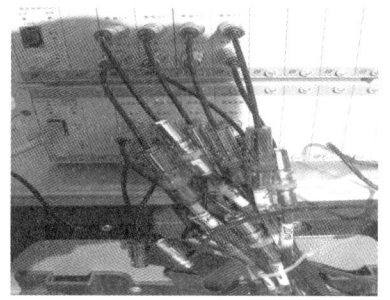

图 4.3　东华动态信号采集与分析系统

表 4.2　实验仪器和设备

序号	仪器	数量
1	多通道应变仪和桥盒	若干
2	装有数据处理软件的笔记本式计算机	1
3	电缆线（110 m）	若干
4	应变片（直角应变花）	20
5	测力标定架	1 套
6	压电式加速度传感器（500g，测钢轨垂向振动加速度）	3
7	压电式加速度传感器（10g，测轨道板和桥梁）	6

4.1.5　测点布置

振动测试测点布置如图 4.4 所示，桥梁跨中断面上共计 4 个测点。

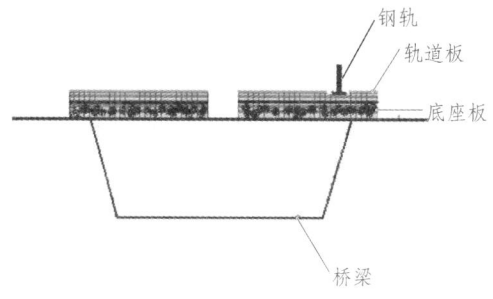

图 4.4　测点位置

4.2 高架轨道结构振动特性分析

4.2.1 时域统计分析

图 4.5～图 4.8 所示分别为第 15 趟次列车经过梁跨 1/2 断面时钢轨垂向振动加速度时程曲线、轨道板垂向振动加速度时程曲线、底座板垂向振动加速度时程曲线和桥梁垂向振动加速度时程曲线，读取每个轮对经过梁跨 1/2 断面时各测试通道的最大值，进行对比分析，如表 4.3 所示。

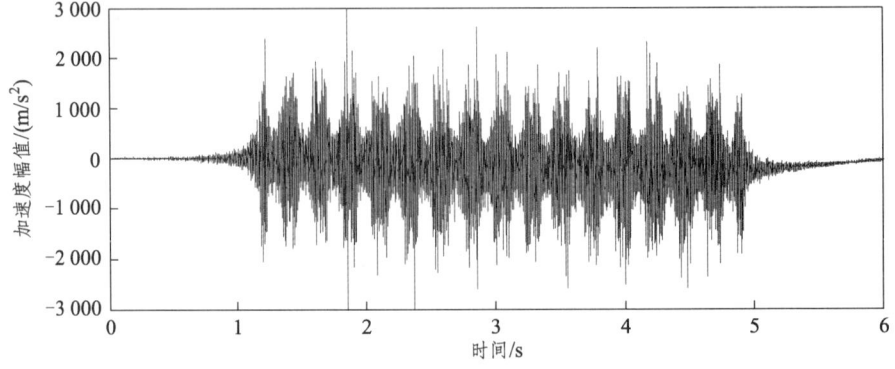

图 4.5　钢轨垂向振动加速度时程曲线

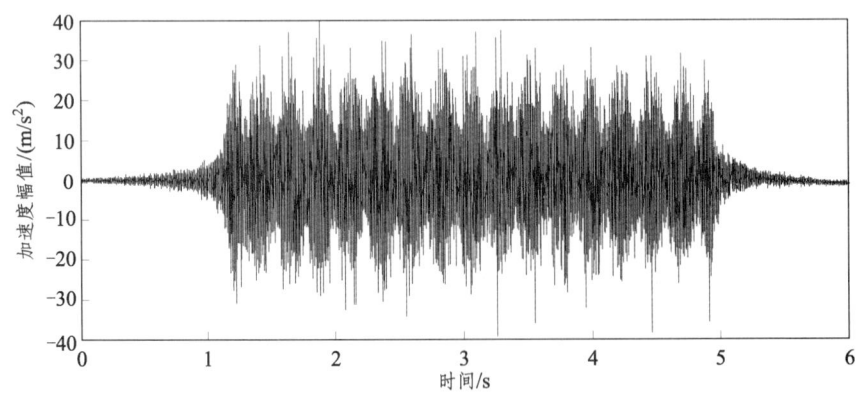

图 4.6　轨道板垂向振动加速度时程曲线

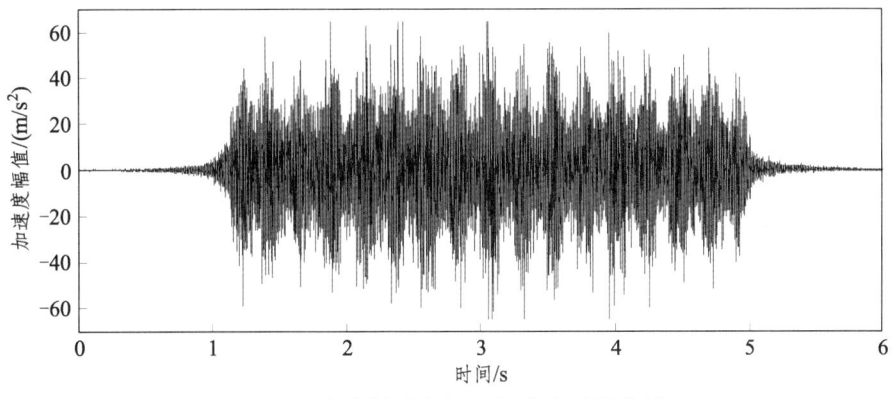

图 4.7 底座板垂向振动加速度时程曲线

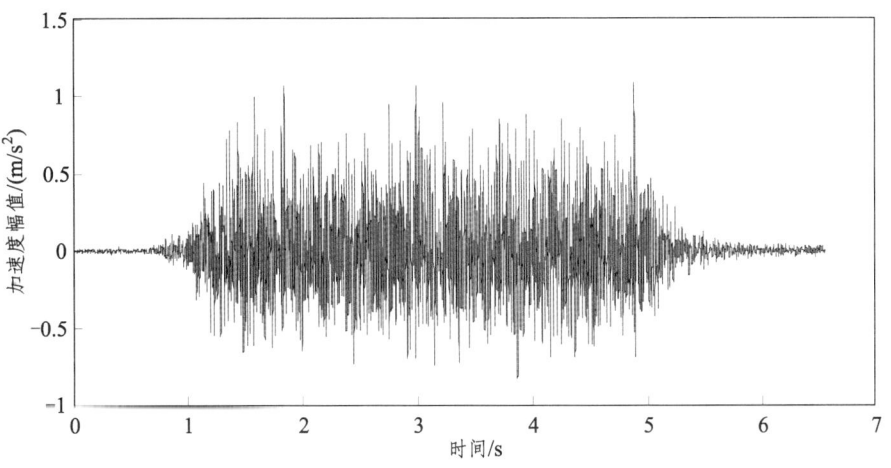

图 4.8 桥梁垂向振动加速度时程曲线

表 4.3 轨道结构振动幅值统计

物理量	最大值		平均值	
	上行	下行	上行	下行
钢轨垂向加速度/($m \cdot s^{-2}$)	2 178.4	2 361.2	2 063.6	2 139.5
轨道板垂向加速度/($m \cdot s^{-2}$)	42.47	42.48	37.35	37.7
底座板垂向加速度/($m \cdot s^{-2}$)	59.02	62.31	57.27	58.55
桥梁垂向加速度/($m \cdot s^{-2}$)	1.09	1.008	1.023	0.895 6

对比图 4.5～图 4.8 所示的动力响应加速度时程曲线和表 4.3 所示的统计值,可得出以下结论:

（1）从钢轨垂向振动时程曲线中可较容易地确定通过的列车是 16 辆编组，而且可分辨出列车到达、经过和离开该断面的过程。高速客运专线 CRH380 型车辆转向架固定轴距为 2.5 m，通过测量转向架两个轮对之间的钢轨振动加速度峰值的时间间隔，便可计算列车的行车速度。由于测试所得的加速度波形的峰值并不十分明显，所以计算所得的列车速度也只是大概值。

（2）列车经过梁 1/2 跨断面时，钢轨垂向振动加速度幅值一般分布在 1 200~2 300 m/s²，上行时的最大值和平均值分别为 2 178.4 m/s² 和 2 063.6 m/s²，下行时最大值和平均值分别为 2 361.2 m/s² 和 2 139.5 m/s²。轨道板振动加速度幅值一般分布在 30~43 m/s²，上行时最大值和平均值分别为 42.47 m/s² 和 37.35 m/s²，下行时最大值和平均值分别为 42.43 m/s² 和 34.27 m/s²。对于桥梁底板振动加速度而言，幅值一般分布在 1 m/s² 左右，上行时最大值和平均值分别为 1.09 m/s² 和 1.023 m/s²，下行时最大值和平均值分别为 1.008 m/s² 和 0.895 6 m/s²。

（3）通过以上时域分析，在相同列车荷载作用下，当上行列车与下行列车的速度接近时，上行列车引起的梁跨 1/2 断面各测点加速度幅值的最大值和平均值接近下行线，说明由于轨道不平顺的随机激励作用，同一列车在同一线路上、下行方向运行时对轨道和桥梁产生的冲击作用相近。

4.2.2 频域统计分析

1. 振动频谱分析

（1）钢轨垂向振动频谱曲线如图 4.9 所示。

对 1/2 梁跨断面处钢轨测点而言，当列车上行方向经过时，其振动在 100~2 500 Hz 宽频范围内都有分布，但主要集中在 100~300 Hz、500~1 000 Hz、1 900~2 300 Hz 频率范围内，其中在 125 Hz、710 Hz、1 778 Hz 等处出现峰值；当列车下行方向经过时，其在 100~2 500 Hz 频率范围内都有分布，但主要集中在 80~300 Hz 及 1 900~2 300 Hz 频率范围内，其中在 105 Hz、260 Hz 和 1 900 Hz 处达到峰值。当列车荷载以速度 V 行驶经过轨面时，依据时间频率（f）和空间频率（F）的转换关系 $f=VF$，可计算出断面处不平顺引起的钢轨振动对应的强迫振动频率，此频率应为钢轨振动的一个组成部分。1/2 梁跨断面处钢轨的部分振动主频是由于车辆荷载在轨面不平顺上移动产生的。

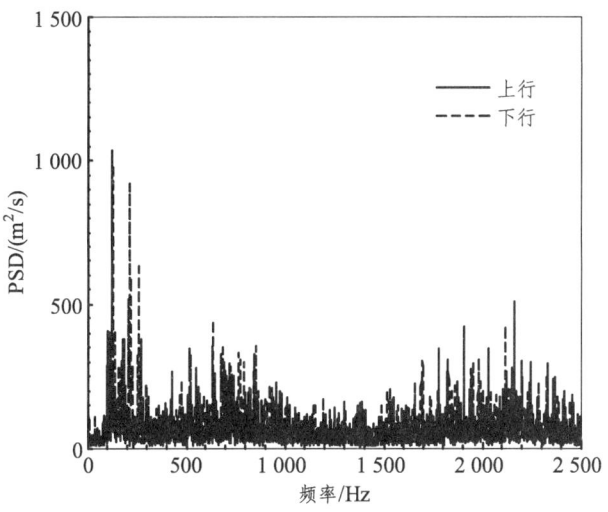

图 4.9　钢轨垂向振动频谱曲线

（2）轨道板垂向振动频谱曲线如图 4.10 所示。

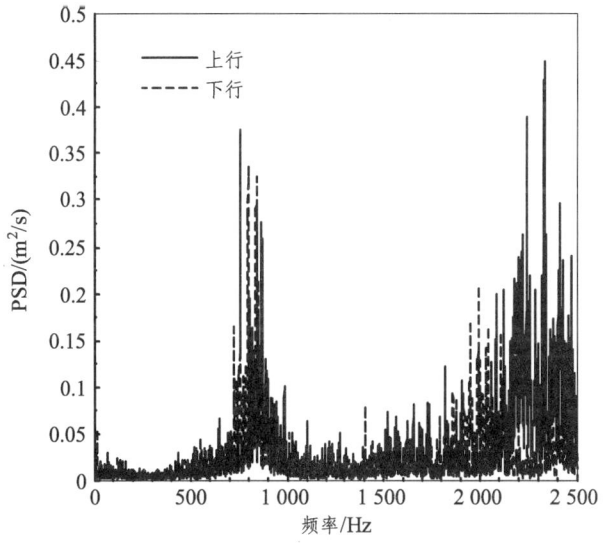

图 4.10　轨道板垂向振动频谱曲线

对 1/2 梁跨断面处轨道板测点而言，当列车上行方向经过时，其振动主要分布在 150~200 Hz、450~500 Hz 频率范围内，其中在 150 Hz 和 170 Hz

处达到峰值；当列车下行经过时，其振动主要分布在 150～200 Hz 频率范围内，在 170 Hz 处达到峰值。由于扣件系统的弹性作用，轨面不平顺引起的高频振动在轨道板振动中得到了衰减。

（3）底座板垂向振动频谱曲线如图 4.11 所示。

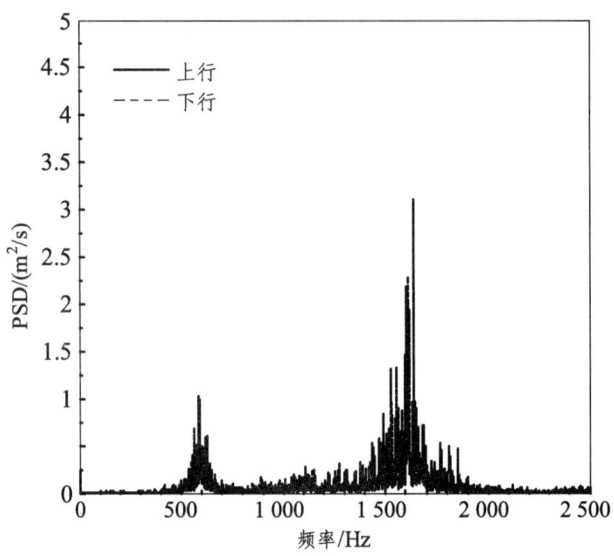

图 4.11 底座板垂向振动频谱曲线

对 1/2 梁跨断面处底座板测点而言，当列车上行方向经过时，其振动主要分布在 530～630 Hz 及 1 450～1 700 Hz 频率范围内，其中在 585 Hz、1 613 Hz 和 1 640 Hz 处达到峰值；当列车下行方向经过时，其振动分布特性与上行时相似，在 563 Hz 和 1 613 Hz 处达到峰值。

（4）桥梁垂向振动频谱曲线如图 4.12 所示。

对 1/2 梁跨断面处梁腹测点而言，当列车上行方向经过时，振动主要分布在 30～160 Hz 频率范围内，其中在 43 Hz、60 Hz、73 Hz、100 Hz 和 115 Hz 处达到峰值；当列车下行方向经过时，振动主要分布在 30～170 Hz 频率范围内，其中在 43 Hz、60 Hz、73 Hz、86 Hz 和 90 Hz 处达到峰值。

由于客观存在轮轨表面不平顺，经过轮轨相互作用下产生的高频振动主要集中在钢轨上，而由于扣件系统的弹性减振作用，轨面不平顺引起的高频振动在轨道板和桥面板上体现不明显，由离散支撑导致的中频振动占据主要成分。

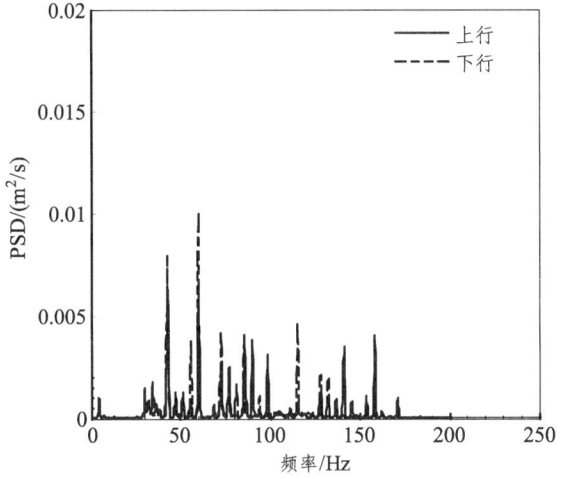

图 4.12 桥梁垂向振动频谱曲线

2. 振动加速度 1/3 倍频分析

（1）钢轨垂向振动加速度 1/3 倍频曲线如图 4.13 所示。

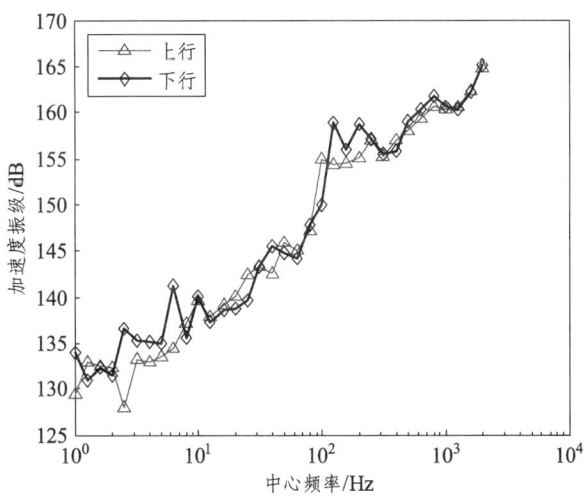

图 4.13 钢轨垂向振动加速度 1/3 倍频曲线

对 1/2 梁跨断面处钢轨测点而言，下行方向列车引起的振动平均较上行方向在 100~250 Hz 范围内平均高出 2.4 dB，在 500~1 000 Hz 范围内高出 1.7 dB。这表明在列车荷载作用下，上行列车与下行列车速度接近时，车辆对钢轨产生相近的冲击作用。

（2）轨道板垂向振动加速度 1/3 倍频曲线如图 4.14 所示。

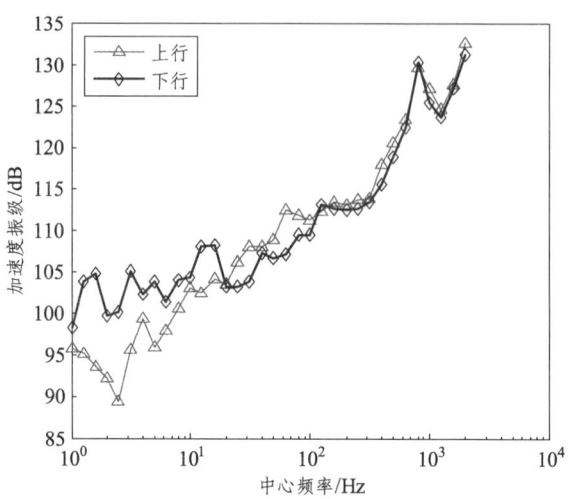

图 4.14　轨道板垂向振动加速度 1/3 倍频曲线

对 1/2 梁跨断面处轨道板测点而言，下行方向列车引起的轨道板振动较上行方向在 20 Hz 以下范围内平均高 5.7 dB，在 20～125 Hz 范围内后者较前者平均高出 1 dB，在 125～1 000 Hz 范围内二者的振动几乎相等。

（3）底座板振动加速度 1/3 倍频曲线如图 4.15 所示。

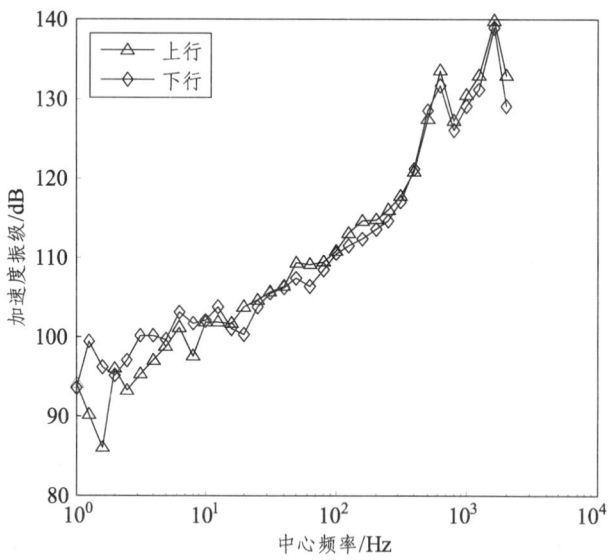

图 4.15　底座板垂向振动加速度 1/3 倍频曲线

对 1/2 梁跨断面处底座板测点而言,下行方向列车引起的轨道板振动较上行方向在 16 Hz 以下范围内平均高 3.34 dB,在 16～315 Hz 范围内后者较前者平均高出 1.2 dB,在 315～1 000 Hz 范围内二者的振动几乎相等。

(4)桥梁振动加速度 1/3 倍频曲线如图 4.16 所示。

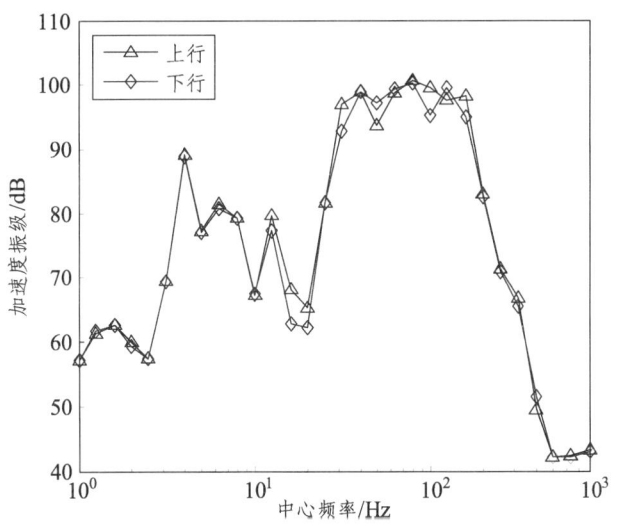

图 4.16　桥梁垂向振动加速度 1/3 倍频曲线

对 1/2 梁跨断面处梁腹测点而言,上行方向列车与下行方向列车引起的桥梁振动主要集中在 300 Hz 以下的范围,在 100 Hz 处分别达到最大值,为 107 dB 和 108 dB。在分析频率范围内,上、下行方向列车引起的桥梁振动相差不大。

4.3　理论模型的验证

4.3.1　计算参数

车辆模型选取 CHR_3 型列车车辆,具体参数见表 3.1。轨道结构类型选取京沪高铁某区段桥上 CRTS Ⅱ 型轨道结构,钢轨类型为 CN60,扣件对钢轨的支承间距为 0.65 m,高架轨道结构的动力学参数如表 4.4 所示,桥梁结构跨度为 32 m,车辆末尾轮对作用点位于距离桥梁支座处。不平顺激扰模型选择第 2 章高速客运专线无砟轨道实测不平顺，车速为 300 km/h。

表 4.4　CRTS Ⅱ 型板式无砟轨道结构和桥梁结构参数

参　数	取值	参　数	取值
钢轨截面积 A_r/m^2	$0.7745×10^{-2}$	底座板密度 $\rho_f/(kg/m)$	2 500
钢轨弹性模量 E_r/Pa	$2.1×10^{11}$	桥梁截面积 A_b/m^2	9.877
钢轨惯性矩 I_r/m^4	$0.3217×10^{-4}$	桥梁抗弯刚度 $E_bI_b/(N·m^2)$	$3.47×10^{11}$
钢轨密度 $\rho_r/(kg/m)$	7 800	桥梁密度 $\rho_b/(kg/m)$	2 500
轨道板截面积 A_s/m^2	0.51	扣件、垫板刚度 $k_{y11}/(kN/m)$	$6×10^4$
轨道板弹性模量 E_s/Pa	$3.9×10^{10}$	砂浆的垫层刚度 $k_{y22}/(kN/m)$	$9×10^5$
轨道板惯性矩 I_s/m^4	$1.7×10^{-3}$	桥梁的支承刚度 $k_{y33}/(kN/m)$	$1×10^5$
轨道板密度 $\rho_s/(kg/m)$	2 500	扣件、垫板阻尼系数 $c_{y11}/(kN·s/m)$	47.7
底座板截面积 A_f/m^2	0.560 5	砂浆垫层的阻尼系数 $c_{y22}/(kN·s/m)$	166
底座板弹性模量 E_f/Pa	$3.3×10^{10}$	桥梁的支撑阻尼系数 $c_{y33}/(kN·s/m)$	248
底座板惯性矩 I_f/m^4	$1.7×10^{-3}$	扣件间距 L_w/m	0.65

4.3.2　计算分析

当列车运行速度为 300 km/h 时，选择高速客运专线隧道内无砟轨道实测不平顺作为激励，输入车辆-轨道-桥梁耦合振动分析模型中进行计算，得到轨道结构的动力响应。进一步求取钢轨、轨道板、混凝土底座板和桥梁的振动加速度功率谱，分别与现场实测值进行对比分析，结果如图 4.17 ~ 图 4.19 所示。

图 4.17(a)表明，在理论计算中，由于只考虑中长波轨道不平顺激励，计算得出的钢轨垂向振动速度要小于现场实测，通过与图 4.17(b)对比分析可知，列车通过时引起的钢轨振动加速度波形变化趋势与现场实测值基本一致。图 4.17(c)表明，轨道不平顺引起的钢轨振动加速度水平在 80 Hz 时达到最大值 146 dB，通过与图 4.17(d)对比表明，在计算频率范围内计算值的主频分布特征与实测值吻合较好，但最大振级要低于实测值，这主要是因为在进行理论计算时忽略了 1 m 以下的短波不平顺。结合时域分析所得的高架轨道结构动力响应波形基本与现场实测一致的结论，从频域和时域方面可验证本书建模的合理性。

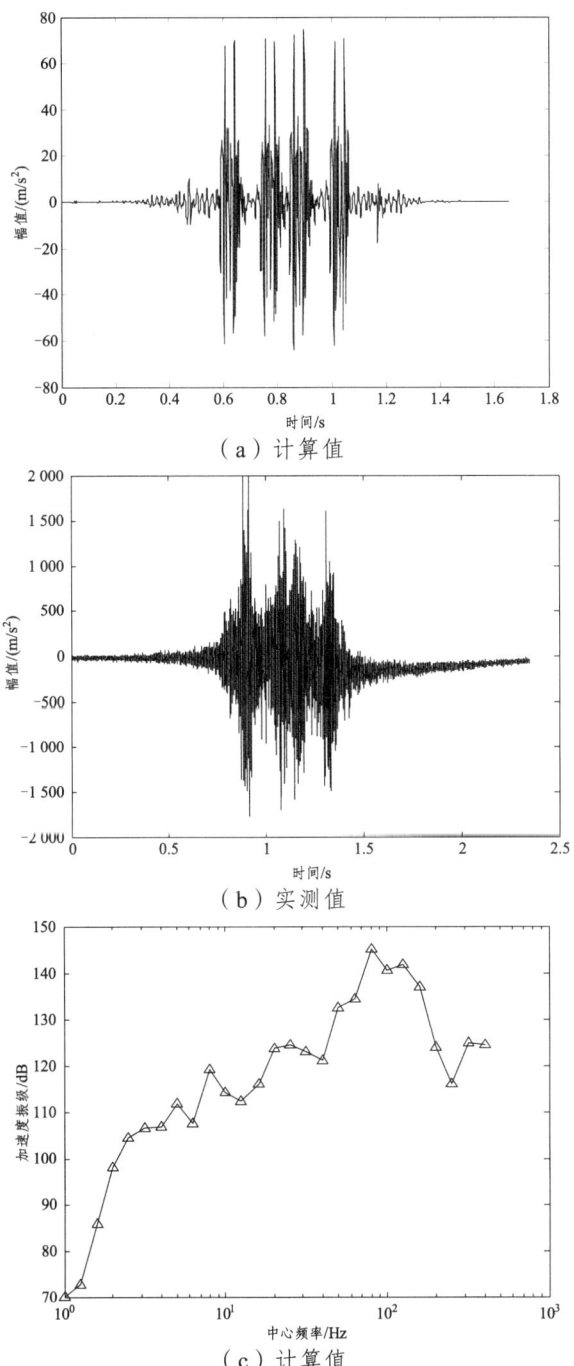

(a)计算值

(b)实测值

(c)计算值

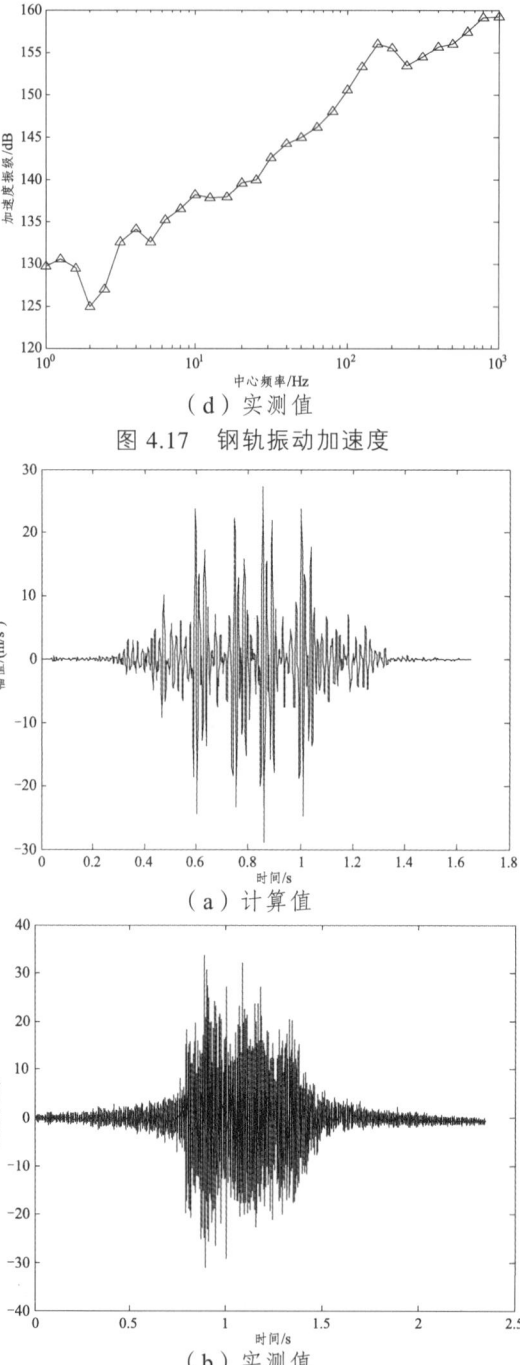

(d)实测值

图 4.17 钢轨振动加速度

(a)计算值

(b)实测值

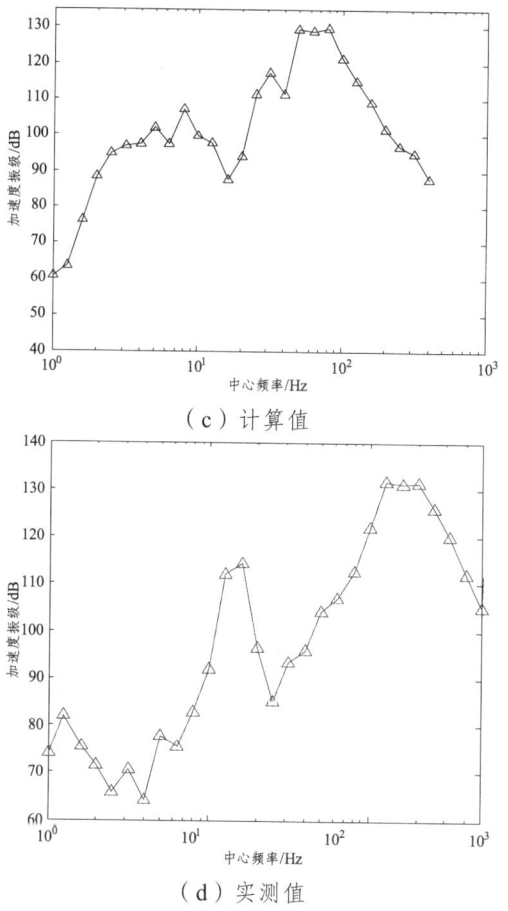

（c）计算值

（d）实测值

图 4.18　轨道板振动加速度

图 4.18（a）表明，理论计算得到的轨道板垂向振动加速度幅值与实测值接近，通过与图 4.18（b）对比分析可知，列车通过时引起的轨道板振动加速度波形变化趋势也与现场实测值基本一致。这是由于轨道不平顺引起的钢轨振动频率主要分布在 50~1 000 Hz 范围内，由于扣件对高频振动（f>400 Hz）具有衰减作用，λ<0.075 m 的轨面不平顺对轨下基础的振动特性影响较小[19]。图 4.18（c）表明，轨道不平顺引起的轨道板振动加速度水平在 130 Hz 时达到最大值 130 dB，通过与图 4.18（d）对比表明，在计算频率范围内计算值的主频分布特征与实测值吻合较好，且最大振级接近实测值。

图4.19(a)表明,理论计算得出的桥梁垂向振动速度幅值与现场实测值接近,且通过与图4.19(b)对比分析可知,列车通过时引起的桥梁振动加速度波形变化趋势与现场实测值基本一致。图4.19(c)表明,轨道不平顺引起的轨道板振动加速度水平在50 Hz时达到最大值100 dB,通过与图4.19(d)对比表明,在低频范围内计算值的主频分布特征与实测值吻合良好,且最大振级接近实测值。

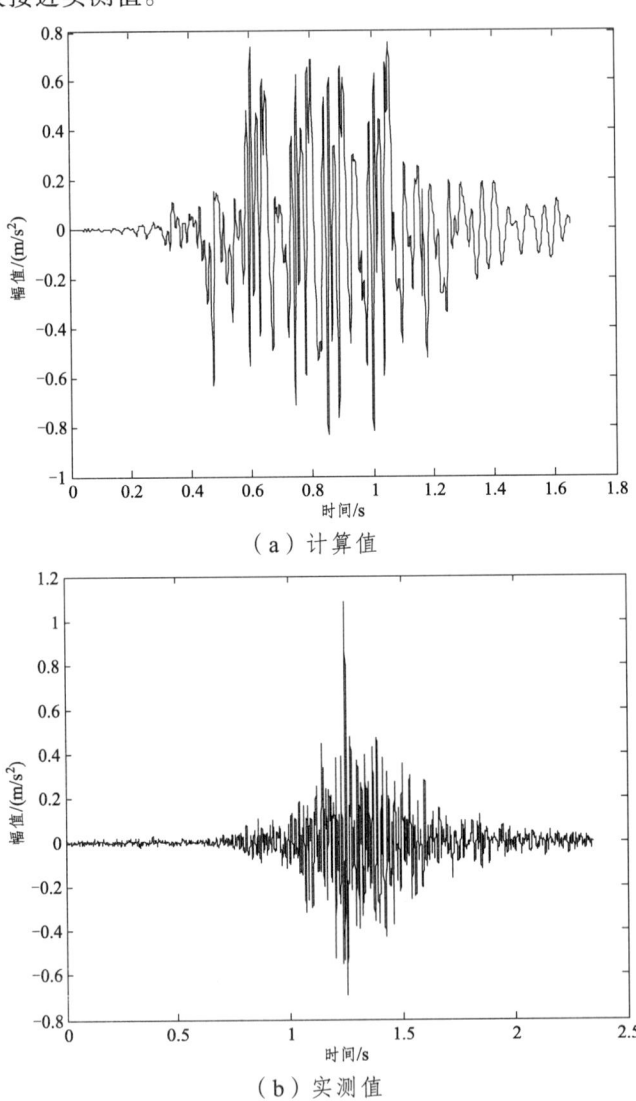

(a)计算值

(b)实测值

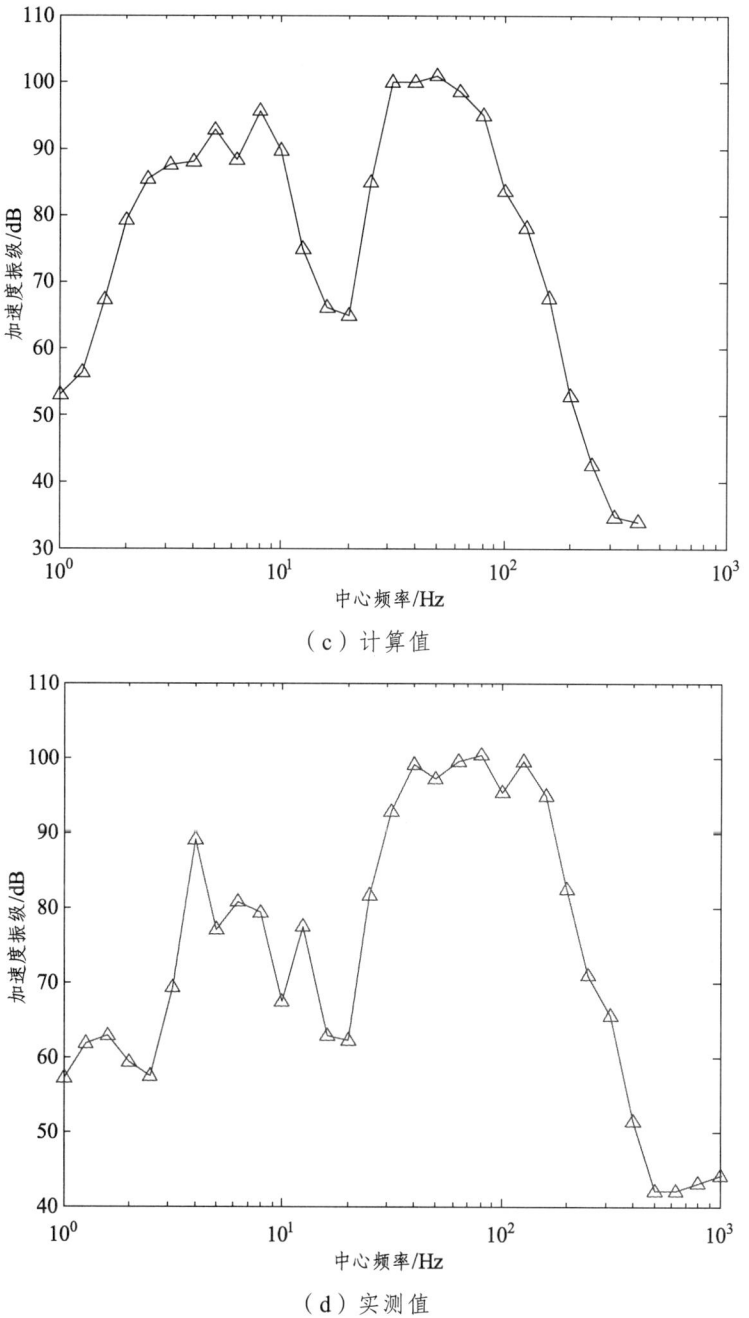

(c) 计算值

(d) 实测值

图 4.19 桥梁振动加速度

通过上述计算分析可知,在实测高速客运专线无砟轨道不平顺激励下,高架轨道结构振动响应理论计算幅值的波形变化趋势与现场实测值基本一致,且在计算频率内,主频分布特性也基本与现场试验实测一致,可从时域和频域方面验证本书所建理论模型的合理性。

4.4 振动传递特性分析

为分析钢轨振动沿轨道纵向的传递特性,选取第 15 趟次列车通过断面时钢轨垂向振动加速度、轨道板垂向振动加速度、底座板垂向振动加速度及桥面板垂向振动加速度信号作为分析对象,采用短时傅里叶变换的时频方法对其进行分析,结果如图 4.20～图 4.23 所示。

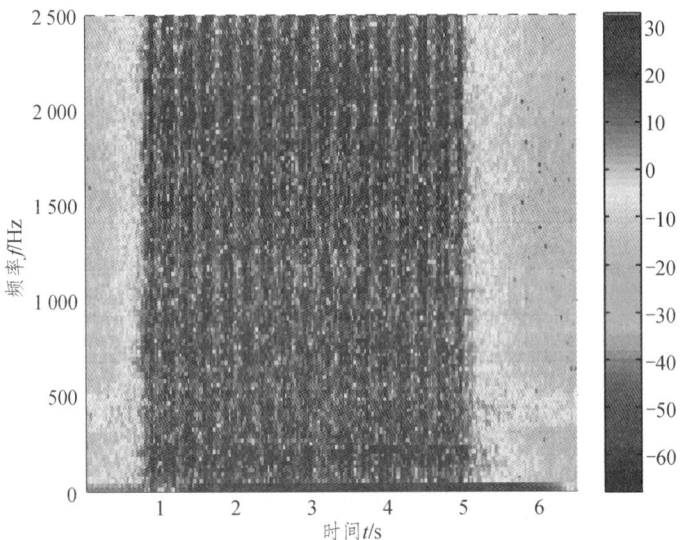

图 4.20 钢轨垂向振动加速度短时傅里叶变化能量

图 4.20 所示为钢轨垂向振动加速度短时傅里叶变化能量图。其表明,500 Hz 以下的钢轨垂向振动加速度衰减较慢,在列车到达前数秒就可以探测得到。列车经过时钢轨垂向振动在 2 500 Hz 以下范围内均有分布,而这与单纯的频谱分析结论是一致的。

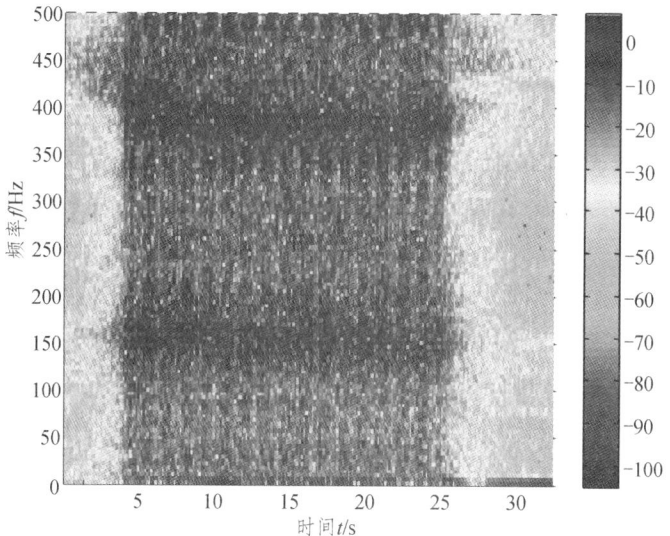

图 4.21 轨道板垂向振动加速度短时傅里叶变化能量

图 4.21 所示为轨道板垂向振动加速度短时傅里叶变化能量图。其表明，160 Hz 以下的轨道板振动加速度衰减较快，而 400～500 Hz 范围内轨道板垂向振动加速度衰减较慢，在列车到达前数秒可以探测得到。

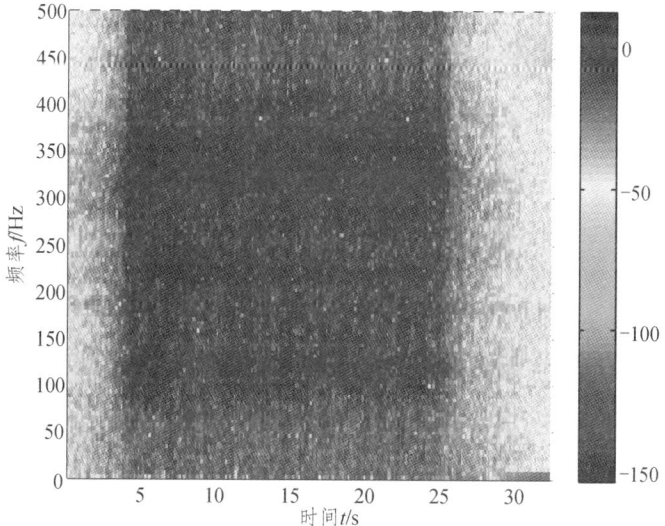

图 4.22 底座板垂向振动加速度短时傅里叶变化能量

图 4.22 所示为底座板垂向振动加速度短时傅里叶变化能量图。其表明，尽管底座板的结构形式与轨道板不一致，但振动能量在时频域上的分布却与轨道板垂向振动类似，表现为 100 Hz 以下的振动衰减更快，300~400 Hz 频率范围底座板垂向振动加速度衰减较慢，在列车到达前可以探测出。而 200 Hz 以下频率范围内的振动仅在列车通过时段才能产生，说明底座板的振动源为轨道板传来的列车荷载，底座板的振动为受迫振动。

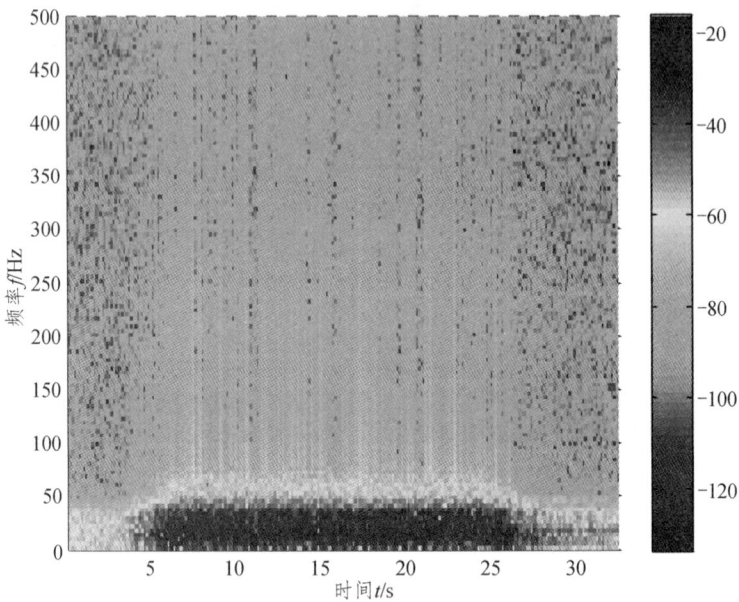

图 4.23　桥面板垂向振动加速度短时傅里叶变化能量图

图 4.23 所示为桥面板垂向振动加速度短时傅里叶变化能量图。其表明，桥面板振动主要集中于 50 Hz 以下频率范围内，振动在列车到达前数秒就可以探测得出且衰减较慢。

4.5　本章小结

根据对京沪高铁某区段桥上 CRTSⅡ型板式轨道振动特性进行测试及分析，可以得出以下结论：

（1）当上行列车与下行列车运行速度相近时，上行列车通过梁跨 1/2 断面时引起的钢轨、轨道板、底座板的振动加速度幅值最大值和平均值接近下行列车，这表明在轨道不平顺随机激励作用下，列车上、下行方向运行时对轨道结构产生相近的冲击作用。

（2）钢轨振动主要集中在 80~300 Hz 频率范围内，其中在 105 Hz、125 Hz、212 Hz、260 Hz 和 1 900 Hz 处达到峰值。钢轨的振动主要由于轮轨表面不平顺激励所产生。轨道板振动频率主要分布在 720~920 Hz 范围内，其中在 755 Hz、844 Hz 和 1 990 Hz 处达到峰值。底座板振动频率主要分布在 530~630 Hz 及 1 450~1 700 Hz 范围内，其中在 585 Hz、1 613 Hz 和 1 640 Hz 处达到峰值。桥梁的振动主要分布在 30~170 Hz 频率范围内，其中在 43 Hz、60 Hz、73 Hz、86 Hz 和 90 Hz 处达到峰值。

（3）在实测高速客运专线无砟轨道中长波不平顺激励下，列车通过时引起的钢轨振动加速度波形变化趋势与现场实测值基本一致，但钢轨振动加速度幅值的计算值要小于现场实测值。在计算频率范围内钢轨的主频分布特征与实测值吻合较好，但最大振级要低于实测值，这主要是因为在进行理论计算时忽略了 1 m 以下的短波不平顺。

（4）理论计算得到的轨道板垂向振动加速度幅值最大值与实测值接近，且轨道板振动加速度波形变化趋势也与现场实测值基本一致。在计算频率范围内计算值的主频分布特征与实测值吻合较好且最大振级接近实测值。这主要是因为扣件对钢轨垂向高频振动（f>400 Hz）具有衰减作用，轨面短波不平顺对轨下基础的振动特性影响较小。

（5）理论计算得到的桥梁垂向振动速度幅值最大值与现场实测值接近，且桥梁振动加速度波形变化趋势与现场实测值基本一致。在计算频率范围内计算值的主频分布特征与实测值吻合良好，且最大振级接近实测值。

（6）经过轮轨相互作用下产生的高频振动主要集中在钢轨上，而由于扣件系统的弹性减振作用，轨面不平顺引起的高频振动在轨道板和桥面板上体现不明显，由离散支撑导致的中频振动占据主要成分。

（7）振动在轨道结构纵向的传递主要是在钢轨内部实现的。

扫码查看本章彩图

第5章 轨道不平顺对高架轨道结构振动响应影响分析

轨道不平顺是引起车辆、轨道结构产生振动的重要原因，如果轨道的平顺状态不良，轨道不平顺引起的列车振动和轮轨相互作用力会随着列车速度的提高成倍增大。就车辆-轨道-桥梁耦合振动而言，桥梁变形和轨道不平顺相互叠加形成轨面位移，因此轨道不平顺对系统动力响应的影响更为显著。由于车辆、轨道结构和桥梁结构的动力学性能差异较大，轨道不平顺引起车辆、轨道及桥梁的振动响应也不一样。不论是对高速客运专线车辆运行的舒适性及安全性进行优化，还是对轨道结构振动进行研究分析，都需要深入弄清轨道不平顺对车辆-轨道-桥梁系统振动响应的影响规律。

正如第1章所述，轨道不平顺的种类很多，不仅不同轨道不平顺对车辆-轨道结构的动力性能的影响差异较大，且同一种轨道不平顺本身的幅值特性、波长结构不同对车辆-轨道动力响应所起的激扰作用也不完全相同，因此要想详细考察轨道不平顺对车辆-轨道动力特性的影响，应针对每一种轨道不平顺从其幅值大小、波长范围等方面加以分析。

为了分析轨道不平顺对车辆-轨道-桥梁系统振动响应的影响规律，本章利用第3章建立的车辆-轨道-桥梁耦合振动有限元分析模型，结合第2章对合-武客运专线实测轨道不平顺进行研究，对不同轨道不平顺状态下高速客运专线桥上CRTSⅡ型板式轨道的振动响应进行计算。在车辆-轨道-桥梁耦合振动模型中，输入两类轨道不平顺激励，用来计算一定车速下不同不平顺状态引起的车辆-轨道-桥梁耦合系统振动响应。第一类不平顺为适用于高速铁路的德国低干扰谱轨道不平顺样本,用来研究桥上 CRTS Ⅱ 型板式轨道动力响应与不平顺波长的关系;第二类不平顺为实测高速客运专线轨道不平顺,见第 2 章。

5.1 计算参数

车辆模型选取高速列车 CRH_3 型动车,具体参数见表 3.1。轨道模型选取高速线路桥上 CRTSⅡ型板式轨道结构,钢轨类型为 CN60,扣件的支承间距为 0.65 m,计算参数见表 3.2。车辆末尾轮对作用点位于桥梁支座处,连续梁桥的跨度为高速线路高架结构常选用的 32 m。

5.2 轨道不平顺对车辆-轨道-桥梁耦合振动的影响分析

5.2.1 轨道不平顺激励模型

本书所关注的是轮轨垂向不平顺对轨道结构垂向振动的影响,因此考虑垂向不平顺激励。我国还缺乏高速铁路轨道谱,本节采用适用于车速在 250 km/h 以上的德国高速铁路低干扰谱来模拟轨道随机不平顺,其表达式见文献[288]。对轨道不平顺引起的车辆-轨道-桥梁耦合系统振动响应进行分析时,将 3.1 节所示的车辆、桥上 CRTSⅡ型板式轨道结构参数代入有限元模型,计算车辆-桥上 CRTSⅡ型板式轨道的动力响应,并对其进行时域、频域分析,研究随机不平顺波长对车辆-轨道-桥梁结构动力响应的影响。

5.2.2 不平顺波长的影响分析

为了研究中波、短波长随机不平顺对车-桥耦合系统动力性能的影响规律,特设定如表 5.1 所示的 5 组不同波长范围的轨道随机不平顺样本,同时设定车速为 250 km/h。图 5.1 所示为 1~30 m、1.5~30 m、2~30 m、2.5~30 m、5~30 m 5 种波长范围的轨道随机不平顺随里程变化样本。

表 5.1 不同波长成分的轨道不平顺参数

波长范围/m	1~30	1.5~30	2~30	2.5~30	5~30
不平顺产生的激振频率范围/Hz	2.33~70	2.33~46.7	2.33~35	2.33~28	2.33~14
不平顺幅值均值/mm	3.94	3.95	3.93	3.93	3.94

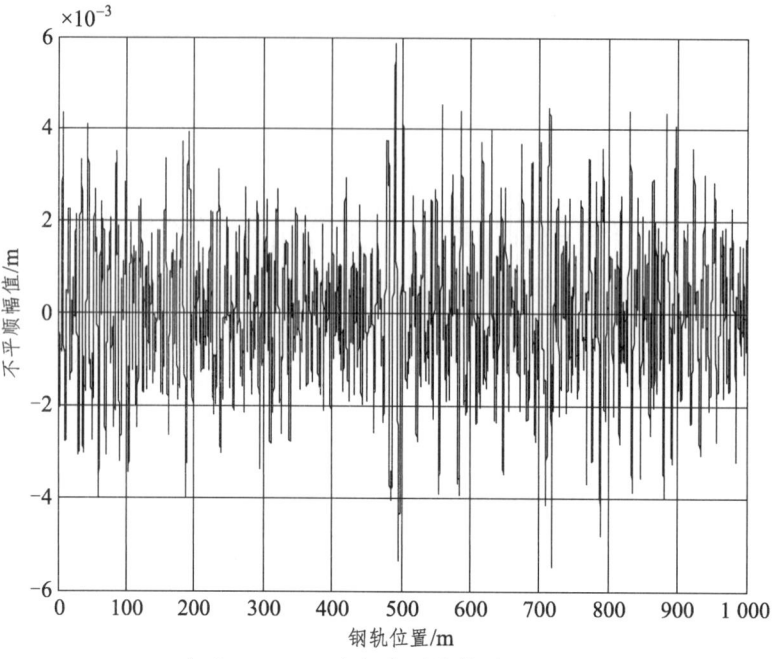

（a）1～30 m 波长范围的轨道不平顺

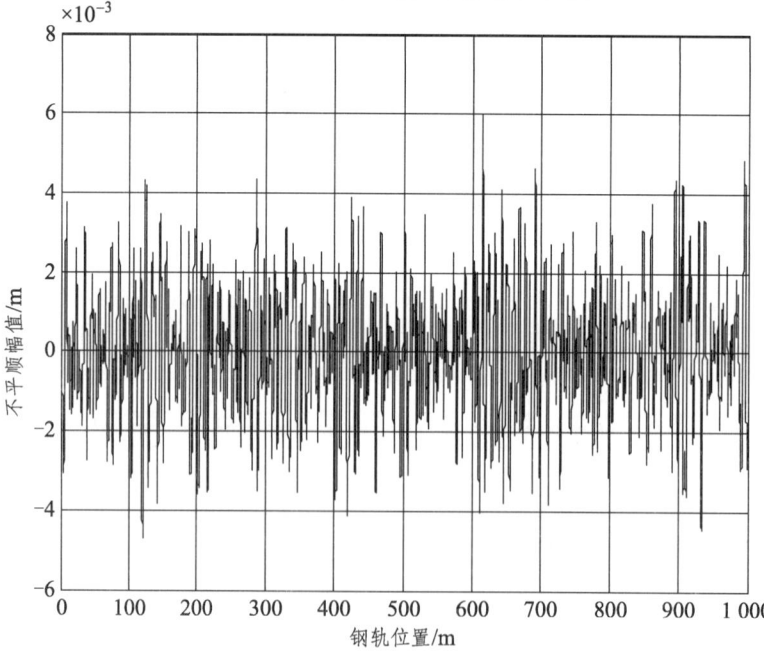

（b）1.5～30 m 波长范围的轨道不平顺

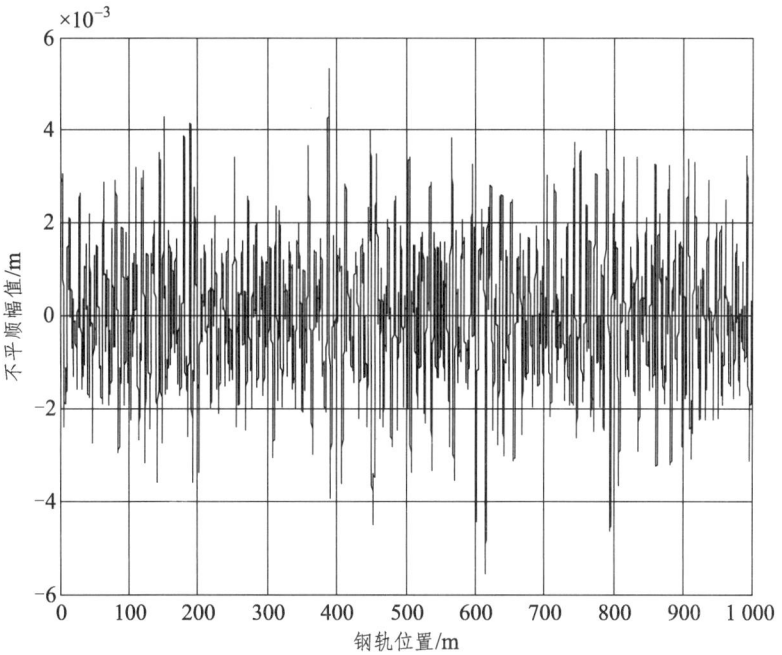

（c）2～30 m 波长范围的轨道不平顺

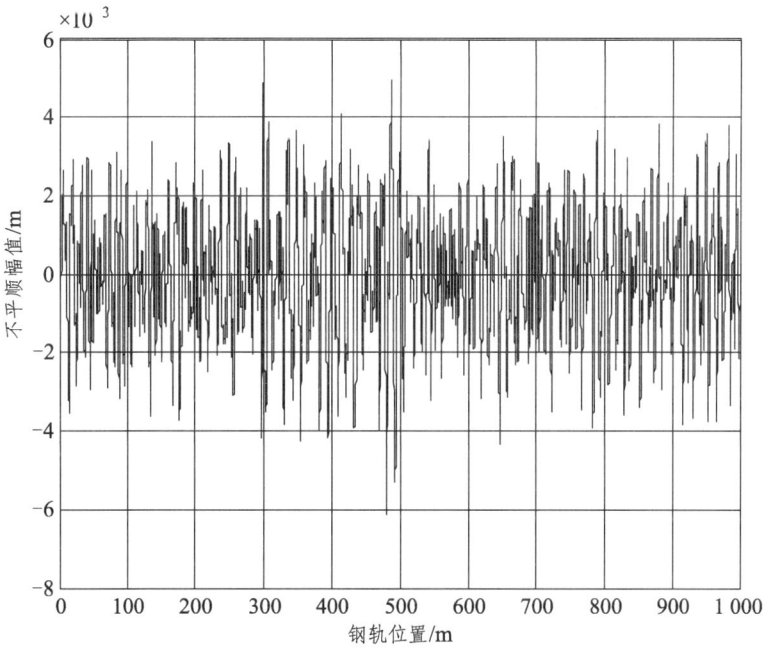

（d）2.5～30 m 波长范围的轨道不平顺

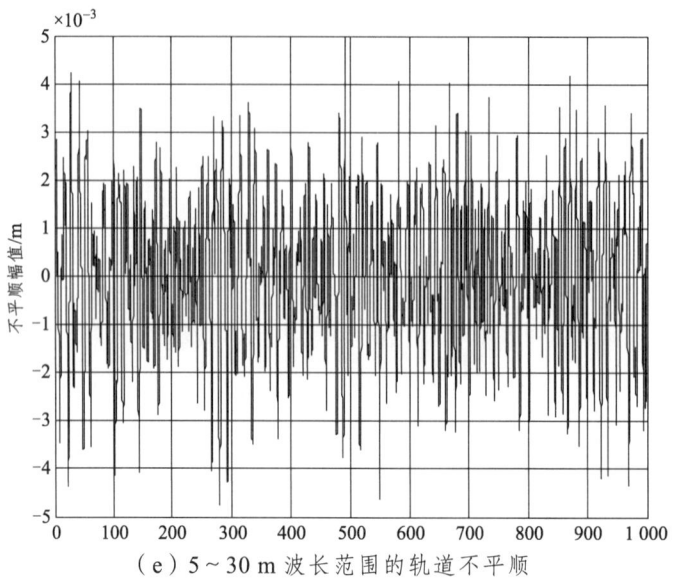

(e) 5~30 m 波长范围的轨道不平顺

图 5.1 不同波长范围的不平顺激励下的轮轨力

1. 不平顺波长对轮轨力的影响分析

将 5 种不同波长范围的不平顺作为激励,输入车辆-轨道-桥梁耦合振动有限元模型进行求解,得到不同不平顺状态下轮轨相互作用力,然后对其进行时域和频域分析。图 5.2 所示为 5 种不同波长范围的轨道不平顺激励下轮轨力时程曲线。根据文献[230],3~25 m 波长范围的不平顺主要影响轮轨力。因此,本节将轮轨力作为确定敏感波长的依据。表 5.2 所示为不同轨道不平顺激励下轮轨力幅值的最大值、平均值、振动主频及敏感波长。

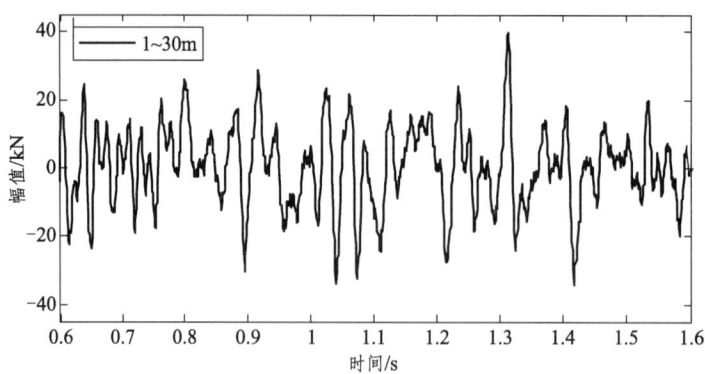

(a) 1~30 m 波长范围不平顺激励下的轮轨力

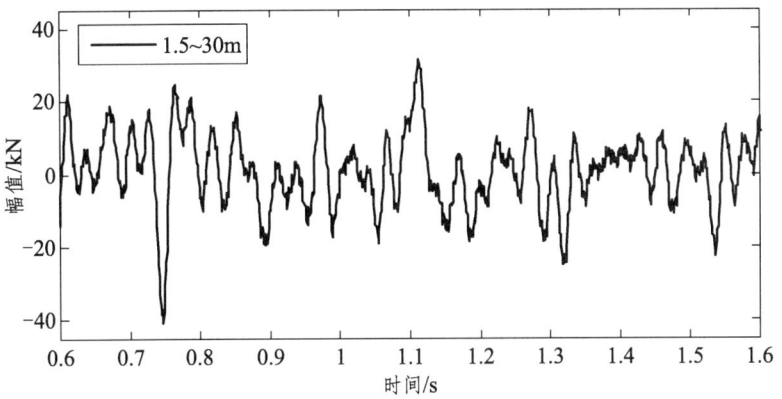

(b) 1.5~30 m 波长范围不平顺激励下的轮轨力

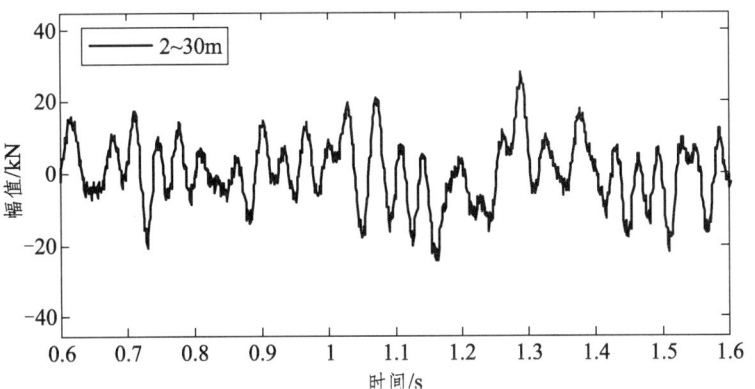

(c) 2~30 m 波长范围不平顺激励下的轮轨力

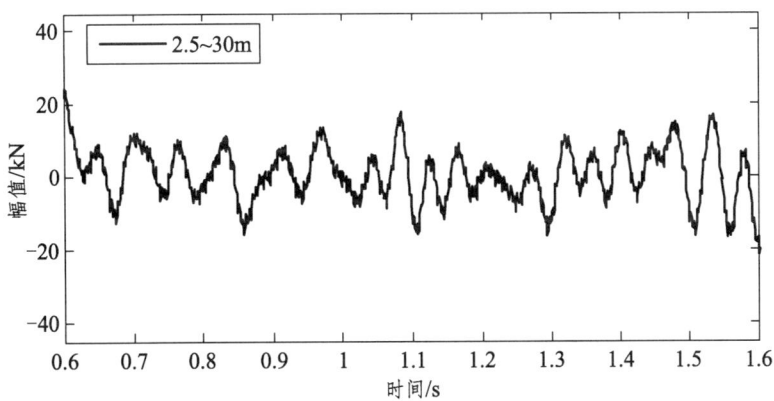

(d) 2.5~30 m 波长范围不平顺激励下的轮轨力

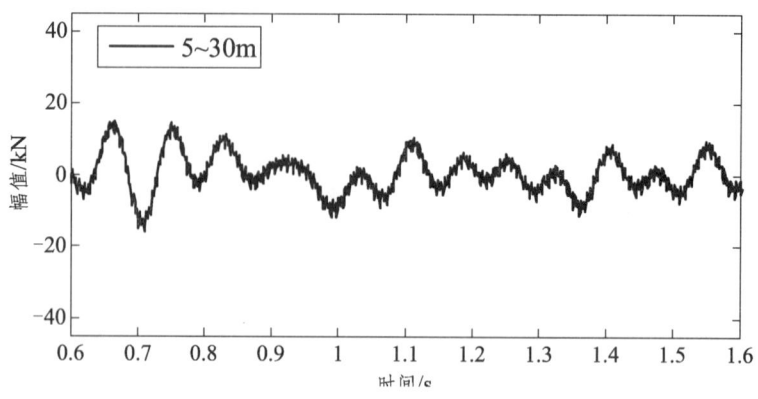

(e) 5~30 m 波长范围不平顺激励下的轮轨力

图 5.2　不同波长范围的不平顺激励下的轮轨力

表 5.2　不同波长范围的不平顺激励下的轮轨力特性

波长范围/m	1~30	1.5~30	2~30	2.5~30	5~30
幅值均值/kN	32.88	31.3	23.77	17.71	13.9
幅值最大值/kN	40	40.1	28.04	23.89	16.2
主频/Hz	55.7, 29.3	32.2, 19	26.9, 18	22.0, 15.6	11
敏感波长/m	1.25, 2.4	2.2, 3.6	2.6, 3.9	3.2, 4.4	6.4

表 5.2 表明，在轨道不平顺激励幅值近似相等的条件下，对于轮轨动态作用力幅值最大值及平均值而言，按照 1~30 m 波长范围高低不平顺、1.5~30 m 波长范围高低不平顺、2~30 m 波长范围高低不平顺、2.5~30 m 波长范围高低不平顺、5~30 m 波长范围高低不平顺的顺序依次减小。1~30 m 波长范围高低不平顺引起的轮轨力最大幅值、平均值比由 5~30 m 波长范围高低不平顺引起的轮轨力最大幅值、平均值分别增大 46%和 37%。轮轨力随着轨道不平顺中短波长的减小而显著增大，说明轨道不平顺中 1 m 左右的短波长对轮轨力会产生较大的影响。随着短波长增大，轮轨力主频逐渐减小，对轮轨力产生主要影响的敏感波长也逐渐增大。波长 1 m 左右的不平顺对轮轨力的影响主要与轨道结构刚度、车辆一系悬挂刚度阻尼及轮对质量有关，其表现形式为瞬间高频脉冲峰值，尽管持续时间很短，但轮轨接触力会较静轮重增加数倍，从而导致轮轨踏面接触应力急剧增加，加速轮轨踏面磨耗。

图 5.3 所示为不同波长范围不平顺激励下轮轨力的频域响应曲线。

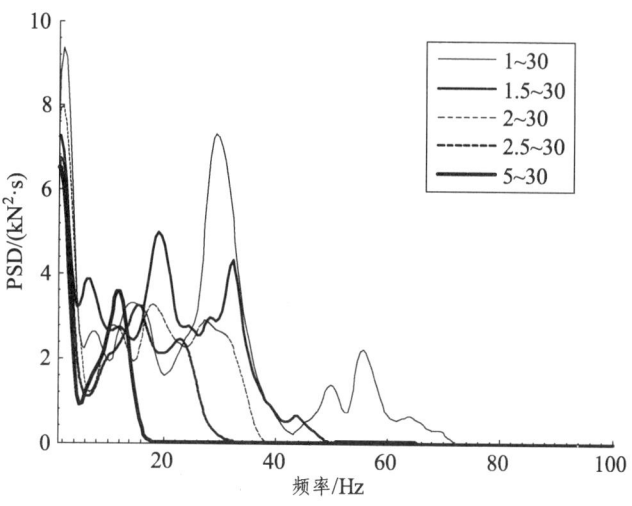

图 5.3　不同波长范围不平顺激励下的轮轨力

图 5.3 表明，轮轨力幅值能量主要集中在 0.5～3 Hz 和 12～35 Hz 范围内；在 1～3 Hz 频率范围内，5 种不同轨道不平顺引起的轮轨力幅值能量，按照 1～30 m 波长范围不平顺、2～30 m 波长范围不平顺、1.5～30 m 波长范围不平顺、2.5～30 m 波长范围不平顺、5～30 m 波长范围不平顺的顺序依次减小。1～30 m 波长范围不平顺引起的轮轨力幅值能量的振动主频分别为 2 Hz、29.5 Hz、55.7 Hz。1.5～30 m 波长范围不平顺引起的轮轨力幅值能量的振动主频为 1.5 Hz、19 Hz、32.2 Hz。2～30 m 波长范围不平顺引起的轮轨力幅值能量的振动主频为 26.9 Hz、18 Hz、2 Hz。2.5～30 m 波长范围不平顺引起的轮轨力幅值能量的振动主频为 22.0 Hz、15.6 Hz、2 Hz。5～30 m 波长范围不平顺引起的轮轨力幅值能量的振动主频为 1.5 Hz、11 Hz。在 25～40 Hz 频率范围内，5 种不同轨道不平顺引起的轮轨力幅值能量，按照 1～30 m 波长范围不平顺、1.5～30 m 波长范围不平顺、2～30 m 波长范围不平顺、2.5～30 m 波长范围不平顺、5～30 m 波长范围不平顺的顺序依次显著减小。

2. 轨道不平顺波长对钢轨振动加速度的影响分析

将 5 种不同波长范围的不平顺作为激励，输入车辆-轨道-桥梁耦合振动有限元模型中进行求解,得到不同不平顺状态下钢轨振动加速度,然后求取其功率谱及振动加速度级,可得到不同轨道不平顺状态下钢轨振动加速度功率谱与振级,见图5.5。

图5.4所示为5种不同轨道不平顺激励下钢轨振动加速度的时程曲线。表5.3所示为不同轨道不平顺激励下钢轨加速度幅值的最大值、平均值及主频。

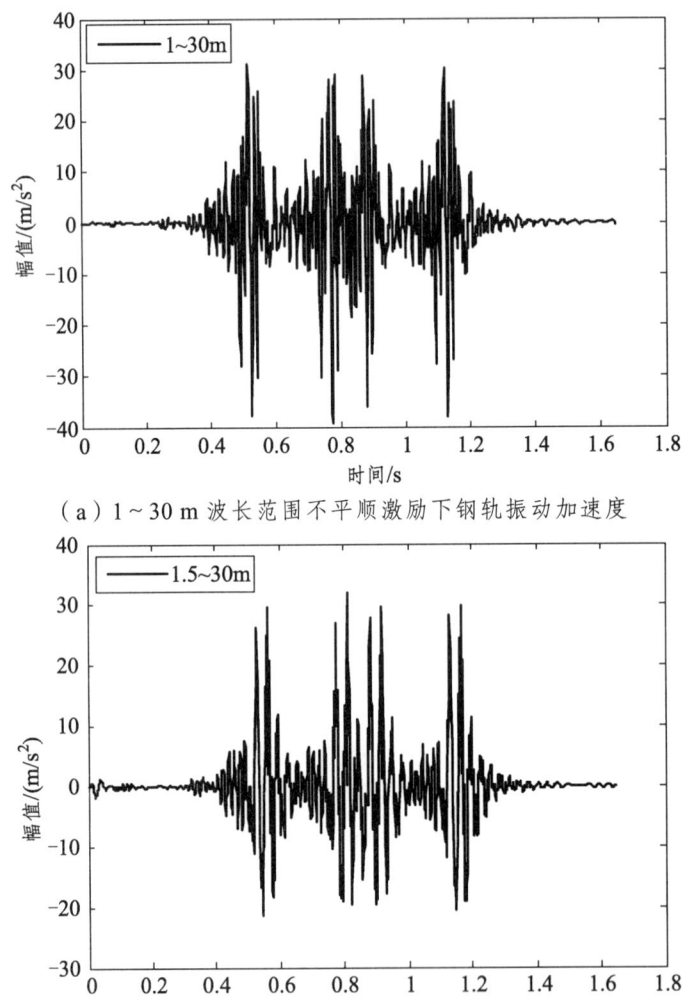

(a)1~30 m 波长范围不平顺激励下钢轨振动加速度

(b)1.5~30 m 波长范围不平顺激励下钢轨振动加速度

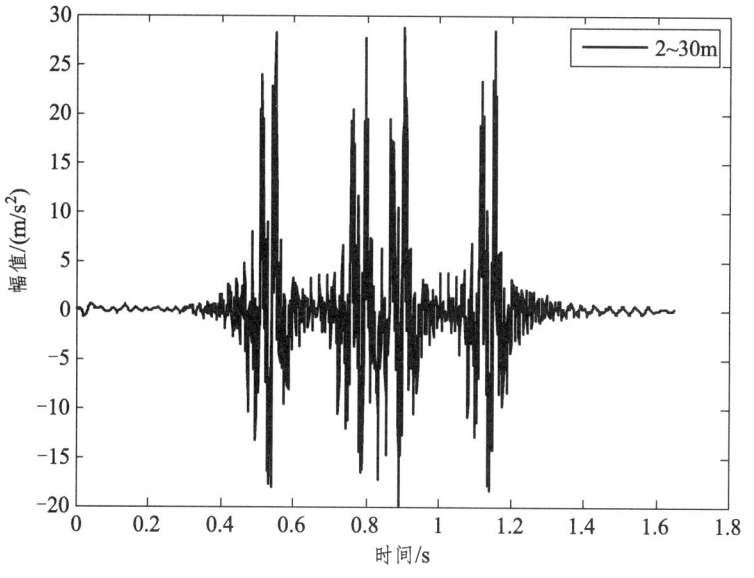

(c) 2~30 m 波长范围不平顺激励下钢轨振动加速度

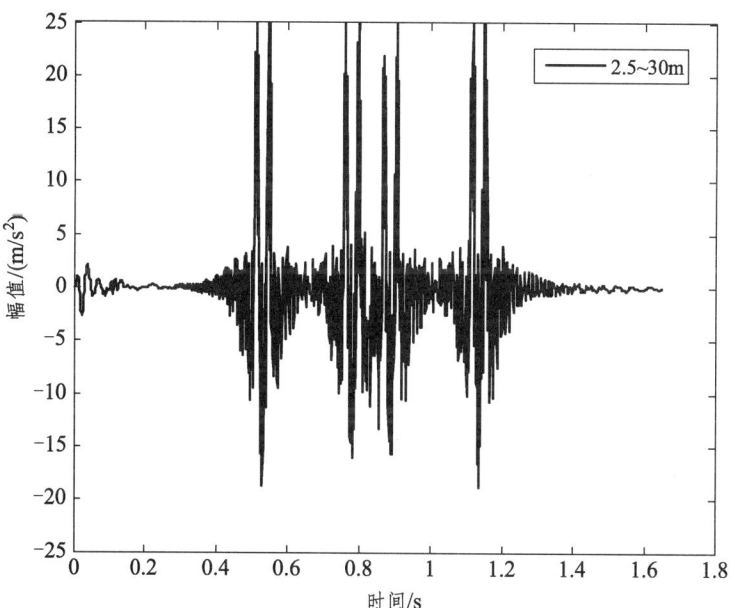

(d) 2.5~30 m 波长范围不平顺激励下钢轨振动加速度

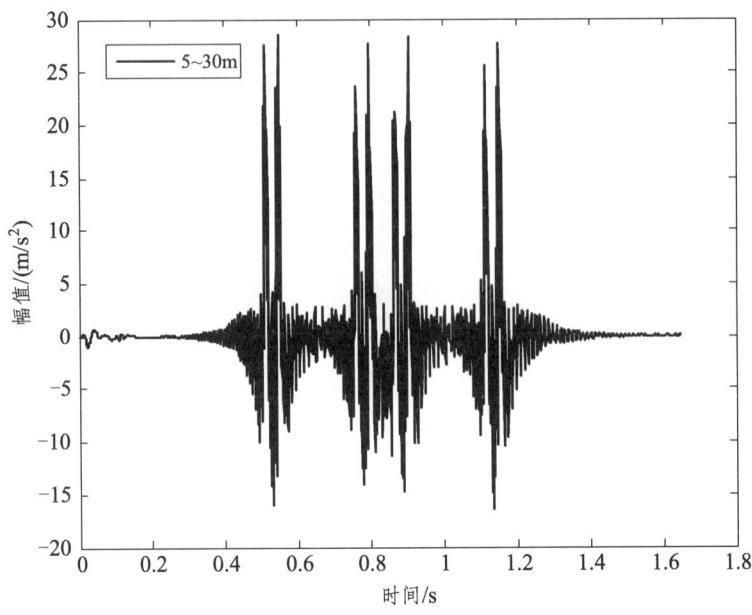

(e) 5~30 m 波长范围不平顺激励下钢轨振动加速度

图 5.4　不同波长范围的不平顺激励下钢轨振动加速度

表 5.3　不同波长范围的不平顺激励下钢轨振动加速度特性

波长范围/m	1~30	1.5~30	2~30	2.5~30	5~30
幅值均值/(m/s^2)	28.2	27.6	25.7	25.5	23.5
幅值最大值/(m/s^2)	35	32.6	29.3	27.8	26.4
主频/Hz	60.1, 28.3	56.1, 27.8	27.8	27.8	27.8

表 5.3 表明，在轨道不平顺激励幅值近似相等的条件下，钢轨振动加速度幅值最大值及平均值按照 1~30 m 波长范围高低不平顺、1.5~30 m 波长范围高低不平顺、2~30 m 波长范围高低不平顺、2.5~30 m 波长范围高低不平顺、5~30 m 波长范围高低不平顺的顺序依次减小。1~30 m 波长范围高低不平顺引起的钢轨振动加速度最大幅值和幅值平均值比由 5~30 m 波长范围高低不平顺引起的钢轨振动加速度最大幅值和幅值平均值分别增大 69.33%和 64.2%。钢轨振动加速度随着轨道不平顺中短波长的减小而显著增大，说明轨道不平顺中 1 m 左右的短波长对钢轨振动加速度会产生较大的影响。对于 1~30 m 波长范围的不平顺，1 m 左右的短波长成分

会造成轮轨间显著的冲击作用,因此引起的钢轨加速度明显大于其他几种工况。钢轨的振动加速度主频大于轮轨力主频;对于波长范围在 1.0~30 m、1.5~30 m、2.0~30 m 的 3 种不平顺样本,随着最短波长的增大,钢轨振动加速度主频逐渐减小;通过与表 5.2 给出的轮轨力主频对比发现,竖向轮轨力主频与钢轨竖向加速度主频之比约为 0.77,表明此时钢轨加速度主频受竖向轮轨力控制。当波长范围在 2.5~30 m 和 5.0~30 m 时,钢轨加速度振动主频不再受竖向轮轨力主频控制,而与行车速度、轨下结构及桥梁自身振动特性等多种因素有关。

图 5.5(a)表明,在不同波长范围的不平顺激励下,钢轨振动主要集中在 20~100 Hz 频率范围。在 40 Hz 以下频率范围,5 种不同轨道不平顺引起的钢轨振动加速度幅值能量,按照 1~30 m 波长范围不平顺、2~30 m 波长范围不平顺、1.5~30 m 波长范围不平顺、2.5~30 m 波长范围不平顺、5~30 m 波长范围不平顺的顺序依次减小。图 5.5(b)表明,钢轨振动加速度级最大值为 128 dB,钢轨振动处于较低水平。在 1~100 Hz 范围内钢轨振动基本随频率的增高而增大,5 种不同轨道不平顺引起的钢轨振动分布曲线基本相同。在 20 Hz 以下频率范围,5 种不同轨道不平顺引起的钢轨振动曲线数值相近,1~30 m 波长范围不平顺引起的钢轨振动略高。在 40~125 Hz 频率范围内,1~30 m 波长范围不平顺引起的钢轨振动加速度水平最高,按 1~30 m 波长范围不平顺引起的、1.5~30 m 波长范围不平顺、2.5~30 m 波长范围不平顺及 5~30 m 波长范围不平顺的顺序依次减小,钢轨最大振动加速度级分别为 126 dB、119.4 dB、115 dB、112 dB 和 111 dB。

3. 轨道不平顺波长对轨道板振动加速度的影响分析

将 5 种不同波长范围的不平顺作为激励,输入车辆-轨道-桥梁耦合振动有限元模型中进行求解,得到不同不平顺状态下轨道板振动加速度,然后求取其功率谱及振动加速度级,可得到不同轨道不平顺状态下轨道板振动加速度功率谱与振级,见图 5.7。

图 5.6 所示为 5 种不同轨道不平顺激励下轨道板振动加速度的时程曲线。表 5.4 所示为不同状态轨道不平顺激励下轨道板振动加速度幅值的最大值、平均值及主频。

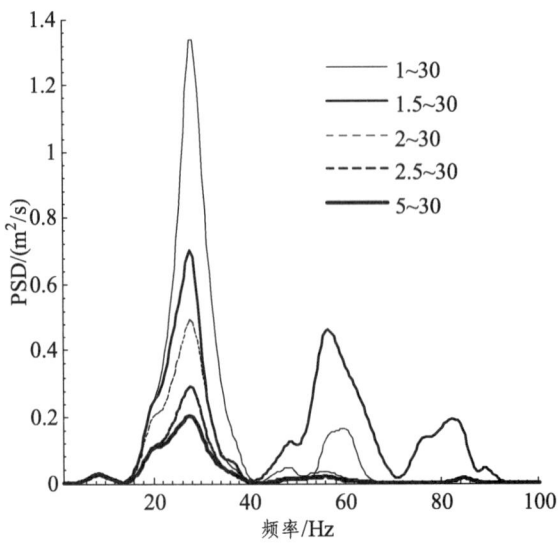

（a）钢轨振动加速度功率谱

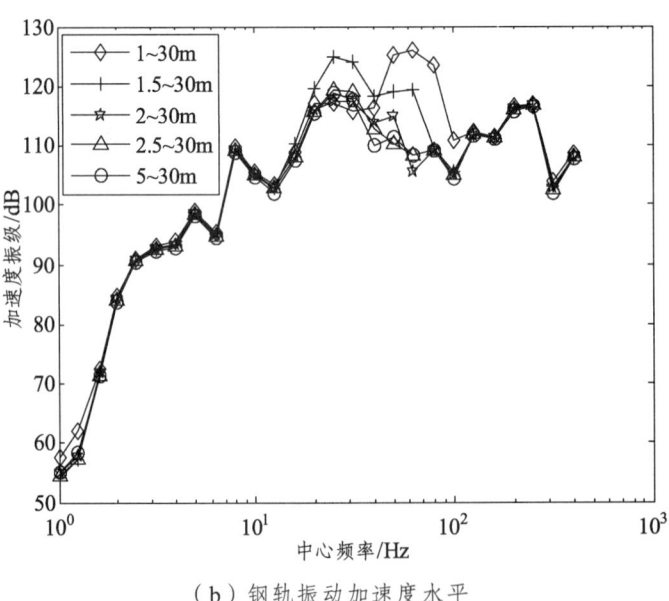

（b）钢轨振动加速度水平

图 5.5　不同波长范围的不平顺激励下钢轨振动加速度频域分析

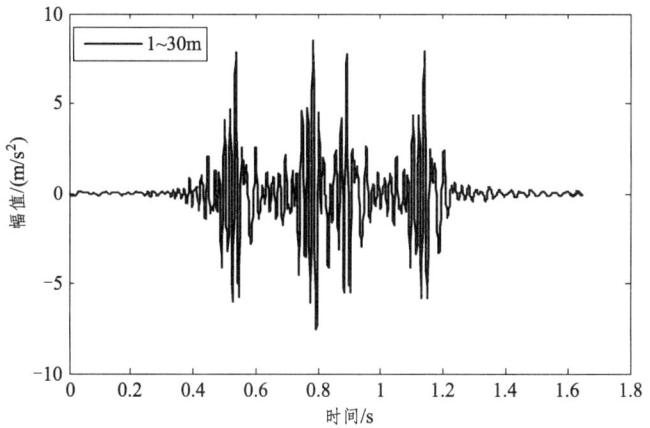

（a）1~30 m 波长范围不平顺激励下轨道板振动加速度

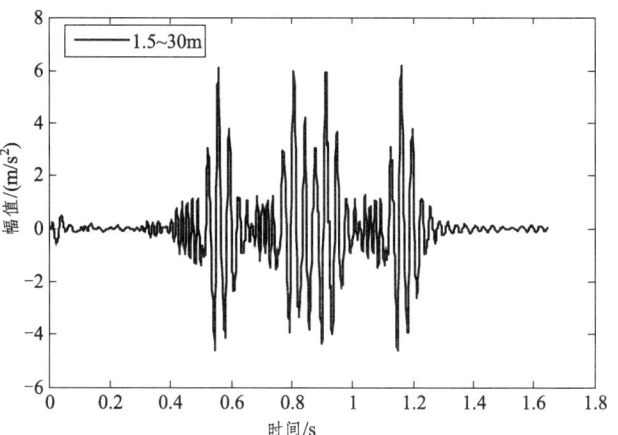

（b）1.5~30 m 波长范围不平顺激励下轨道板振动加速度

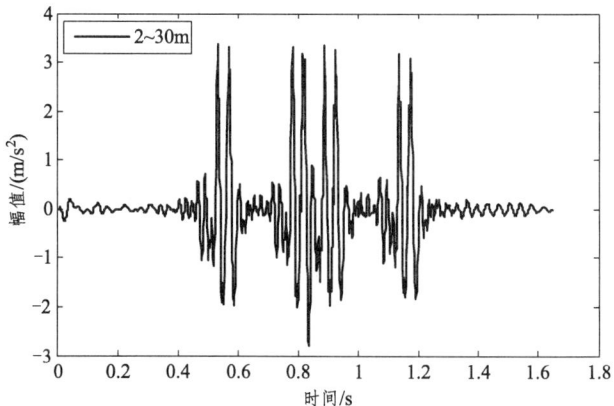

（c）2~30 m 波长范围不平顺激励下轨道板振动加速度

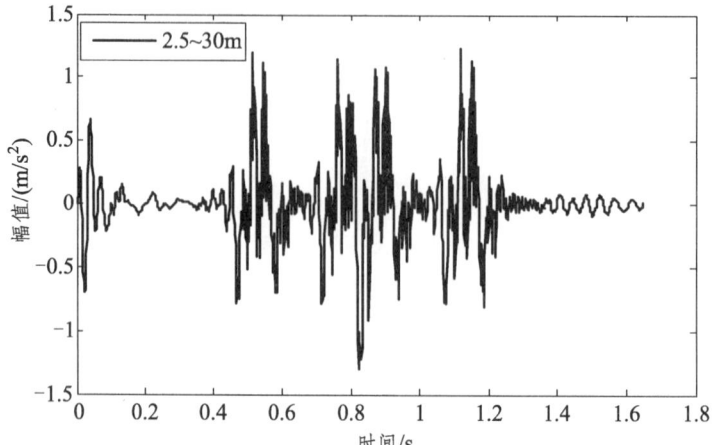

(d) 2.5~30 m 波长范围不平顺激励下轨道板振动加速度

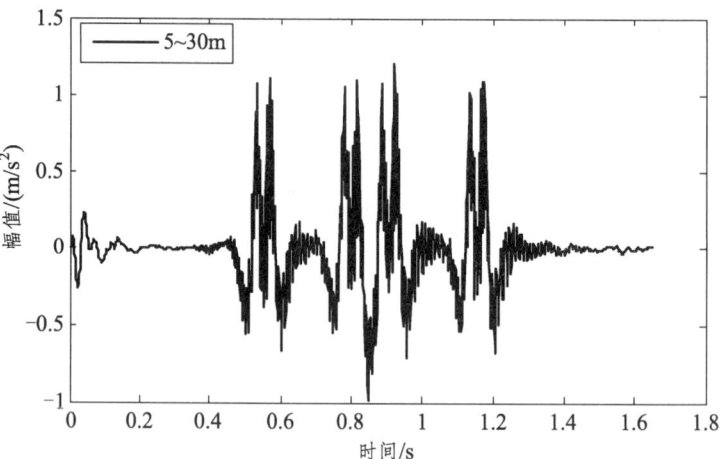

(e) 5~30 m 波长范围不平顺激励下轨道板振动加速度

图 5.6 不同波长范围的不平顺激励下轨道板振动加速度

表 5.4 不同波长范围的不平顺激励下轨道板振动加速度特性

波长范围/m	1~30	1.5~30	2~30	2.5~30	5~30
幅值均值/(m/s^2)	6.5	4.9	2.6	1.2	0.85
幅值最大值/(m/s^2)	8.6	6.2	3.4	1.8	1.2
主频/Hz	56.1	28.3	28	28	28

表 5.4 表明，在轨道不平顺激励幅值近似相等的条件下，轨道板振动加速度幅值的最大值及平均值，按照 1~30 m 波长范围高低不平顺、1.5~30 m 波长范围高低不平顺、2~30 m 波长范围高低不平顺、2.5~30 m 波长范围高低不平顺、5~30 m 波长范围高低不平顺的顺序依次较显著减小。1~30 m 波长范围高低不平顺引起的轨道板振动加速度的最大幅值和平均值比由 5~30 m 波长范围高低不平顺引起的轨道板振动加速度的最大幅值和平均值分别增大 500% 和 560%。轨道板的振动加速度随着轨道不平顺中短波长的减小而显著增大，说明轨道不平顺中 1 m 左右的短波长对轨道板振动加速度会产生较大的影响。对于 1~30 m 波长范围的不平顺，1 m 左右的短波长成分会造成轮轨间显著的冲击作用，因此引起的轨道板加速度明显大于其他几种工况。当最短波长从 1 m 变化到 1.5 m 时，轨道板振动加速度主频逐渐减小；当波长范围为 2~30 m、2.5~30 m 和 3~30 m 的不平顺时，轨道板加速度振动主频不再变化，表现为不再受轨道不平顺短波长成分控制，主要与行车速度、轨道结构及轨道板自身振动特性等多种因素有关。

图 5.7（a）表明，不同波长范围不平顺激励下，轨道板振动主要集中在 20~70 Hz 频率范围。在 20~40 Hz 频率范围，5 种不同状态轨道不平顺引起的轨道板振动加速度幅值能量，按照 1.5~30 m 波长范围不平顺、1~30 m 波长范围不平顺、2~30 m 波长范围不平顺、2.5~30 m 波长范围不平顺、5~30 m 波长范围不平顺的顺序依次减小。在 20~70 Hz 频率范围，1.5~30 m 波长范围不平顺引起的轨道板振动能量大于其他 4 种不平顺状态。图 5.7（b）表明，轨道板振动加速度级最大值为 121 dB，轨道板振动处于较低水平。在 1~100 Hz 范围内，轨道板振动基本随频率的增大而增高，5 种不同轨道不平顺引起的轨道板振动分布曲线基本相同。在 20 Hz 以下频率范围，5 种不同轨道不平顺引起的轨道板振动曲线数值相近，1~30 m 波长范围不平顺引起的轨道板振动偏高。在 31~100 Hz 频率范围内，1~30 m 波长范围不平顺引起的轨道板振动加速度水平最大，按 2~30 m 波长范围不平顺、1.5~30 m 波长范围不平顺、2.5~30 m 波长范围不平顺及 5~30 m 波长范围不平顺的顺序依次减小，轨道板最大振动加速度级分别为 121.3 dB、115.6 dB、113.4 dB、102 dB 和 98 dB。

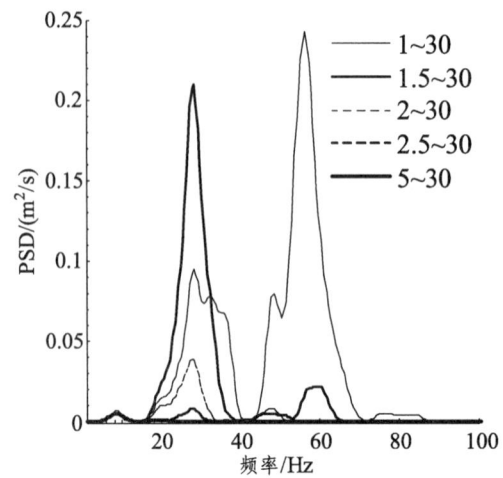

（a）轨道板振动加速度功率谱

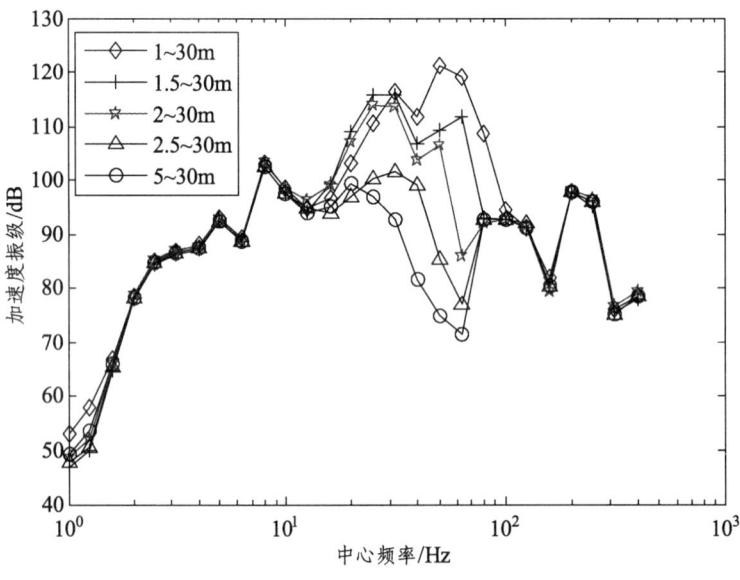

（b）轨道板振动加速度水平

图 5.7　不同波长范围的不平顺激励下轨道板振动加速度频域分析

4. 轨道不平顺波长对混凝土底座板振动加速度的影响分析

将 5 种不同波长范围的不平顺作为激励，输入车辆-轨道-桥梁耦合振动有限元模型中进行求解，得到不同不平顺状态下混凝土底座板振动加速度，然后求取其功率谱及振动加速度级，可得到不同轨道不平顺状态下混凝土底座板振动加速度功率谱与振级，见图5.9。

图5.8所示为5种不同轨道不平顺激励下混凝土底座板振动加速度的时程曲线。表 5.5 所示为不同状态轨道不平顺激励下混凝土底座板振动加速度幅值的最大值、平均值及主频。

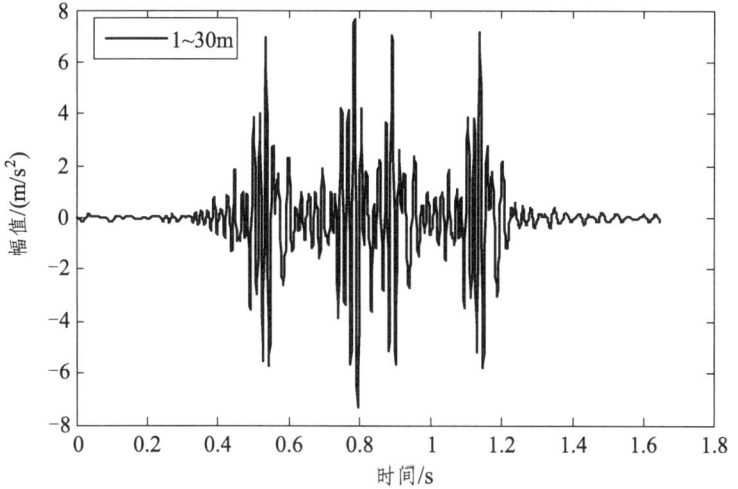

（a）1～30 m波长范围不平顺激励下底座板振动加速度

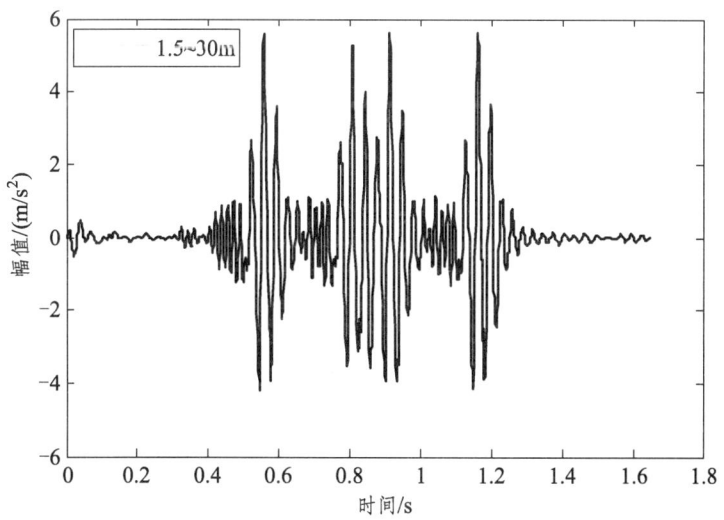

（b）1.5～30 m波长范围不平顺激励下底座板振动加速度

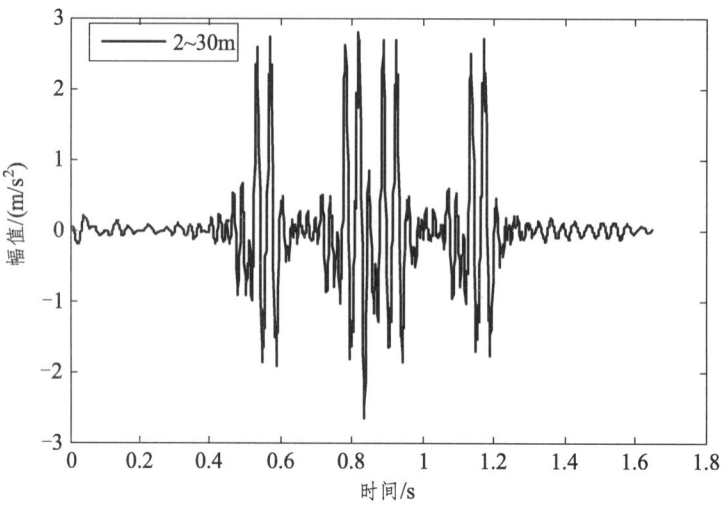

（c）2～30 m 波长范围不平顺激励下底座板振动加速度

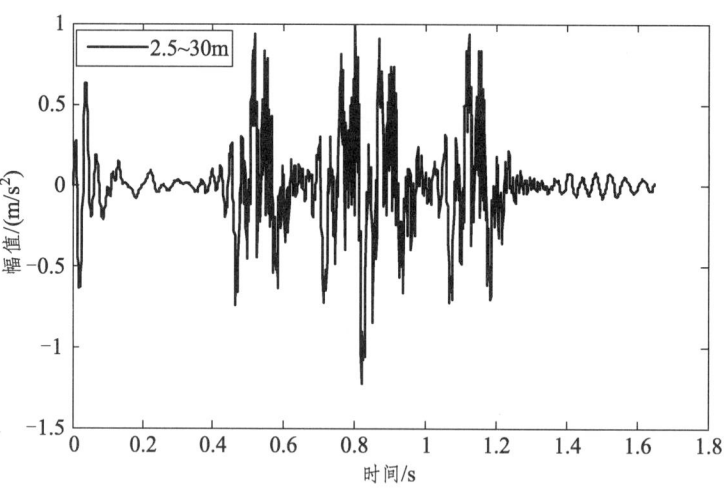

（d）2.5～30 m 波长范围不平顺激励下底座板振动加速度

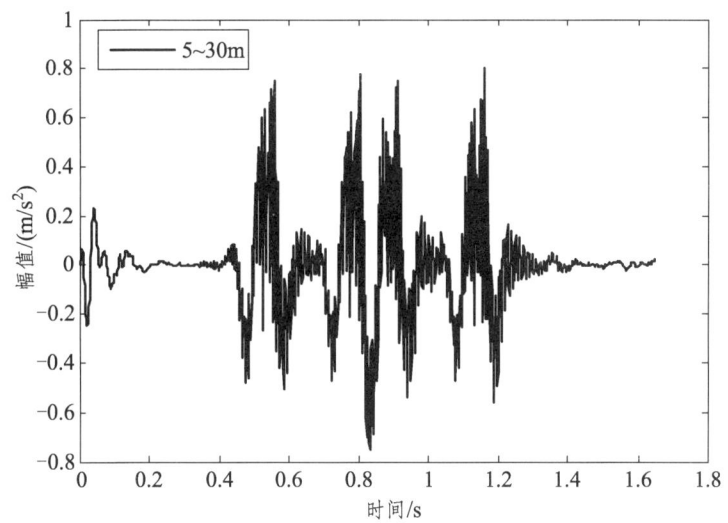

(e) 5~30 m 波长范围不平顺激励下底座板振动加速度

图 5.8 不同波长范围的不平顺激励下混凝土底座板振动加速度

表 5.5 不同波长范围的不平顺激励下混凝土底座板振动加速度特性

波长范围/m	1~30	1.5~30	2~30	2.5~30	5~30
幅值均值/(m/s^2)	7.2	4.5	2.3	0.86	0.63
幅值最大值/(m/s^2)	7.6	5.6	2.8	1.2	0.8
主频/Hz	56.1	28.3	28	—	—

表 5.5 表明，在轨道不平顺激励幅值近似相等的条件下，混凝土底座板振动加速度幅值的最大值及平均值，按照 1~30 m 波长范围高低不平顺、1.5~30 m 波长范围高低不平顺、2~30 m 波长范围高低不平顺、2.5~30 m 波长范围高低不平顺、5~30 m 波长范围高低不平顺的顺序依次较显著减小。混凝土底座板振动加速度随着轨道不平顺中短波长的减小而显著增大，说明轨道不平顺中 1 m 左右的短波长对底座板振动加速度会产生较大的影响。当最短波长从 1 m 变化到 1.5 m 时，轨道板振动加速度主频逐渐减小；当波长范围为 2~30 m、2.5~30 m 和 3~30 m 的不平顺时，轨道板加速度振动能量显著减小，主频难以分辨，表现为不再受轨道不平顺短波长成分控制，主要与行车速度、轨道结构及轨道板自身振动特性等多种因素有关。

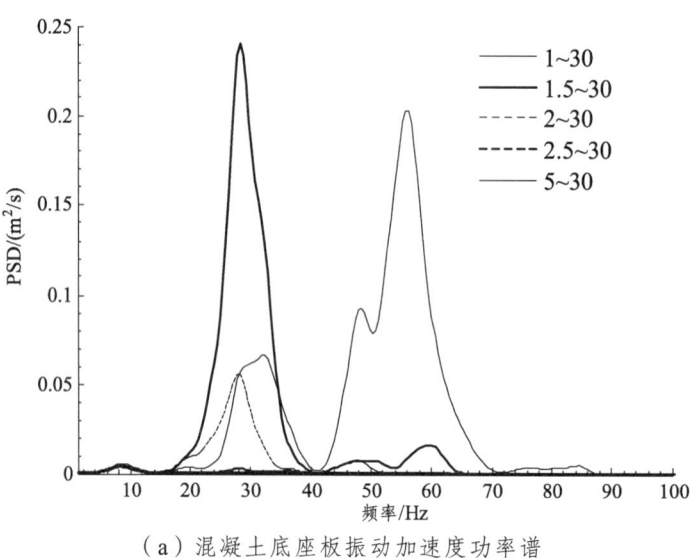

(a)混凝土底座板振动加速度功率谱

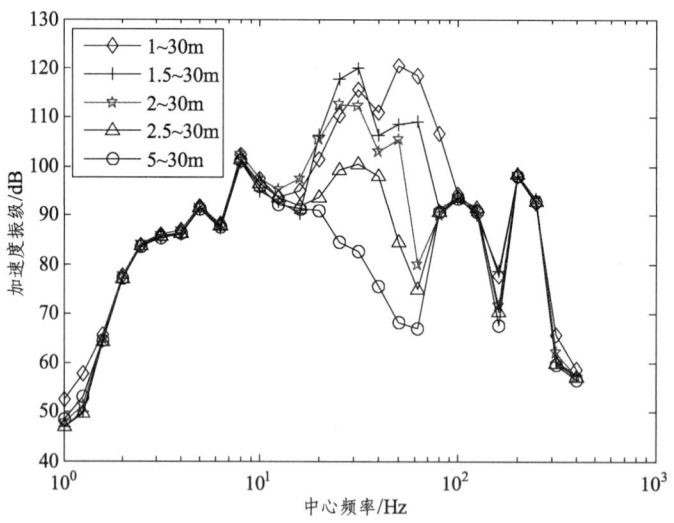

(b)混凝土底座板振动加速度水平

图 5.9 不同波长范围的不平顺激励下混凝土底座板振动加速度频域分析

图 5.9(a)表明，不同波长范围不平顺激励下，混凝土底座板的振动主要集中在 20~70 Hz 频率范围。在 20~40 Hz 频率范围，由 2.5~30 m 波长范围不平顺、5~30 m 波长范围不平顺引起的底座板加速度幅值能量接近零，其他 3 种状态轨道不平顺引起的混凝土底座板振动加速度能量按照 1.5~30 m 波长范围不平顺、1~30 m 波长范围不平顺、2~30 m 波长范围

不平顺的顺序依次减小。在 40~70 Hz 频率范围，1.5~30 m 波长范围不平顺引起的混凝土底座板振动能量大于其他 4 种不平顺状态。图 5.9（b）表明，混凝土底座板振动加速度级最大值为 121 dB，底座板振动处于较低水平。在 1~100 Hz 范围内混凝土底座板振动基本随频率的增大而增高，5 种不同轨道不平顺引起的混凝土底座板振动分布曲线基本相同。在 20 Hz 以下频率范围，5 种不同轨道不平顺引起的底座板振动分布曲线数值相近，1~30 m 波长范围不平顺引起的底座板振动偏高。在 40~100 Hz 频率范围内，1~30 m 波长范围不平顺引起的底座板振动加速度水平最大，按 2~30 m 波长范围不平顺、1.5~30 m 波长范围不平顺、2.5~30 m 波长范围不平顺及 5~30 m 波长范围不平顺的顺序依次减小，混凝土底座板最大振动加速度级分别为 121 dB、109 dB、105 dB、100 dB 和 91 dB。

5. 轨道不平顺波长对桥梁振动加速度的影响分析

将 5 种不同波长的不平顺作为激励，输入车辆-轨道-桥梁耦合振动有限元模型中进行求解，得到不同不平顺状态下桥梁振动加速度，然后求取其功率谱及振动加速度级，可得到不同轨道不平顺状态下桥梁振动加速度功率谱与振级，见图 5.11。

图 5.10 所示为 5 种不同轨道不平顺激励下桥梁振动加速度时程曲线。表 5.6 所示为不同状态轨道不平顺激励下桥梁振动加速度幅值的最大值、平均值及主频。

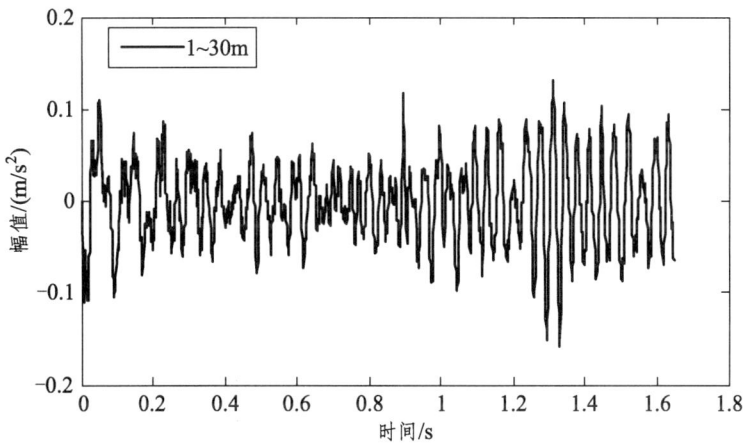

（a）1~30 m 波长范围不平顺激励下桥梁振动加速度

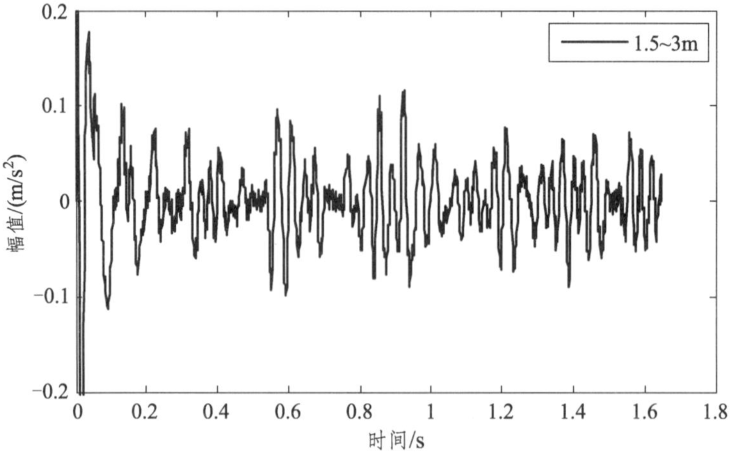

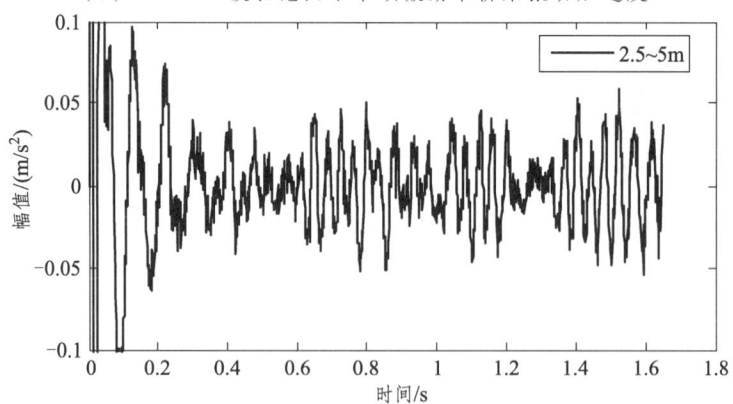

(b) 1.5~30 m 波长范围不平顺激励下桥梁振动加速度

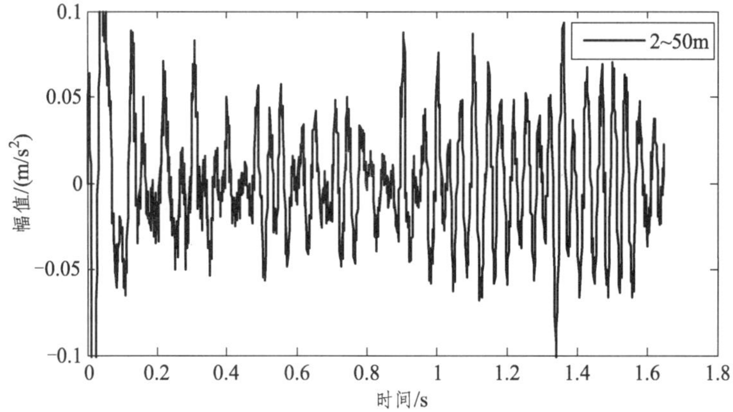

(c) 2~30 m 波长范围不平顺激励下桥梁振动加速度

(d) 2.5~30 m 波长范围不平顺激励下桥梁振动加速度

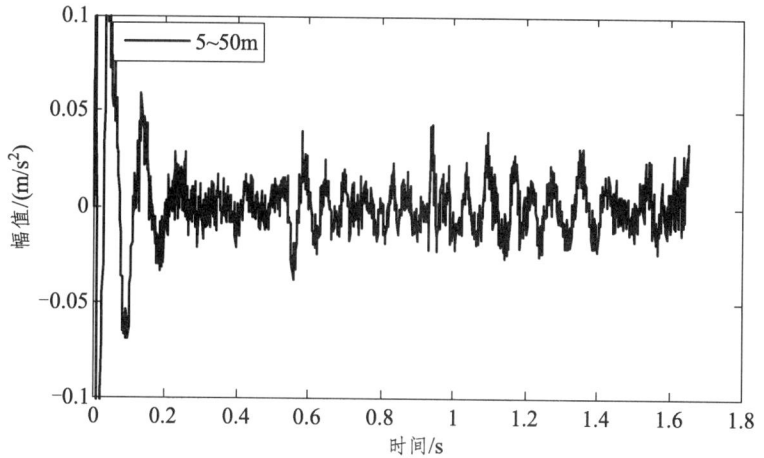

（e）5～30 m 波长范围不平顺激励下桥梁振动加速度

图 5.10　不同波长范围的不平顺激励下桥梁振动加速度

表 5.6　不同波长范围的不平顺激励下桥梁振动加速度特性

波长范围/m	1～30	1.5～30	2～30	2.5～30	5～30
幅值均值/(m/s^2)	0.5	0.57	0.36	0.27	0.11
幅值最大值/(m/s^2)	1.15	1.52	1.1	0.66	0.22
主频/Hz	56.1	28.3	28	—	—

表 5.6 表明，在轨道不平顺激励幅值近似相等的条件下，桥梁振动加速度幅值的最大值及平均值，基本按照 1～30 m 波长范围高低不平顺、1.5～30 m 波长范围高低不平顺、2～30 m 波长范围高低不平顺、2.5～30 m 波长范围高低不平顺、5～30 m 波长范围高低不平顺的顺序依次减小。当最短波长从 1 m 变化到 1.5 m 时，桥梁振动加速度主频逐渐减小，这表明轨道不平顺最短波长为 1 m 时，由于轮轨力较大，桥梁振动加速度主频受轮轨力主频控制；当波长范围为 2～30 m、2.5～30 m 和 3.0～30 m 的不平顺时，桥梁振动加速度能量显著减小，主频难以分辨，表现为不再受轨道不平顺短波长成分控制，主要与行车速度、轨道结构及桥梁自身振动特性等多种因素有关。

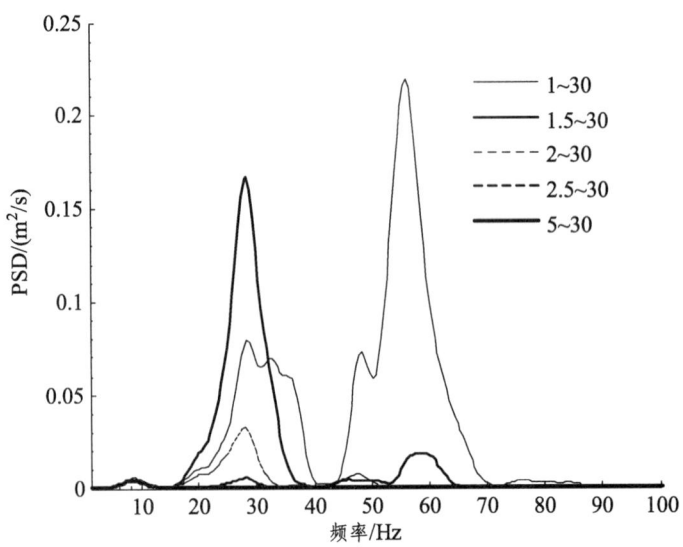

（a）桥梁振动加速度功率谱

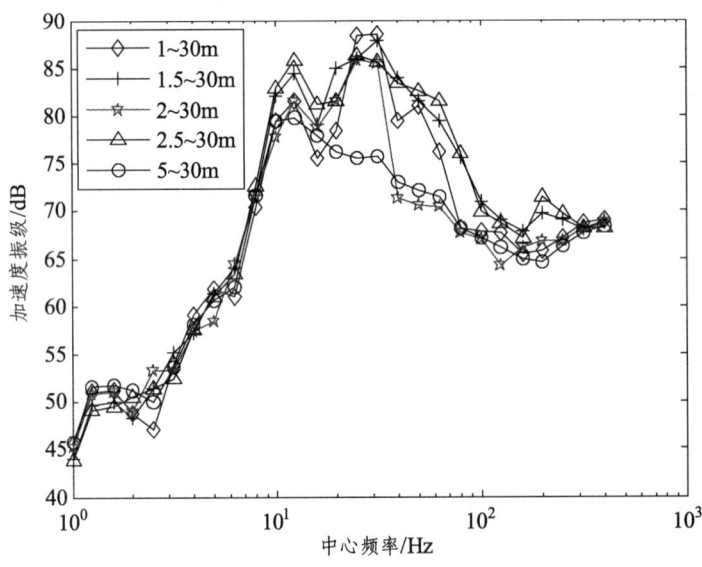

（b）桥梁振动加速度水平

图 5.11　不同波长范围不平顺激励下桥梁振动加速度频域分析

图 5.11（a）表明，不同波长范围不平顺激励下，桥梁的振动主要集中在 20～70 Hz 频率范围。在 20～40 Hz 频率范围，由 2.5～30 m 波长范围不

平顺、5~30 m 波长范围不平顺引起的桥梁振动加速度幅值能量接近零，其他 3 种状态轨道不平顺引起的桥梁振动加速度能量按照 1.5~30 m 波长范围不平顺、1~30 m 波长范围不平顺、2~30 m 波长范围不平顺的顺序依次减小。在 40~70 Hz 频率范围，1.0~30 m 波长范围不平顺引起的桥梁振动能量远大于其他 4 种不平顺状态。图 5.11（b）表明，桥梁振动加速度级最大值为 90 dB，桥梁振动处于较低水平。5 种不同轨道不平顺引起的桥梁振动分布曲线基本相同，在 10 Hz 以下频率范围，5 种不同轨道不平顺引起的桥梁振动分布曲线数值相近。在 25~30 Hz 频率范围内，1~30 m 波长范围不平顺引起的桥梁振动加速度水平最大，按 2~30 m 波长范围不平顺、1.5~30 m 波长范围不平顺、2.5~30 m 波长范围不平顺及 5~30 m 波长范围不平顺的顺序依次减小，桥梁最大振动加速度级分别为 90 dB、88 dB、86 dB、86 dB 和 77 dB。

5.3 实测轨道不平顺对高架轨道结构振动响应的影响分析

5.3.1 轨道不平顺激励模型

为了分析轨道不平顺状态对高架轨道结构振动响应的影响，将第 2 章统计分析得到的高速客运专线轨道不平顺统计谱作为激励，如图 5.12 所示。本书文利用周期图法[66]将轨道不平顺功率谱变换为时域激扰函数，输入车辆-轨道-桥梁耦合振动有限元模型中，求解得到不同不平顺状态下高架轨道结构的振动响应，列车速度考虑 70 m/s，高速客运专线轨道不平顺样本如图 5.13~图 5.15 所示。

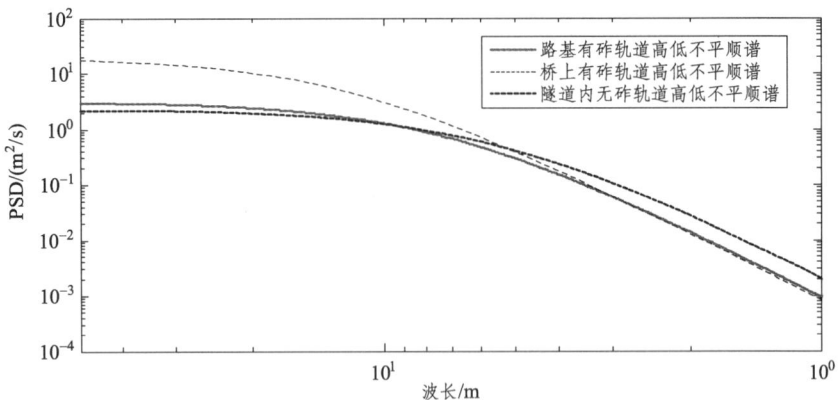

图 5.12 高速客运专线轨道高低不平顺统计谱

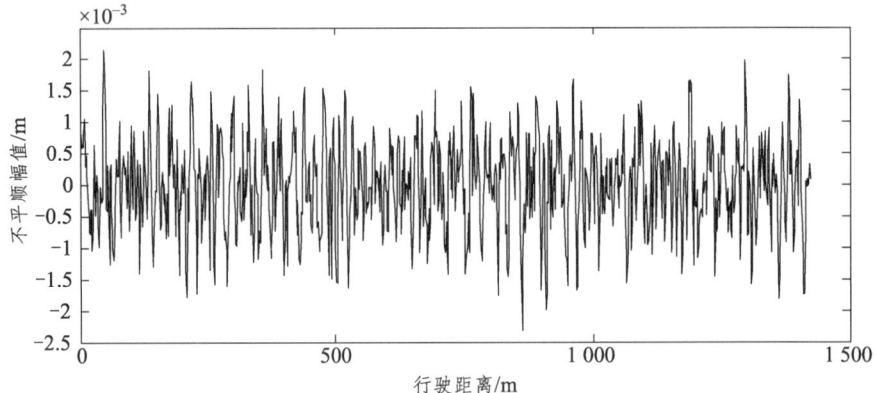

图 5.13 高速客运专线路基有砟轨道高低不平顺

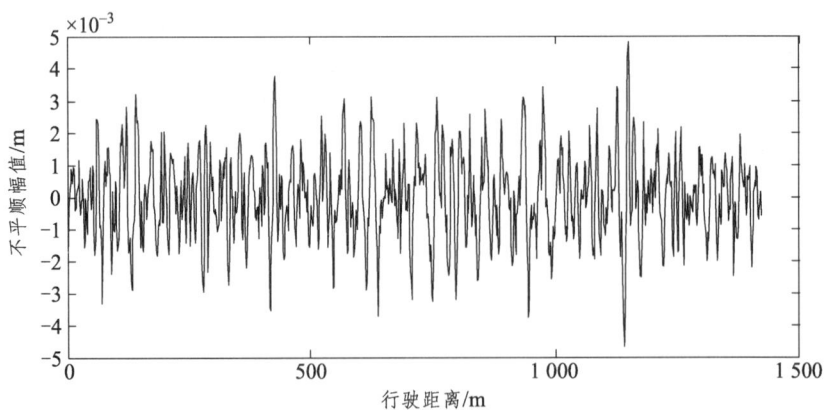

图 5.14 高速客运专线桥上有砟轨道高低不平顺

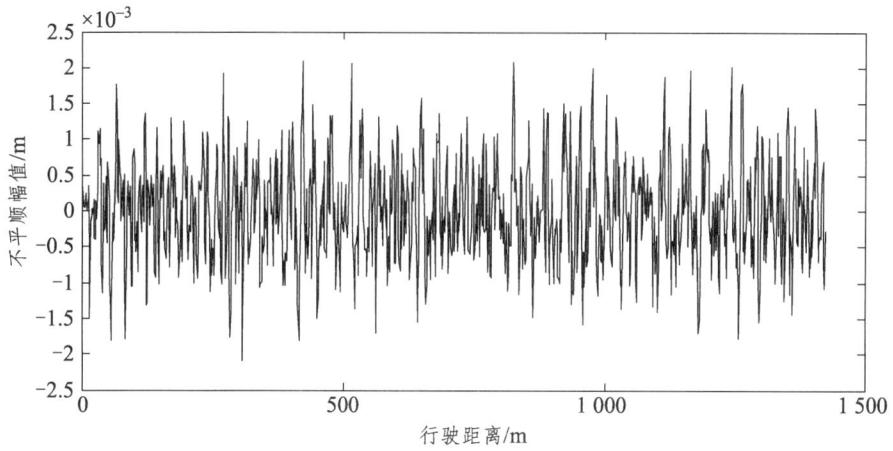

图 5.15 高速客运专线隧道无砟轨道高低不平顺

5.3.2 轨道不平顺对轮轨力的影响

将高速客运专线实际不平顺作为激励,输入车辆-轨道-桥梁耦合振动有限元模型中进行求解,得到不同不平顺状态下轮轨相互作用力,然后对其进行时域和频域分析。图 5.16 所示为高速客运专线不同状态轨道不平顺激励下轮轨力的时程曲线。表 5.7 所示为不同状态轨道不平顺激励下轮轨力时域响应幅值的最大值及平均值。

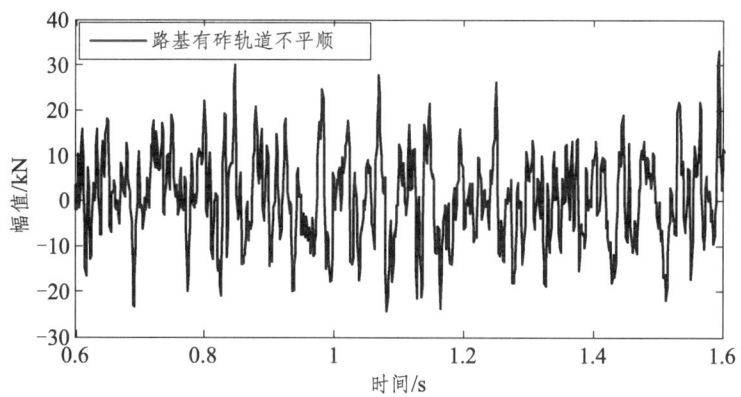

(a) 路基有砟轨道不平顺激励下的轮轨力

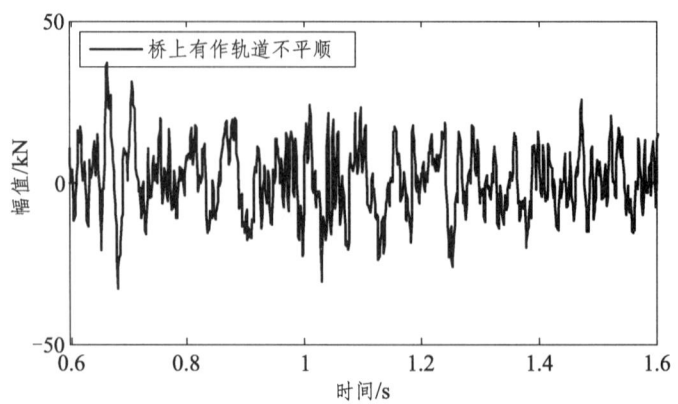

（b）桥上有砟轨道不平顺激励下的轮轨力

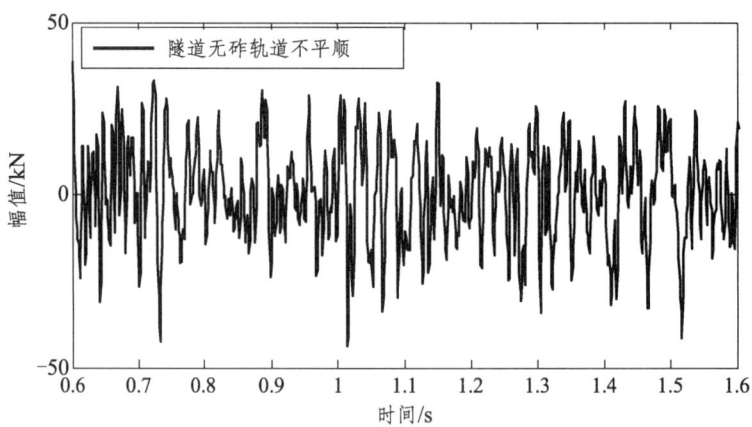

（c）隧道无砟轨道不平顺激励下的轮轨力

图 5.16　高速客运专线不平顺激励下的轮轨力

表 5.7　高低不平顺引起的轮轨力幅值

线路	线路类型	最大值/kN	平均值/kN
合-武客运专线高低不平顺	路基有砟轨道	32.95	24.9
	桥上有砟轨道	37.05	28.84
	隧道内无砟轨道	43.78	35.4

表 5.7 表明，高速客运专线高低不平顺引起的轮轨力幅值的最大值大于 30 kN，且按照路基有砟轨道不平顺、桥上有砟轨道不平顺及隧道内无砟轨道不平顺的顺序依次增大。高速客运专线高低不平顺引起的轮轨力幅

值的平均值都大于 20 kN，也按照路基有砟轨道不平顺、桥上有砟轨道不平顺和隧道内无砟轨道不平顺的顺序依次增大。

图 5.17 所示为高速客运专线不平顺激励下轮轨力的频域响应曲线。图 4.17 表明，轮轨力主要集中在 0.5～2 Hz 和 12～30 Hz 范围内；在 1～3 Hz 频率范围内，3 种不同状态轨道不平顺引起的轮轨力能量，按照路基有砟轨道不平顺、桥上有砟轨道不平顺和隧道内无砟轨道不平顺的顺序依次减小，其原因主要是路基有砟轨道的不平顺功率谱密度值在 1～5 m 波长范围内高于隧道内无砟轨道及桥上有砟轨道的不平顺功率谱密度值；在 12～30 Hz 范围内按照路基有砟轨道不平顺、桥上有砟轨道不平顺、隧道内无砟轨道不平顺的顺序依次增大。

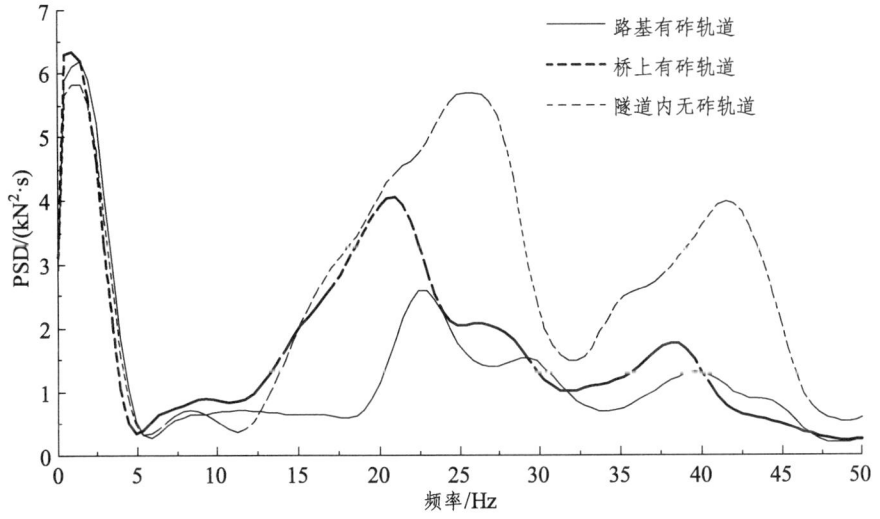

图 5.17　高速客运专线不平顺激励下轮轨力的频域响应

5.3.3　轨道不平顺对钢轨振动响应的影响

将高速客运专线不平顺作为激励，输入车辆-轨道-桥梁耦合振动有限元模型中求解，得到不同不平顺状态下钢轨振动加速度，然后求取其功率谱及振动加速度级，可得到不同轨道不平顺状态下钢轨振动加速度功率谱与振级，见图 5.19。

图 5.18 所示为高速客运专线不同状态轨道不平顺统计谱激励下钢轨振

动加速度的时程曲线。表 5.8 所示为不同状态轨道不平顺激励下钢轨加速度幅值的最大值和平均值。

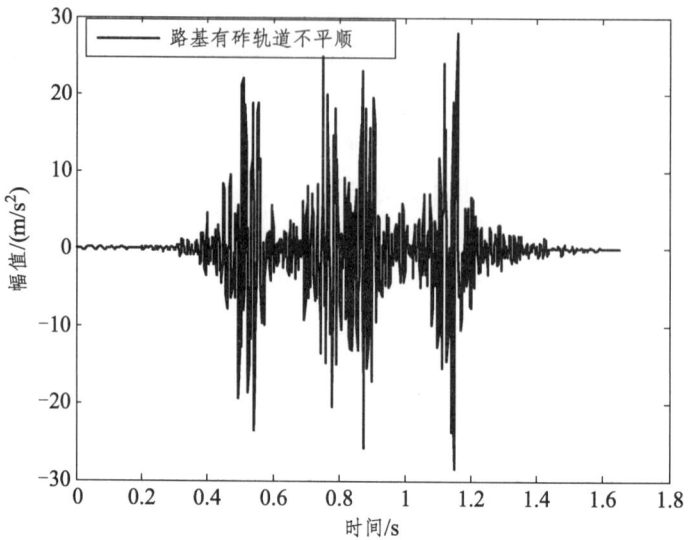

（a）路基有砟轨道不平顺激励下钢轨加速度

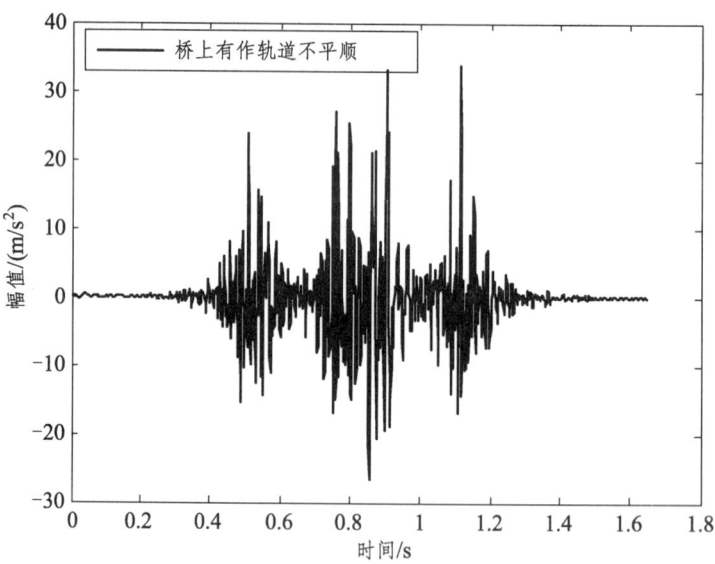

（b）桥上有砟轨道不平顺激励下钢轨加速度

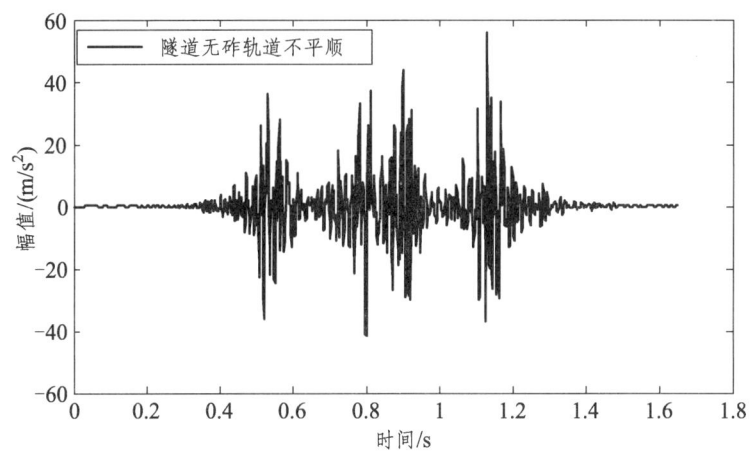

(c)隧道内无砟轨道不平顺激励下钢轨加速度

图 5.18 高速客运专线不平顺激励下钢轨振动加速度

表 5.8 高速客运专线高低不平顺引起的钢轨振动加速度幅值

线路	线路类型	最大值/(m/s^2)	平均值/(m/s^2)
合-武客运专线高低不平顺	路基有砟轨道	37.6	25
	桥上有砟轨道	33.9	24
	隧道内无砟轨道	55.64	36.3

表 5.8 表明,高速客运专线高低不平顺引起的钢轨振动加速度幅值在 30~60 m/s^2 范围内,隧道内无砟轨道不平顺引起的钢轨加速度最大幅值显著大于路基有砟轨道不平顺、桥上有砟轨道不平顺引起的钢轨加速度最大幅值。隧道内无砟轨道不平顺引起的钢轨加速度最大幅值较桥上有砟轨道不平顺可增大 64%。对于钢轨加速度幅值的平均值,隧道内无砟轨道不平顺引起的大于路基有砟轨道不平顺引起的、桥上有砟轨道不平顺引起的。隧道内无砟轨道不平顺引起的钢轨加速度幅值平均值较桥上有砟轨道不平顺可增大 51%。

图 5.19(a)表明,在高速客运专线不平顺激励下,钢轨振动主要集中在 20~180 Hz 频率范围。在 30 Hz 以下频率范围,路基有砟轨道引起的钢轨振动能量依次大于桥上有砟轨道与隧道内无砟轨道。在 50~180 Hz 频率范围,隧道内无砟轨道不平顺引起的钢轨振动能量明显大于桥上有砟轨道

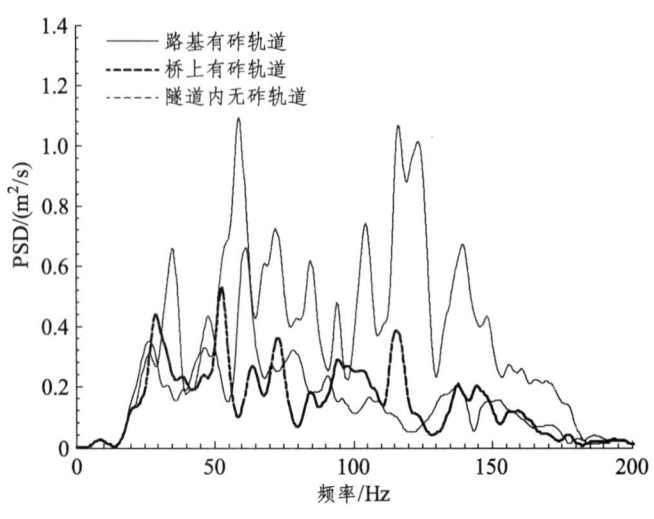

（a）钢轨振动的加速度功率谱

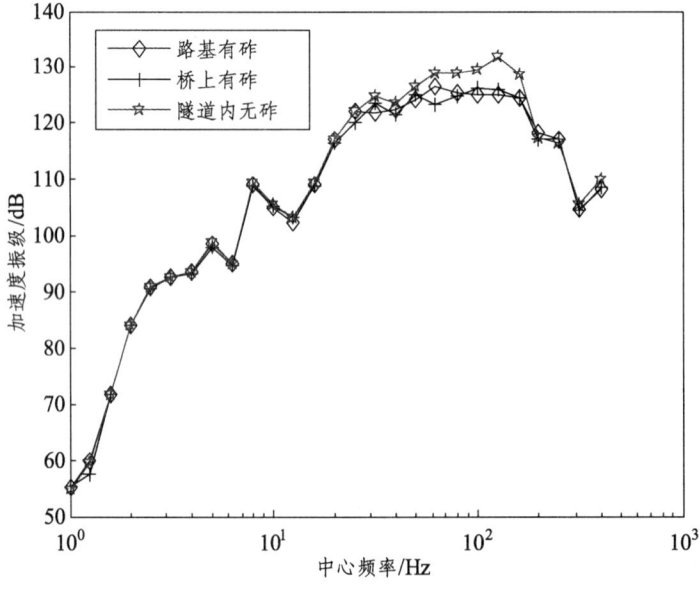

（b）钢轨振动的加速度水平

图 5.19 高速客运专线轨道不平顺激励下钢轨振动加速度频域分析

不平顺引起的及路基有砟轨道不平顺引起的。图 5.19（b）表明，钢轨振动加速度级最大值为 131 dB，钢轨振动处于较低水平，在 1～100 Hz 范围内基本随频率的增大而增高，3 种轨道结构高低不平顺引起的钢轨振动分布曲线基本相同。在 1.6 Hz 以下频率范围，路基有砟轨道不平顺引起的钢轨振动加速度级比隧道内无砟轨道不平顺引起的高 0.6 dB，比桥上有砟轨道不平顺引起的高 3 dB。在 8~250 Hz 频率范围内，隧道内无砟轨道不平顺引起的钢轨振动加速度水平最高，路基有砟轨道不平顺引起的次之，桥上有砟轨道不平顺引起的最低，钢轨最大振动加速度级分别为 131 dB、125 dB 和 100 dB。

5.3.4　轨道不平顺对轨道板振动响应的影响

将高速客运专线不平顺作为激励，输入车辆-轨道-桥梁耦合振动有限元模型中进行求解，得到不同不平顺状态下轨道板振动加速度，如图 5.20 所示，然后求取其功率谱及振动加速度级，可得到不同轨道不平顺状态下轨道板加速度功率谱与振级，如图 5.21 所示。

图 5.20 所示为高速客运专线不同状态轨道不平顺激励下轨道板振动加速度时程曲线。表 5.9 所示为不同状态轨道不平顺激励下轨道板振动加速度幅值的最大值及平均值。

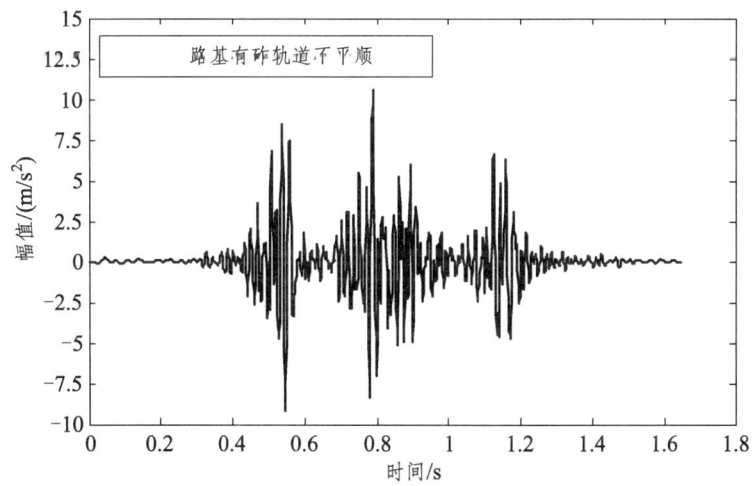

（a）路基有砟轨道不平顺激励下轨道板加速度

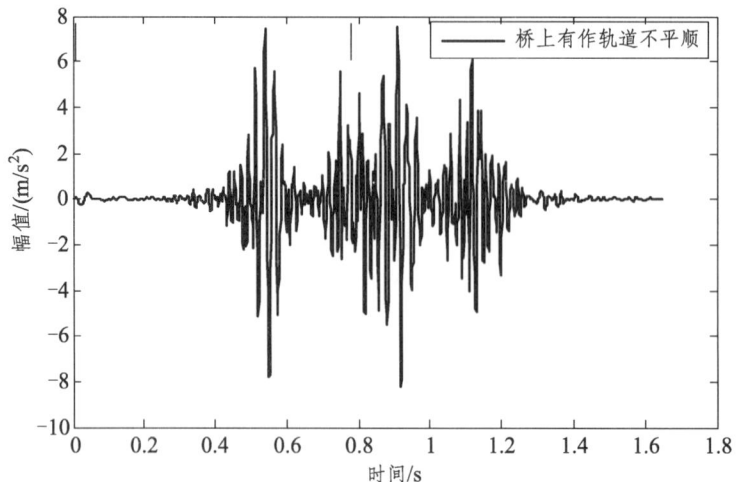

（b）桥上有砟轨道不平顺激励下轨道板加速度

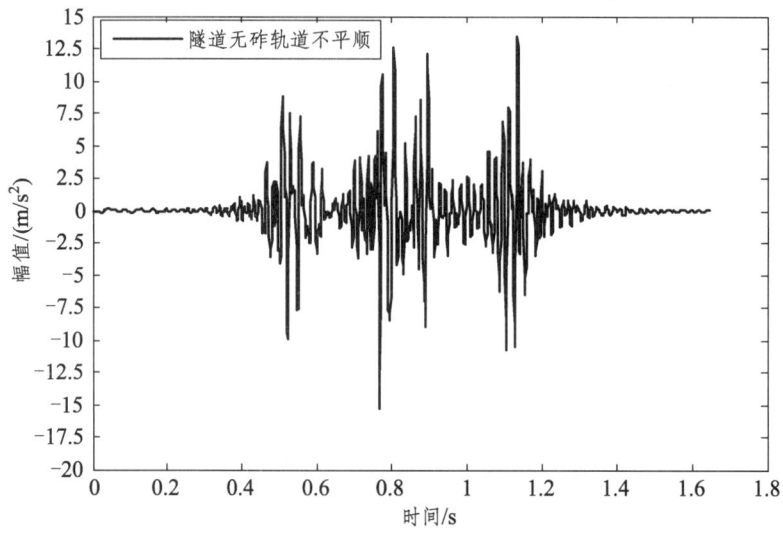

（c）隧道内无砟轨道不平顺激励下轨道板加速度

图 5.20 高速客运专线轨道不平顺激励下轨道板的振动加速度

表 5.9 高速客运专线高低不平顺引起的轨道板振动加速度幅值

线路	线路类型	最大值/（m/s²）	平均值/（m/s²）
合-武客运专线高低不平顺	路基有砟轨道	10.6	8.3
	桥上有砟轨道	8.2	6.9
	隧道内无砟轨道	15.3	11.6

表 5.9 表明,高速客运专线不平顺引起的轨道板振动加速度幅值的最大值在 8~15 m/s² 范围内,平均值在 7~12 m/s² 范围内。隧道内无砟轨道不平顺引起的轨道板振动加速度最大幅值显著大于由路基有砟轨道不平顺引起的和由桥上有砟轨道不平顺引起的轨道振动加速度最大幅值。隧道内无砟轨道不平顺引起的轨道板加速度最大幅值较桥上有砟轨道不平顺可增大 84%。隧道内无砟轨道不平顺引起的轨道板振动加速度幅值的平均值也大于由路基有砟轨道不平顺引起的和由桥上有砟轨道不平顺引起的。隧道内无砟轨道不平顺引起的轨道板加速度幅值的平均值较桥上有砟轨道不平顺可增大 68%。

图 5.21(a)表明,在高速客运专线中长波高低不平顺激励下,轨道板的振动主要分布在 20~80 Hz 范围内。在 30 Hz 以上频率范围,隧道内无砟轨道不平顺引起的轨道板振动能量明显大于桥上有砟轨道不平顺。仅在 57~63 Hz 频率范围内,隧道内无砟轨道不平顺引起的轨道板振动能量低于路基有砟轨道不平顺,在其余分析频率范围内,明显大于路基有砟轨道不平顺。隧道内无砟轨道不平顺引起的轨道板振动能量的主频为 32 Hz、51 Hz。路基有砟轨道不平顺引起的轨道板振动能量的主频为 57 Hz。桥上有砟轨道不平顺引起的轨道板振动能量的主频为 39 Hz 与 51 Hz。图 5.21(b)表明,轨道板振动加速度级的最大值为 122 dB,轨道板的振动处于较

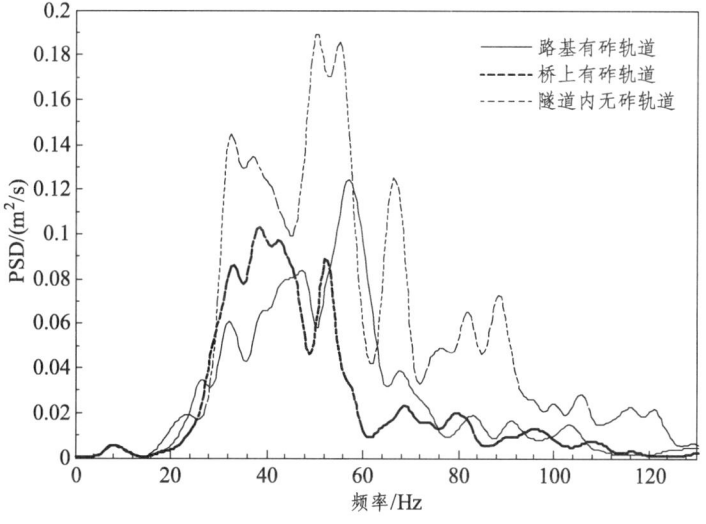

(a)轨道板振动加速度功率谱

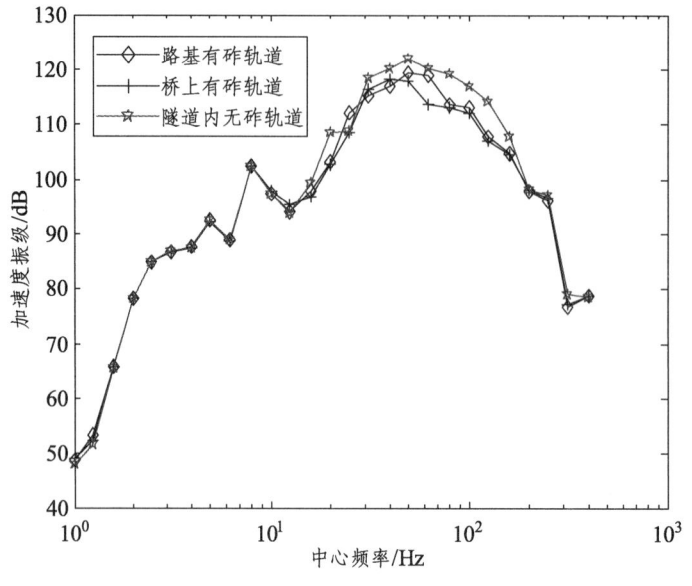

(b)轨道板振动加速度水平

图 5.21 高速客运专线轨道不平顺激励下轨道板振动频域分析

低水平,3 种轨道结构高低不平顺引起的轨道板振动分布曲线基本相同,在 1~50 Hz 范围内基本随频率的增大而增高。在 1.6 Hz 以下频率范围,路基有砟轨道不平顺引起的轨道板振级比桥上有砟轨道不平顺引起的高 1 dB,比隧道内无砟轨道不平顺引起的高 2 dB。在 12.5 Hz 以上频率范围内,隧道内无砟轨道不平顺引起的轨道板振动加速度水平最大,路基有砟轨道不平顺次之,桥上有砟轨道不平顺最小;在 20~80 Hz 范围内轨道板最大振动加速度级分别为 122 dB、119 dB 和 118 dB。

5.3.5 轨道不平顺对混凝土底座板振动响应的影响

将高速客运专线轨道不平顺作为激励,输入车辆-轨道-桥梁耦合振动有限元模型中进行求解,得到不同不平顺状态下混凝土底座板振动加速度,如图 5.22 所示,然后求取其功率谱及振动加速度级,可得到不同轨道不平顺状态下混凝土底座板振动加速度功率谱与振动加速度级,如图 5.23 所示。

图 5.22 所示为高速客运专线不同状态轨道不平顺激励下混凝土底座板振动加速度时程曲线。表 5.10 所示为不同状态轨道不平顺激励下混凝土底座板振动加速度幅值的最大值及平均值。

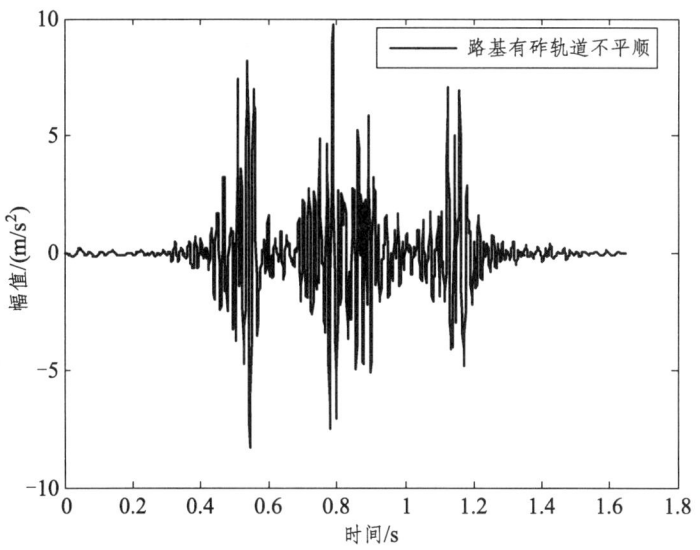

（a）路基有砟轨道不平顺激励下底座板加速度

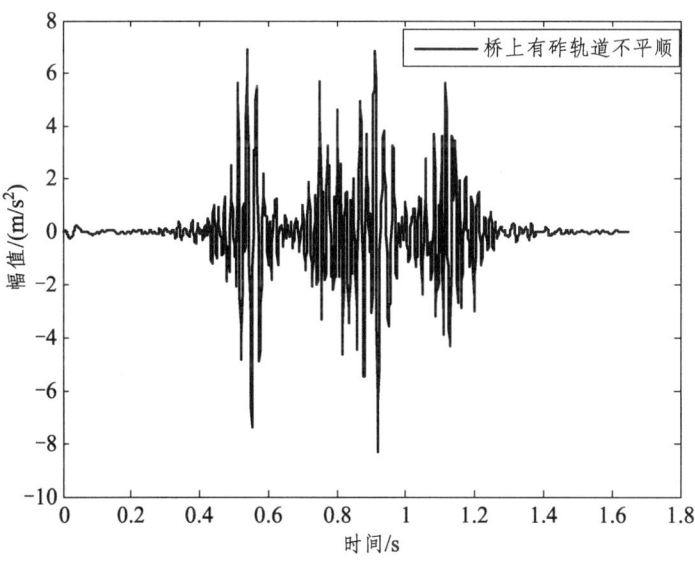

（b）桥上有砟轨道不平顺激励下底座板加速度

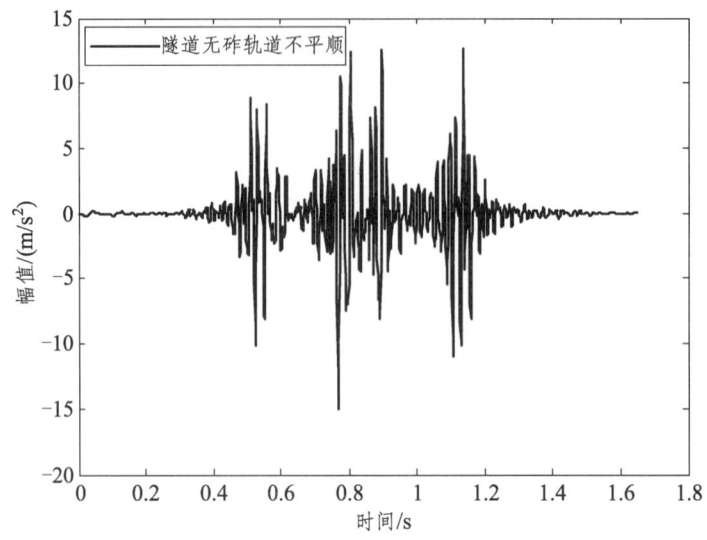

（c）隧道内无砟轨道不平顺激励下底座板加速度

图 5.22 高速客运专线不平顺激励下混凝土底座板的振动加速度频域分析

表 5.10 高速客运专线高低不平顺引起的混凝土底座板振动加速度幅值

线路	线路类型	最大值/（m/s²）	平均值/（m/s²）
合-武客运专线高低不平顺	路基有砟轨道	9.8	7.8
	桥上有砟轨道	8.3	6.45
	隧道内无砟轨道	15.0	11.3

表 5.10 表明，高速客运专线高低不平顺引起的混凝土底座板振动加速度幅值最大值在 8～15 m/s² 范围内，平均值在 8～12 m/s² 范围内。隧道内无砟轨道不平顺引起的混凝土底座板振动加速度最大幅值显著大于由路基有砟轨道不平顺和由桥上有砟轨道不平顺引起的。隧道内无砟轨道不平顺引起的混凝土底座板加速度幅值的最大值较桥上有砟轨道不平顺可增大80%。隧道内无砟轨道不平顺引起的混凝土底座板加速度幅值的平均值也大于由路基有砟轨道不平顺引起的、由桥上有砟轨道不平顺引起的。隧道内无砟轨道不平顺引起的混凝土底座板加速度幅值的平均值较桥上有砟轨道不平顺可增大 75%。

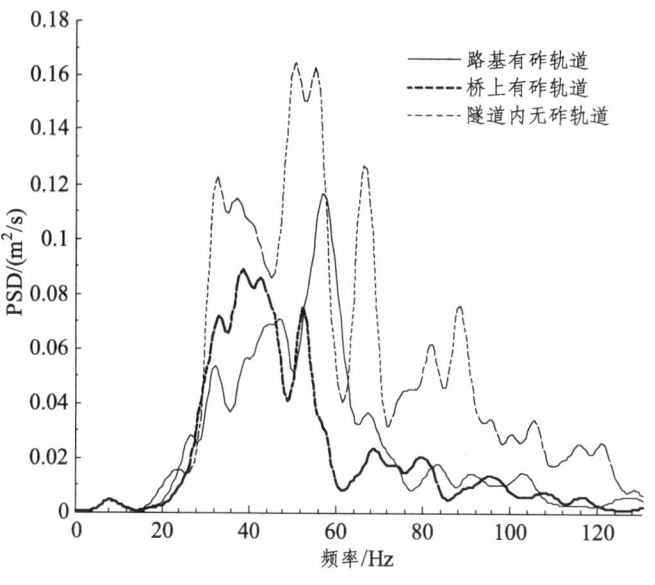

（a）轨道板振动加速度功率谱

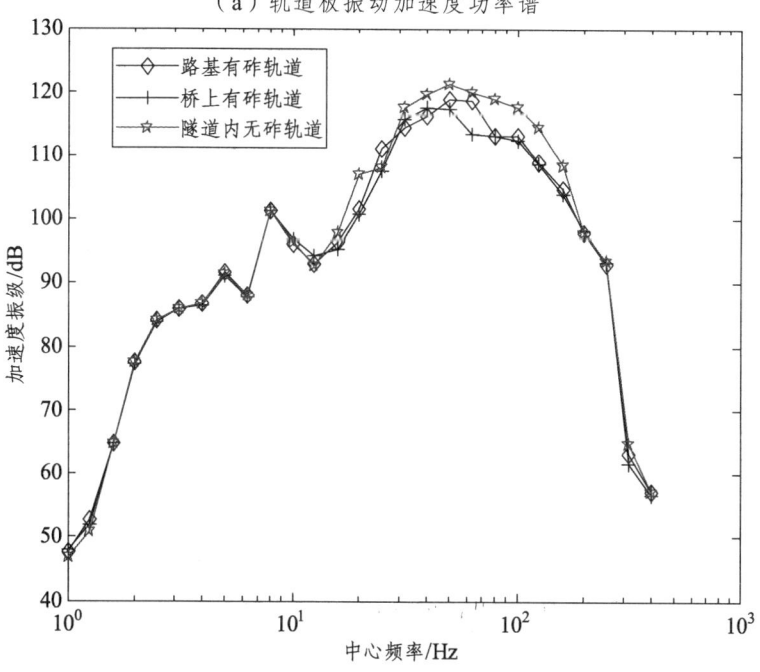

（b）轨道板振动加速度水平

图 5.23 高速客运专线轨道不平顺激励下混凝土底座板振动级

图 5.22（a）表明，在高速客专轨道中长波高低不平顺激励下，混凝土底座板振动加速度响应主要分布在 20~70 Hz 范围内。在 30 Hz 以上的频率范围，隧道内无砟轨道不平顺引起的混凝土底座板振动能量明显大于由路基有砟轨道不平顺引起的和由桥上有砟轨道不平顺引起的。仅在 57~63 Hz 频率范围内，隧道内无砟轨道不平顺引起的混凝土底座板振动能量低于路基有砟轨道不平顺，在其余分析频率范围内，明显大于路基有砟轨道不平顺。隧道内无砟轨道不平顺引起的混凝土底座板振动能量的主频为 32 Hz、51 Hz 和 66 Hz。路基有砟轨道不平顺引起的混凝土底座板振动能量的主频为 57 Hz。桥上有砟轨道不平顺引起的混凝土底座板振动能量主频为 38 Hz 与 52 Hz。图 5.23（b）表明，混凝土底座板振动加速度级的最大值 121 dB，3 种轨道结构高低不平顺引起的混凝土底座板振动分布曲线基本相同，在 1~50 Hz 范围内基本随频率的增大而增高。在 1.6 Hz 以下频率范围，路基有砟轨道不平顺引起的轨道板振级比桥上有砟轨道不平顺所引起的高 0.8 dB，比隧道内无砟轨道不平顺引起的高 1.6 dB。在 12.5 Hz 以上频率范围内，隧道内无砟轨道不平顺引起的混凝土底座板振动加速度水平最高，路基有砟轨道不平顺次之，桥上有砟轨道不平顺最低，混凝土底座板最大振动加速度级分别为 121 dB、118 dB 和 117.6 dB。

5.3.6 轨道不平顺对桥梁振动响应的影响

将合-武客运专线不平顺作为激励，输入车辆-轨道-桥梁耦合振动有限元模型中进行求解，得到不同不平顺状态下桥梁振动加速度，如图 5.24 所示，然后求取其功率谱及振动加速度级，可得到不同轨道不平顺状态下桥梁振动加速度的功率谱与振级，如图 5.25 所示。

图 5.24 所示为高速客运专线不同状态轨道不平顺激励下桥梁振动加速度时程曲线。表 5.11 所示为不同状态轨道不平顺激励下桥梁振动加速度幅值的最大值及平均值。

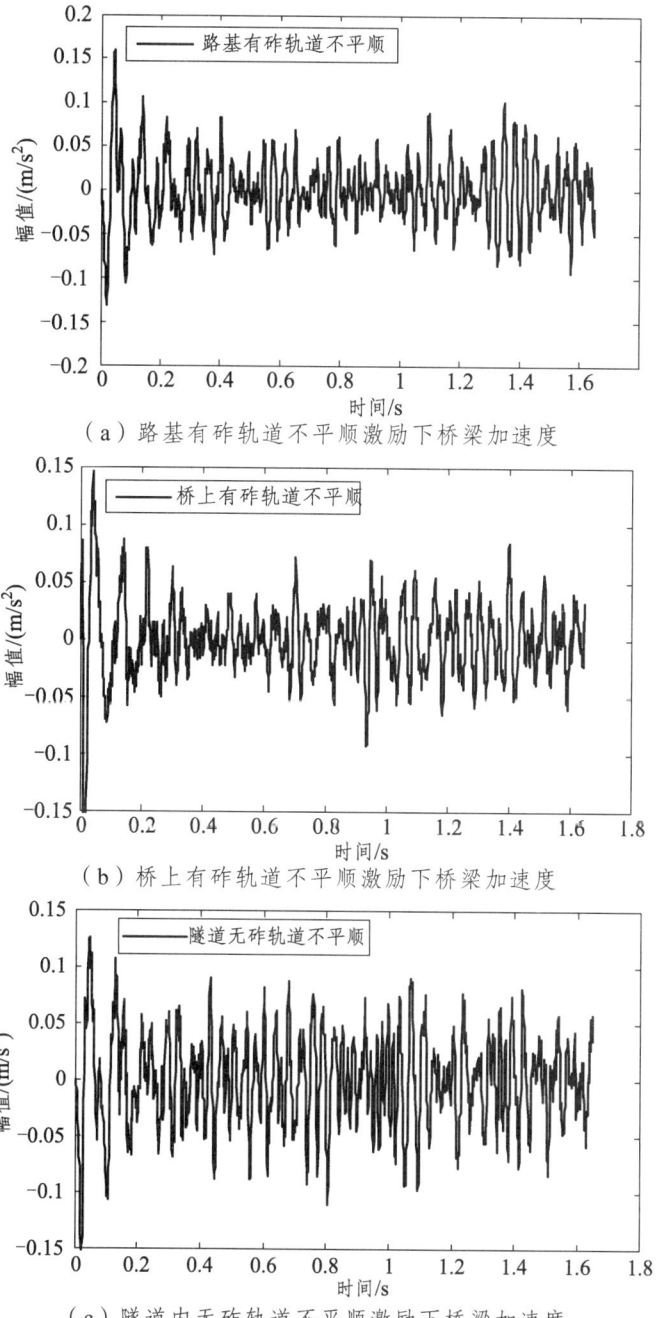

(a)路基有砟轨道不平顺激励下桥梁加速度

(b)桥上有砟轨道不平顺激励下桥梁加速度

(c)隧道内无砟轨道不平顺激励下桥梁加速度

图 5.24 高速客运专线不平顺激励下桥梁的振动加速度

表 5.11　高速客运专线高低不平顺引起的桥梁振动加速度幅值

线路	线路类型	最大值/（m/s^2）	平均值/（m/s^2）
合-武客运专线高低不平顺	路基有砟轨道	0.15	0.11
	桥上有砟轨道	0.2	0.12
	隧道内无砟轨道	0.14	0.11

表 5.11 表明，高速客运专线高低不平顺激励引起的桥梁振动加速度最大幅值为 0.2 m/s^2，最大平均值为 0.12 m/s^2。对于 3 种不同轨道不平顺状态引起的桥梁加速度最大幅值，桥上有砟轨道不平顺稍大于路基有砟轨道不平顺、隧道内无砟轨道不平顺。

图 5.25（a）表明，在高速客专轨道高低不平顺激励下，桥梁振动加速度响应主要分布主要在 20~40 Hz 范围内。在 20~25 Hz 频率范围内，隧道内无砟轨道不平顺引起的桥梁振动能量大于由路基有砟轨道不平顺引起的和由桥上有砟轨道不平顺引起的。在 26~30 Hz 频率范围内，隧道内无砟轨道不平顺引起的桥梁振动能量大于由路基有砟轨道不平顺引起的和由桥上有砟轨道不平顺引起的。3 种轨道不平顺状态引起的桥梁振动能量主频

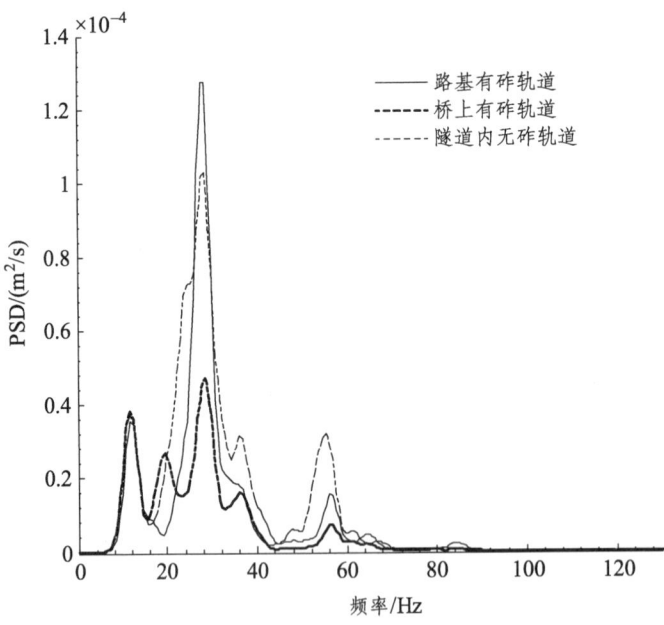

（a）桥梁振动加速度功率谱

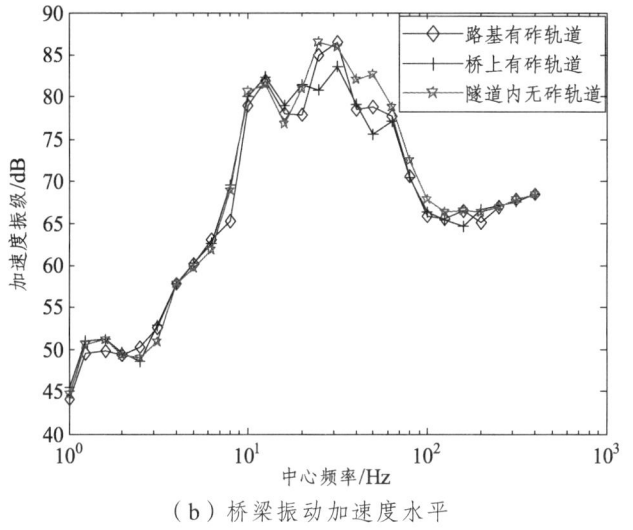

（b）桥梁振动加速度水平

图 5.25　高速客运专线轨道不平顺激励下混凝土底座板振动频域分析

均为 28 Hz。图 5.25（b）表明，桥梁振动加速度级的最大值为 88 dB，3 种不同状态高低不平顺引起的桥梁振动分布曲线基本相同。在 2 Hz 以下频率范围，路基有砟轨道不平顺引起的桥梁振级比由隧道无砟轨道不平顺引起的高 1 dB，比由桥上有砟轨道不平顺引起的高 2 dB。在 20～200 Hz 频率范围内，隧道内无砟轨道不平顺引起的桥梁振动加速度水平最高，路基有砟轨道不平顺引起的次之，桥上有砟轨道不平顺引起的最低，桥梁最大振动加速度级分别为 88 dB、87 dB 和 84 dB。

5.4　本章小结

本章利用所建立的车辆-轨道-桥梁耦合振动有限元分析模型，较系统地考查了轨道不平顺对车辆-轨道-桥梁系统振动响应的影响规律，分析的侧重点针对我国高速客运专线轨道结构。模型分析中，轨道不平顺激励输入除了考虑德国高速谱外，还输入了高速客运专线实测轨道不平顺功率谱反演的随机轨道不平顺，以便更全面、更准确地了解轨道不平顺对高速客运专线轨道振动特性的影响。本章的主要结论总结如下：

（1）在轨道不平顺激励幅值近似相等的条件下，轮轨力随着轨道不平顺短波长的减小而显著增大，轨道不平顺中 1 m 左右的短波长对轮轨力会产生较大的影响。对于轮轨力能量而言，在分析频率范围内基本按照 1～30 m 波长范围不平顺、1.5～30 m 波长范围不平顺、2～30 m 波长范围不平顺、2.5～30 m 波长范围不平顺、5～30 m 波长范围不平顺的顺序依次减小。轨道不平顺对轮轨力的影响不仅体现在幅值上，轨道不平顺的波长分布特性也是影响轮轨相互作用的主要因素之一。

（2）在轨道不平顺激励幅值近似相等的条件下，钢轨的竖向加速度幅值随着不平顺样本中短波长的减小而显著增大。钢轨振动主要集中在 20～125 Hz 频率范围。在 40～125 Hz 频率范围内，1～30 m 波长范围不平顺引起的钢轨振动加速度水平最大，按 2～30 m 波长范围不平顺、1.5～30 m 波长范围不平顺、2.5～30 m 波长范围不平顺及 5～30 m 波长范围不平顺的顺序依次减小。

（3）在轨道不平顺激励幅值近似相等的条件下，轨道板振动加速度的幅值随着不平顺样本中最短波长的减小而显著增大。轨道板振动主要集中在 20～70 Hz 频率范围内。在 31～100 Hz 频率范围内，1～30 m 波长范围不平顺引起的轨道板振动加速度水平最大，按 2～30 m 波长范围不平顺、1.5～30 m 波长范围不平顺、2.5～30 m 波长范围不平顺及 5～30 m 波长范围不平顺的顺序依次减小。

（4）在轨道不平顺激励幅值近似相等的条件下，混凝土底座板振动加速度的幅值随着不平顺样本中最短波长的减小而显著增大。混凝土底座板的振动主要集中在 20～70 Hz 频率范围。在 40～100Hz 频率范围内，1～30 m 波长范围不平顺引起的底座板振动加速度水平最大，按 2～30 m 波长范围不平顺、1.5～30 m 波长范围不平顺、2.5～30 m 波长范围不平顺及 5～30 m 波长范围不平顺的顺序依次减小。

（5）在轨道不平顺激励幅值近似相等的条件下，桥梁振动加速度的幅值基本按照 1～30 m 波长范围高低不平顺、1.5～30 m 波长范围高低不平顺、2～30 m 波长范围高低不平顺、2.5～30 m 波长范围高低不平顺、5～30 m 波长范围高低不平顺的顺序依次减小。桥梁的振动主要集中在 20～70 Hz 频率范围。

（6）在高速客运专线高低不平顺激励下，轮轨力最大幅值大于 30 kN，轮轨力平均值大于 20 kN，二者按照路基有砟轨道不平顺、桥上有砟轨道不平顺及隧道内无砟轨道不平顺的顺序依次增大。轮轨力主要集中在 1~3 Hz 和 12~30 Hz 范围内，在 1~3 Hz 频率范围内，3 种不同状态轨道不平顺引起的轮轨力幅值能量，按照路基有砟轨道不平顺、桥上有砟轨道不平顺及隧道内无砟轨道不平顺的顺序依次减小，主要原因是路基有砟轨道的不平顺功率谱密度值在 1~5 m 波长范围内高于隧道内无砟轨道及桥上有砟轨道；在 12~30 Hz 范围内按照路基有砟轨道不平顺、桥上有砟轨道不平顺、隧道内无砟轨道不平顺的顺序依次增大。

（7）在高速客运专线实际不平顺激励下，钢轨振动加速度最大幅值在 30~60 m/s^2 范围内，振动加速度级的最大值为 131 dB。钢轨振动加速度能量主要分布在 20~200 Hz 频率范围内。在 8~250 Hz 频率范围内，隧道内无砟轨道不平顺引起的钢轨振动加速度水平最大，路基有砟轨道不平顺引起的次之，桥上有砟轨道不平顺引起的最小，钢轨最大振动加速度级分别为 131 dB、125 dB 和 100dB。

（8）在高速客运专线实际不平顺激励下，轨道板振动加速度最大幅值在 8~15 m/s^2 范围内，振动加速度级的最大值为 122 dB。轨道板的振动能量主要分布在 20~80 Hz 范围内。在 12.5 Hz 以上频率范围内，隧道内无砟轨道不平顺引起的轨道板振动加速度水平最大，路基有砟轨道不平顺次之，桥上有砟轨道不平顺最小；在 20~80 Hz 范围内，轨道板最大振动加速度级分别为 122 dB、119 dB 和 118 dB。

（9）在高速客运专线实际不平顺激励下，混凝土底座板振动加速度最大幅值在 8~15 m/s^2 范围内，振动加速度级的最大值为 121 dB。混凝土底座板振动加速度响应主要分布在 20~70 Hz 范围内。在 12.5 Hz 以上频率范围内，隧道内无砟轨道不平顺引起的轨道板振动加速度水平最大，路基有砟轨道不平顺次之，桥上有砟轨道不平顺最小；在 20~70 Hz 范围内，混凝土底座板最大振动加速度级分别为 121 dB、118 dB 和 117.6 dB。

（10）在高速客运专线实际不平顺激励下，桥梁振动加速度最大幅值为 0.2 m/s^2，桥梁振动加速度级的最大值为 88 dB。桥梁振动加速度响应主要分布主要在 20~40 Hz 范围内。在 20~200 Hz 频率范围内，隧道内无砟轨道不平顺引起的桥梁振动加速度水平最大,路基有砟轨道不平顺引起的次之,桥上有砟轨道不平顺引起的最小,桥梁最大振动加速度级分别为 88 dB、87 dB 和 84 dB。

扫码查看本章彩图

第6章 轨道结构参数对振动响应的影响分析

国内外研究表明,轨道结构的振动损坏与轨道参数关系密切。影响轨道系统振动的参数主要分为3类:① 荷载参数;② 确定系统模态的参数,如固有频率、阻尼比及阵型等;③ 表示系统物理特性的参数,如刚度、阻尼和质量等。近年来,由于问题本身的重要性,学术界的研究工作者对物理参数的影响问题甚感兴趣[231]。对于本书拟研究的车辆-桥上板式轨道-桥梁系统而言,影响其振动特性的物理参数主要包括钢轨、轨道板和桥梁的密度、截面积和抗弯刚度,轨下垫层的刚度和阻尼,轨道板下垫层的刚度和阻尼,以及轨道板下滑动层支承的刚度和阻尼等。本章基于车辆-轨道-桥梁耦合振动分析的有限元模型,研究轨道参数对桥上 CRTS Ⅱ 板式轨道结构振动特性的影响,不平顺激励为高速客运专线无砟轨道实测不平顺样本,车辆为 CHR$_3$,列车运行速度为 250 km/h。桥上 CRTS Ⅱ 板式轨道结构的振动特性分析包括:时域内,不同不平顺状态下钢轨、CRTS Ⅱ 轨道板和桥梁振动加速度、速度及位移幅值对比;频域内,不同不平顺状态下钢轨、CRTS Ⅱ 轨道板和桥梁振动加速度级对比。

6.1 钢轨类型对轨道结构振动特性的影响分析

改变钢轨的类型，计算出不平顺条件下高架轨道结构的振动响应特性。不同类型钢轨的参数如表 6.1 所示，不同钢轨类型条件下，钢轨、CRTSⅡ轨道板和桥梁振动加速度、速度、位移幅值及轮轨相互作用力均值如表 6.2 所示；钢轨、CRTSⅡ轨道板和桥梁振动加速度级如图 6.1 所示。

表 6.1 不同钢轨类型的截面积和惯性矩

项目	CN75	CN 60	CN 50	CN 43
截面积/m^2	9.50×10^{-3}	7.75×10^{-3}	6.58×10^{-3}	$5.70E\times10^{-3}$
惯性矩/m^4	4.49×10^{-5}	3.22×10^{-5}	2.04×10^{-5}	$1.49E\times10^{-5}$

表 6.2 钢轨类型变化对振动响应的影响

钢轨类型	轮轨力/kN	跨中加速度/(m/s^2)			跨中速度/(m/s)			跨中位移/mm		
		钢轨	轨道板	桥梁	钢轨	轨道板	桥梁	钢轨	轨道板	桥梁
CN43	71.65	39.25	10.48	10.1	0.089	0.03	0.03	1.2	0.45	0.42
CN50	70.7	39.1	8.89	9.2	0.062 5	0.023	0.02	0.935	0.458	0.42
CN60	70.27	25.4	7.78	7.58	0.05	0.024	0.02	0.935	0.45	0.41
CN75	69.81	23	6.6	6.6	0.05	0.03	0.02	1.2	0.41	0.38

表 6.2 表明，在相同轨道不平顺条件下，当钢轨类型从 CN43 依次向 CN50、CN60 和 CN75 改变时，随着钢轨质量、惯性矩变大，动态轮轨力减小且动力响应相应有所减小；其中钢轨、轨道板及桥梁振动加速度的减小较为显著，钢轨加速度分别减小 0.15 m/s^2、13.85 m/s^2 和 16.25 m/s^2，轨道板加速度分别减小 1.6 m/s^2、2.7 m/s^2 和 3.8 m/s^2，桥梁加速度分别减小 0.9 m/s^2、2.5 m/s^2 和 3.5 m/s^2。钢轨、轨道板与桥梁的速度随钢轨类型变化的规律不明显；对位移而言，钢轨减小的幅度较为明显，轨道板与桥梁随钢轨质量、惯性矩增大也有一定程度的降低。

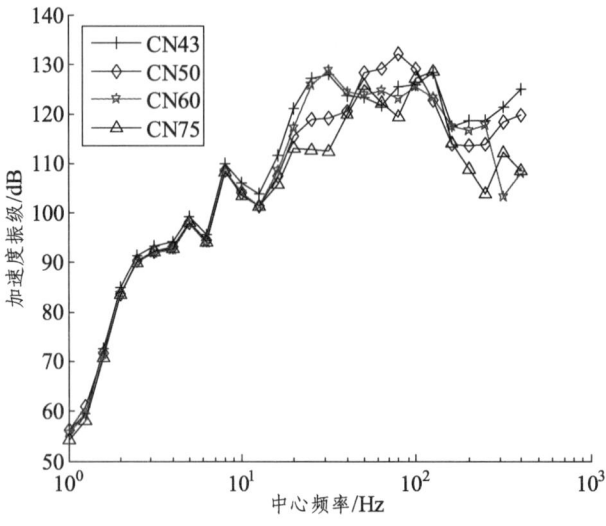

(a)钢轨垂向振动 1/3 倍频曲线

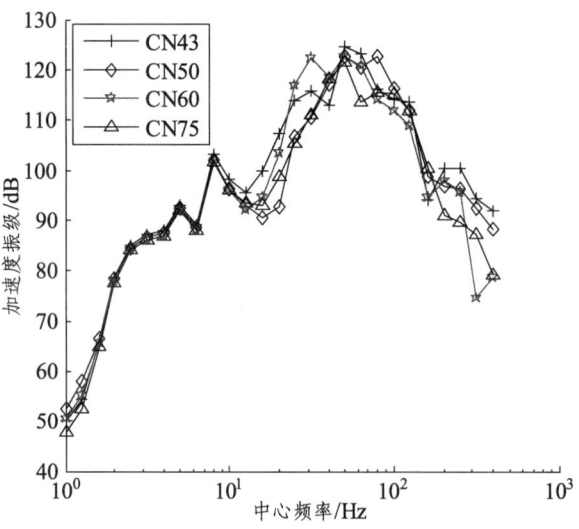

(b)轨道板垂向振动 1/3 倍频曲线

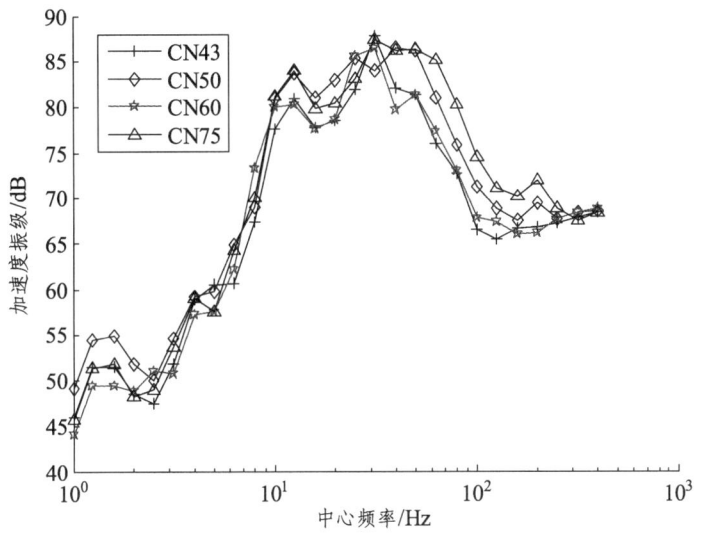

（c）桥梁垂向振动 1/3 倍频曲线

图 6.1　钢轨、轨道板与桥梁振级 1/3 倍频曲线

图 6.1 表明，钢轨的振动在分析频率范围内总体随钢轨质量、惯性矩的增大而减小，相对于 CN75 钢轨，采用 CN60 钢轨、CN50 钢轨和 CN43 钢轨时钢轨的振级将分别增大 2 dB、2.7 dB、4.53 dB，说明重型钢轨可减小钢轨的振级。轨道板的振级在 1～12.5 Hz 范围内随钢轨质量、惯性矩的增大而减小，由于轨道板的振动主要集中在 50 Hz 以下的频率范围内，改变钢轨的类型对降低轨道板的振动虽然有一定效果，但不是很明显。桥梁的振级受到钢轨类型的影响较小，说明采用重型钢轨可以降低钢轨的振动，对降低轮轨噪声具有一定的意义。

6.2　扣件刚度对轨道结构振动特性的影响分析

为了较详细地分析垫板刚度对高架轨道结构振动特性的影响，分别取垫板的刚度为 25 MN/m、35 MN/m、60 MN/m、100 MN/m 和 160 MN/m，计算出不平顺条件下高架轨道结构的振动响应特性。不同垫板刚度条件下，钢轨、CRTS Ⅱ 轨道板和桥梁振动加速度、速度、位移幅值、轮轨相互作用力均值如表 6.3 所示；钢轨、CRTS Ⅱ 轨道板和桥梁振动加速度级如图 6.2 所示。

表 6.3　垫板刚度变化对振动响应的影响

刚度/ (MN/m)	轮轨力/kN	跨中加速度/(m/s²)			跨中速度/(m/s)			跨中位移/mm		
		钢轨	轨道板	桥梁	钢轨	轨道板	桥梁	钢轨	轨道板	桥梁
25	69	19.78	16.14	0.67	0.21	0.031	0.007	1.7	0.66	0.32
35	70.5	20.38	18.47	0.65	0.20	0.036	0.007	1.4	0.69	0.32
60	70.9	21.83	26.84	0.68	0.21	0.043	0.007	1.1	0.71	0.32
100	71.2	28.96	40.11	0.84	0.23	0.044	0.008	1.0	0.71	0.32
160	73.1	30.33	59.17	0.91	0.22	0.048	0.008	1.0	0.70	0.32

表 6.3 表明，在相同轨道不平顺条件下，动态轮轨力、轨道结构振动加速度随着垫板刚度的增大而增大，钢轨加速度幅值与轮轨力幅值的增大更为显著；钢轨的位移随着垫板刚度的增大而减小，轨道板及桥梁位移随垫板刚度变化的规律不明显；钢轨、轨道板与桥梁的速度随着垫板刚度的增加有一定程度的增大。

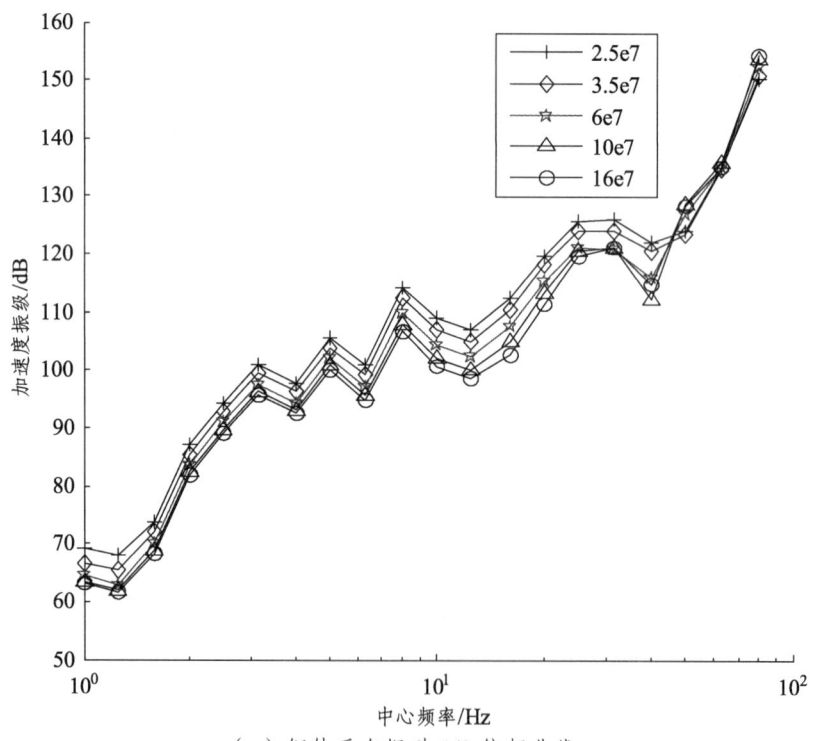

（a）钢轨垂向振动 1/3 倍频曲线

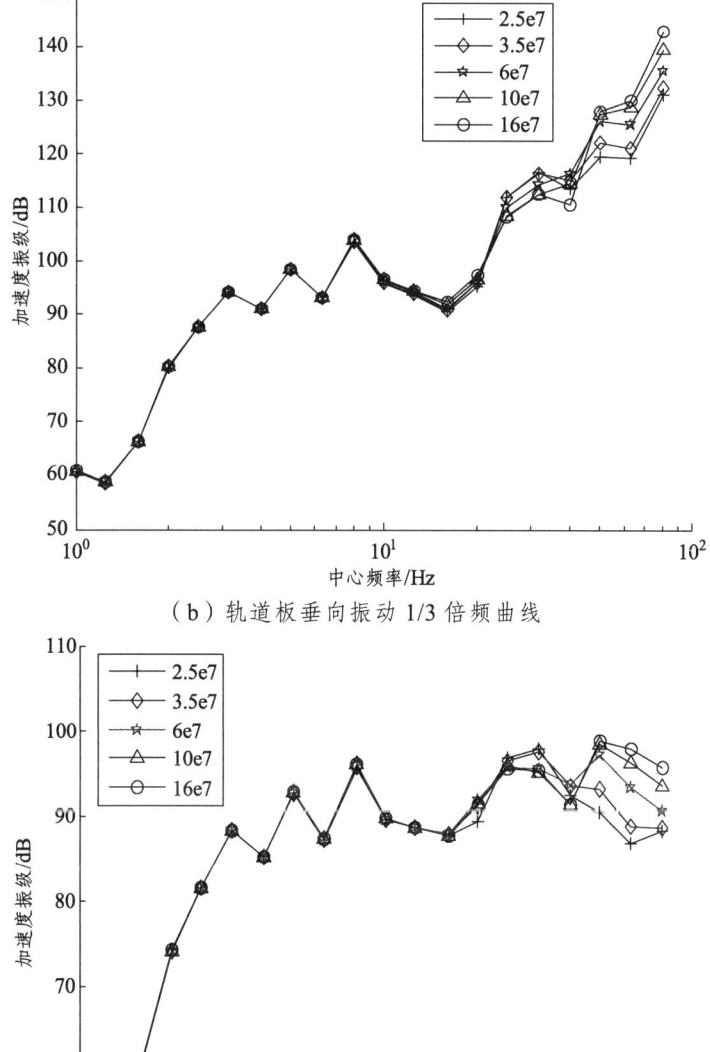

（b）轨道板垂向振动 1/3 倍频曲线

（c）桥梁垂向振动 1/3 倍频曲线

图 6.2　钢轨、轨道板与桥梁振级 1/3 倍频曲线

图 6.2 表明，钢轨的振动在 1～40 Hz 范围内随垫板刚度的增大而减小，

当垫板的刚度分别为 25 MN/m、35 MN/m、60 MN/m、100 MN/m、160 MN/m 时，钢轨振级的平均值分别为 102.21 dB、100.2 dB、97.7 dB、96.2 dB 和 95.5 dB；但在 40~100 Hz 范围内，钢轨的振动随着垫板刚度增加而略有增大；说明在 1~40 Hz 范围内垫板刚度的增大可以减小钢轨振级，而在 40~100 Hz 范围内垫板刚度的增大将加大钢轨的振级。对轨道板而言，在 1~8 Hz 范围内，振级基本上不随垫板刚度的增大而变化，说明受到垫板刚度的影响较小；而在 10~25 Hz 范围内，振级随垫板刚度的增加而轻微增大，对应垫板刚度最大时轨道板的振级比垫板刚度最小时高出 1.0 dB；在 25~100 Hz 范围内，轨道板的振动随垫板刚度减小而较显著减小，平均减小 3.5 dB，减振效果随垫板刚度的减小而增大。对桥梁而言，在 1~16 Hz 范围内，垫板刚度的变化对振级的影响不大；但在 40~100 Hz 范围内，振级随着垫板刚度的减小而显著减小，减小量最大达 12.6 dB，表明减振效果随垫板刚度的减小而显著增大。由此可以得出结论，在 40~100 Hz 范围内减小垫板的刚度可以减小轨道板、桥梁的振动，分别为 1 dB 和 3.5 dB，但会增大钢轨的振动。

6.3 垫板阻尼对轨道结构振动特性的影响分析

为了分析垫板阻尼对高架轨道结构振动特性的影响，取垫板阻尼系数分别为 3.5 kN·s/m、10 kN·s/m、47.7 kN·s/m、70 kN·s/m、100 kN·s/m，计算不平顺条件下高架轨道结构的振动响应。不同垫板阻尼条件下，钢轨、CRTS Ⅱ 轨道板和桥梁的振动加速度、速度、位移幅值及轮轨相互作用力均值如表 6.4 所示；钢轨、CRTS Ⅱ 轨道板和桥梁的振动加速度级如图 6.3 所示。

表 6.4　垫板阻尼变化对振动响应的影响

阻尼系数/(kN·s/m)	轮轨力/kN	跨中加速度/(m/s²)			跨中速度/(m/s)			跨中位移/mm		
		钢轨	轨道板	桥梁	钢轨	轨道板	桥梁	钢轨	轨道板	桥梁
3.5	69.3	18.6	7.7	6.5	0.07	0.03	0.02	0.98	0.41	0.37
10	69.44	19.6	8.4	6.8	0.08	0.03	0.02	1.1	0.51	0.47
47.7	69.43	20.3	8.5	6.9	0.07	0.04	0.02	0.79	0.47	0.43
70	69.5	22.4	8.5	6.9	0.04	0.03	0.02	0.82	0.45	0.41
100	69.7	22.70	8.6	8.29	0.05	0.03	0.02	0.82	0.45	0.42

表 6.4 表明，对于相同轨道不平顺条件，动态轮轨力幅值、轨道结构振动加速度幅值随着垫板阻尼增大而小幅增大；钢轨、轨道板及桥梁位移随垫板阻尼增大而变化的规律不明显；钢轨、轨道板与桥梁的速度随垫板阻尼的增大变化规律不明显。

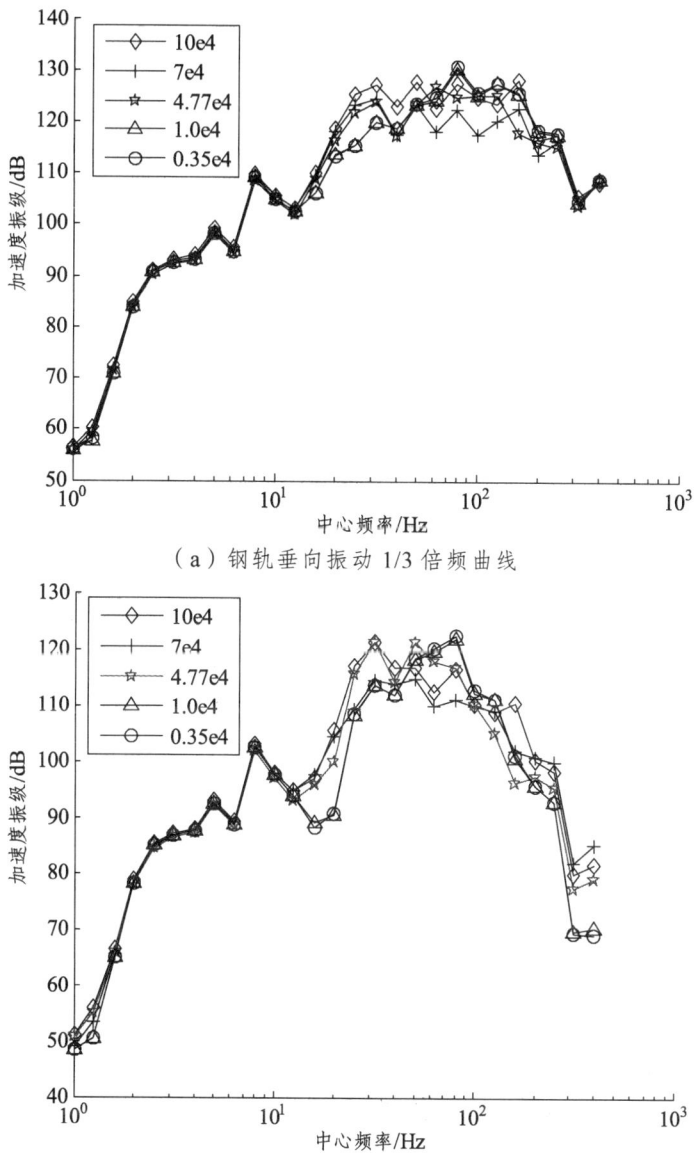

（a）钢轨垂向振动 1/3 倍频曲线

（b）轨道板垂向振动 1/3 倍频曲线

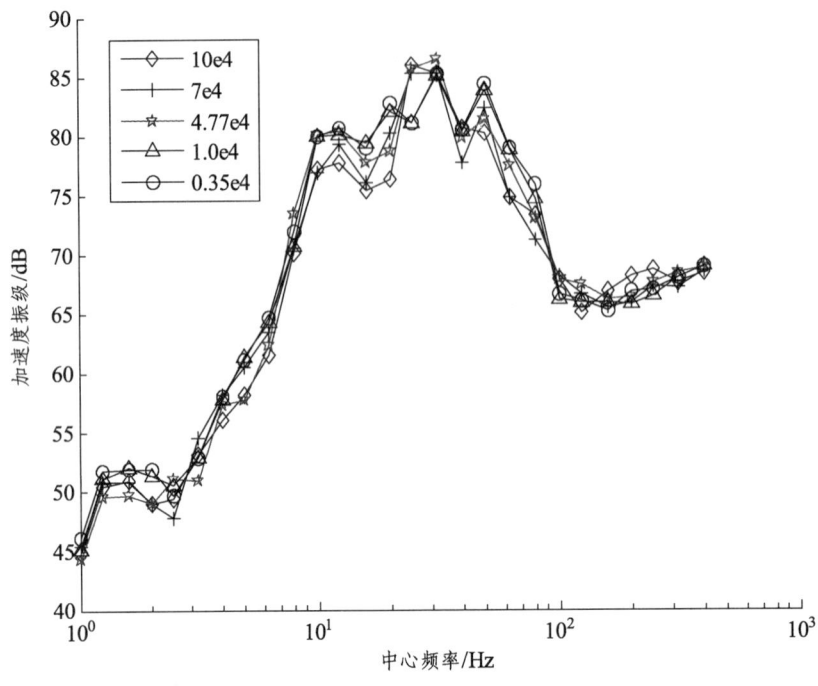

（c）桥梁垂向振动 1/3 倍频曲线

图 6.3　钢轨、轨道板与桥梁振级 1/3 倍频曲线

图 6.3 表明,钢轨的振动在 10～80 Hz 范围内随垫板阻尼的增大而减小,当扣件的阻尼分别为 3.5 kN·s/m、10 kN·s/m、47.7 kN·s/m、70 kN·s/m、100 kN·s/m 时,钢轨振级的平均值分别为 106.4 dB、104.4 dB、103 dB、102.2 dB 和 100.5 dB;相对于垫板阻尼 3.5 kN·s/m,当垫板阻尼为 10 kN·s/m、47.7 kN·s/m、70 kN·s/m、100 kN·s/m 时,钢轨的振级将分别减小 2.0 dB、3.4 dB、4.2 dB 和 6.4 dB;但在 80～250 Hz 范围内钢轨不随垫板阻尼的增大而增大。轨道板的振级在 40～80 Hz 和 250～400 Hz 范围内随垫板阻尼的增大而减小,当垫板阻尼从 10 kN·s/m 依次增大为 47.7 kN·s/m、70 kN·s/m 和 100 kN·s/m 时,在 40～80 Hz 范围内振级平均减小 3.3 dB、4.5 dB、6 dB 和 7.9 dB,在 80～250 Hz 范围内不随垫板阻尼的增大而增大,以上表明在部分频率范围增大垫板阻尼可以较有效地减小轨道板的振级。桥梁的振级在分析频率范围内受垫板阻尼变化的影响较小。

6.4　CA 砂浆垫层刚度对轨道结构振动特性的影响分析

为了分析轨道板 CA 砂浆垫层刚度对高速客运专线高架轨道结构振动的影响，分别取 CA 砂浆垫层的刚度为 100 MN/m、300 MN/m、900 MN/m 和 1 000 MN/m，计算不平顺条件下高架轨道结构的振动响应。不同 CA 砂浆垫层刚度条件下，钢轨、CRTS Ⅱ 轨道板和桥梁的振动加速度、速度、位移幅值及轮轨相互作用力均值如表 6.5 所示；钢轨、CRTS Ⅱ 轨道板和桥梁的振动加速度级如图 6.4 所示。

表 6.5　CA 砂浆垫层刚度变化对振动响应的影响

刚度/ (MN/m)	轮轨 力/kN	跨中加速度/(m/s²)			跨中速度/(m/s)			跨中位移/mm		
		钢轨	轨道板	桥梁	钢轨	轨道板	桥梁	钢轨	轨道板	桥梁
100	69.34	21.6	10.0	5.7	0.05	0.03	0.01	1.1	0.71	0.37
300	69.35	20.7	7.5	7.5	0.046	0.027	0.02	0.91	0.52	0.40
900	69.37	20	7.3	6.9	0.04	0.027	0.02	0.88	0.53	0.50
1000	69.35	19.7	7.13	7.16	0.039	0.024	0.023	0.82	0.44	0.41

表 6.5 表明，对于相同轨道不平顺条件，动态轮轨力随 CA 砂浆垫层刚度增大而变化的规律不明显；其中钢轨、轨道板的振动加速度、速度和位移随 CA 砂浆垫层刚度的增加有小幅度减小；而桥梁的振动加速度、速度和位移随 CA 砂浆垫层刚度的增加变化的规律不明显。

图 6.4 表明，对于相同轨道不平顺条件，在 40～120 Hz 范围内，钢轨的振级随 CA 砂浆垫层刚度增大而小幅减小，当刚度分别为 100 MN/m、300 MN/m、900 MN/m 和 1 000 MN/m 时，钢轨振级的平均值分别为 104.2 dB、102.9 dB、102 dB 和 100.5 dB；在 120～400 Hz 范围内随着 CA 砂浆垫层刚度的增大而增大，当刚度分别为 100 MN/m、300 MN/m、900 MN/m 和 1 000 MN/m 时，钢轨振级的平均值分别为 113.4 dB、113.6 dB、114.6 dB 和 116.1 dB。轨道板的振级在 40～120 Hz 范围内均随 CA 砂浆垫层刚度的减小而减小，而在 160～400 Hz 范围内随 CA 砂浆垫层刚度的减小而增大，当 CA 砂浆的刚度从 1 000 MN/m 降低至 100 MN/m 时，振级在 40～120 Hz 范围内平均可以降低 4.7 dB，在 160～400 Hz 范围内可以增大 3.6 dB；桥梁

的振级基本上随 CA 砂浆垫层刚度的减小而减小,在 20~400 Hz 范围内,当 CA 砂浆垫层刚度从 900 MN/m 降低至 100 MN/m 时,振级平均可以降低 1.92 dB。

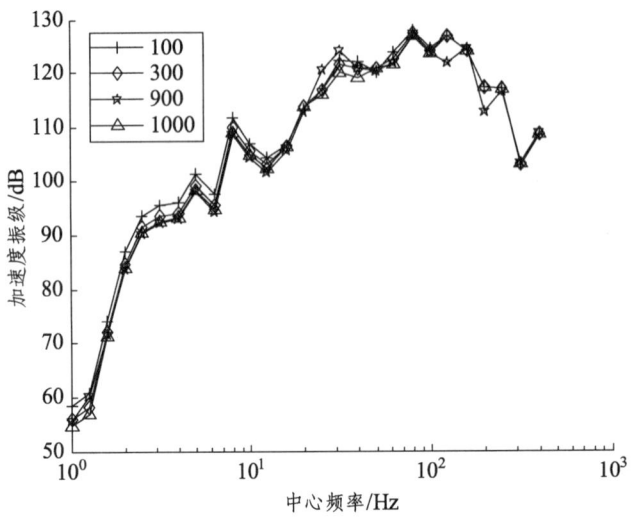

(a) 钢轨垂向振动 1/3 倍频曲线

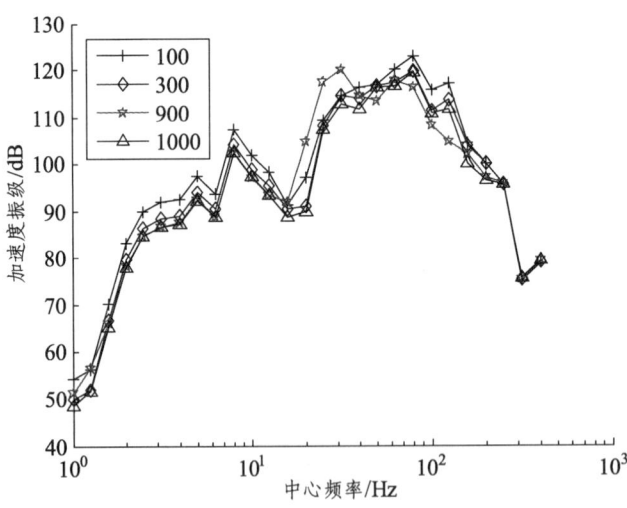

(b) 轨道板垂向振动 1/3 倍频曲线

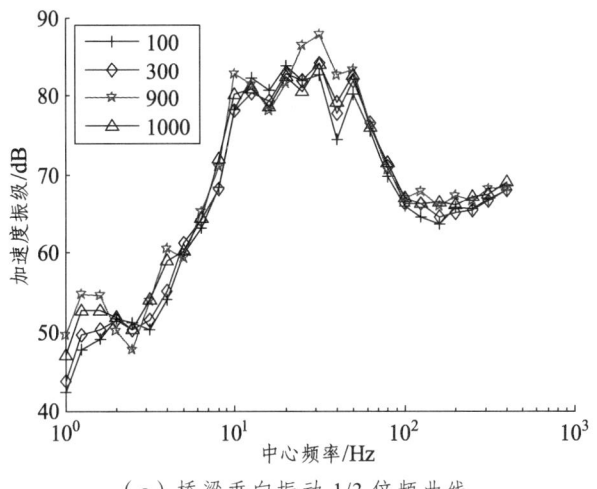

（c）桥梁垂向振动 1/3 倍频曲线

图 6.4 钢轨、轨道板与桥梁振级 1/3 倍频曲线

6.5 CA 砂浆垫层阻尼对轨道结构振动特性的影响分析

为了分析轨道板 CA 砂浆垫层阻尼对高速客运专线高架轨道结构振动的影响，分别取 CA 砂浆垫层阻尼为 25 kN·s/m、50 kN·s/m、83 kN·s/m、120 kN·s/m，计算不平顺条件下高架轨道结构的振动响应。不同 CA 砂浆垫层阻尼条件下，钢轨、CRTSⅡ轨道板和桥梁的振动加速度、速度、位移幅值及轮轨相互作用力均值如表 6.6 所示；钢轨、CRTSⅡ轨道板和桥梁的振动加速度级如图 6.5 所示。

表 6.6 CA 砂浆垫层阻尼变化对振动响应的影响

阻尼系数/(kN·s/m)	轮轨力/kN	跨中加速度/(m/s²)			跨中速度/(m/s)			跨中位移/mm		
		钢轨	轨道板	桥梁	钢轨	轨道板	桥梁	钢轨	轨道板	桥梁
25	69.35	21.7	7.3	7.1	0.04	0.024	0.023	0.83	0.45	0.41
50	69.35	19.9	7.2	7.2	0.046	0.027	0.02	0.83	0.45	0.41
83	69.35	19.5	7.15	7	0.04	0.03	0.02	0.83	0.44	0.41
120	69.35	18.7	7.13	7.16	0.039	0.024	0.023	0.82	0.45	0.41

表 6.6 表明，对于相同轨道不平顺条件，动态轮轨力随 CA 砂浆垫层阻

尼改变的规律不明显；钢轨与轨道板的振动加速度随 CA 砂浆垫层阻尼的增加有小幅度减小，钢轨与轨道板的速度、位移随 CA 砂浆垫层阻尼的增加而变化的规律不明显；桥梁的振动加速度、速度和位移随 CA 砂浆垫层阻尼的增加而变化的规律也不明显。

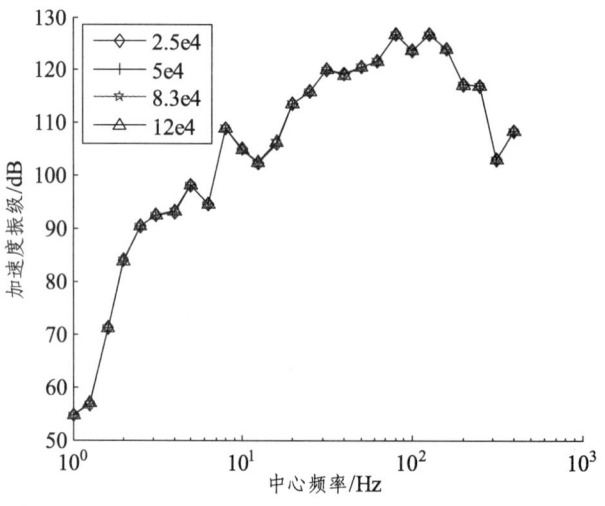

（a）钢轨垂向振动 1/3 倍频曲线

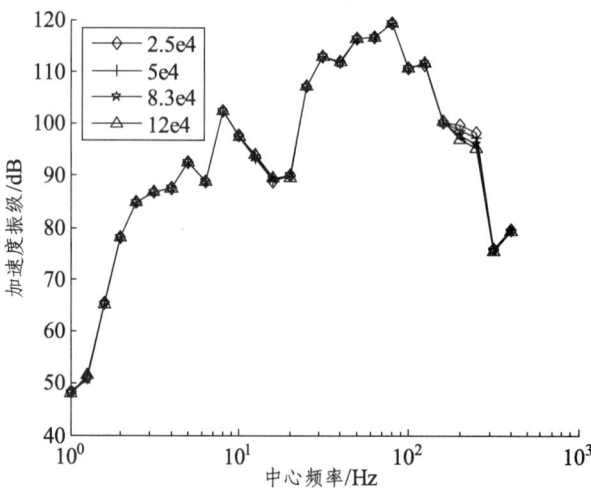

（b）轨道板垂向振动 1/3 倍频曲线

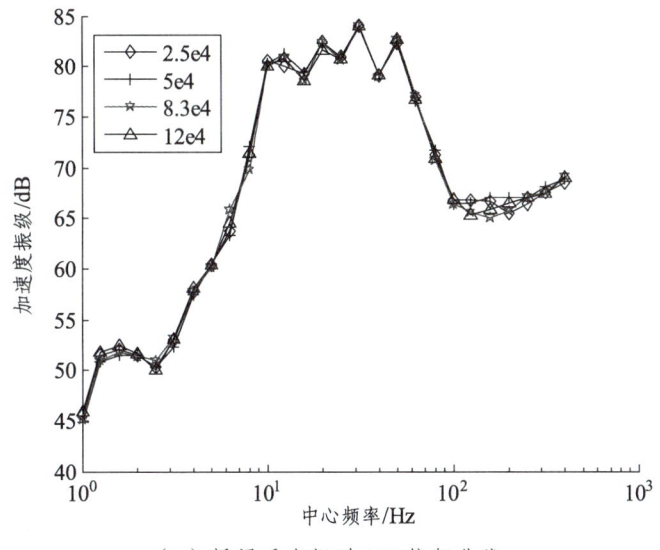

（c）桥梁垂向振动 1/3 倍频曲线

图 6.5　钢轨、轨道板与桥梁振级 1/3 倍频曲线

图 6.5 表明，在相同轨道不平顺条件下，对钢轨振级而言，在分析频率范围内随 CA 砂浆垫层阻尼的增大而轻微增大，当轨枕垫层阻尼从 25 kN·s/m 依次增大为 50 kN·s/m、83 kN·s/m 和 120 kN·s/m 时，振级平均增大 0.69 dB、1.2 dB 和 1.8 dB；轨道板的振级在 40~250 Hz 范围内随 CA 砂浆垫层阻尼的增大而减小，当 CA 砂浆垫层阻尼从 25 kN·s/m 依次增大为 50 kN·s/m、83 kN·s/m 和 120 kN·s/m 时，振级在 40~250 Hz 范围内平均减小 0.7 dB、1.8 dB 和 2 dB；桥梁的振级在 40~80 Hz 范围内随 CA 砂浆垫层阻尼的增大而减小，当垫层阻尼 25 kN·s/m 依次增大为 50 kN·s/m、83 kN·s/m 和 120 kN·s/m 时，振级平均减小 2.1 dB、3.1 dB 和 4.0 dB，在其他频率范围内受 CA 砂浆垫层阻尼的影响较小。

6.6　轨道板厚度对轨道结构振动特性的影响分析

为了分析轨道板厚度对高架轨道结构振动特性的影响，分别取轨道板厚度为 0.15 m、0.2 m、0.3 m 和 0.45 m，计算不平顺条件下高架轨道结构的振动响应。不同的 CA 砂浆垫层阻尼条件下，钢轨、CRTS Ⅱ 轨道板和桥梁的振动加速度、速度、位移幅值及轮轨相互作用力均值如表 6.7 所示；钢轨、CRTS Ⅱ 轨道板和桥梁的振动加速度级如图 6.6 所示。

表 6.7 轨道板厚度变化对振动响应的影响

轨道板厚/m	轮轨力/kN	跨中加速度/(m/s²)			跨中速度/(m/s)			跨中位移/mm		
		钢轨	轨道板	桥梁	钢轨	轨道板	桥梁	钢轨	轨道板	桥梁
0.15	69.36	21.3	12.5	7.5	0.1	0.064	0.03	1.3	0.95	0.51
0.2	69.35	20.8	8.1	7.1	0.04	0.02	0.02	1.0	0.45	0.41
0.3	69.34	20	8.0	4.5	0.05	0.03	0.01	0.83	0.65	0.34
0.45	69.75	22.8	9.0	7.16	0.039	0.024	0.023	1.1	0.67	0.36

表 6.7 表明，在相同轨道不平顺条件下，轨道板厚度改变对轨道结构振动响应的影响不大。当轨道板的厚度从 0.15 m 变化到 0.2 m、0.3 m 时，轮轨作用力及轨道结构的振动加速度随着轨道板厚度的增大而减小，轮轨力分别减小 0.01 kN 和 0.02 kN；钢轨振动加速度分别减小 0.5 m/s² 和 1.3 m/s²，轨道板的振动加速度分别减小 4.4 m/s² 和 4.5 m/s²，桥梁的振动加速度分别减小 0.4 m/s² 和 3 m/s²。当轨道板厚度从 0.3 m 变化到 0.45 m 时，轮轨作用力及轨道结构的振动加速度随着轨道板厚度的增大而增大，轮轨力增大 0.41 kN，钢轨的振动加速度增大 9.8 m/s²，轨道板的振动加速度增大 1.0 m/s²，桥梁的振动加速增大 2.66 m/s²。钢轨、轨道板和桥梁的速度、位移随轨道板厚度增大而变化的规律不明显。

图 6.6 表明，在相同轨道不平顺条件下，钢轨的振级在 20～40 Hz 范围内随着轨道板厚度的增大而小幅减小，在 40～250 Hz 范围内随着轨道板厚度的增大而增大，这主要是因为轨道板厚度的增大一方面增加了轨道的质量，另外一方面又提高了轨道板的抗弯刚度。轨道板的振级在 60～400 Hz 频率范围内随轨道板厚度的增大而减小，当轨道板厚度从 0.15 m 依次增大为 0.3 m、0.45 m 和 0.9 m 时，振级平均减小 3.14 dB、4.9 dB 和 7.2 dB；桥梁的振级在 20 Hz 以上频率范围内随轨道板厚度的增大而减小，当轨道板厚度从 0.15 m 依次增大为 0.3 m、0.45 m 和 0.9 m 时，振级在 20～250 Hz 范围内平均减小 2.8 dB、4.6 dB 和 6.3 dB。

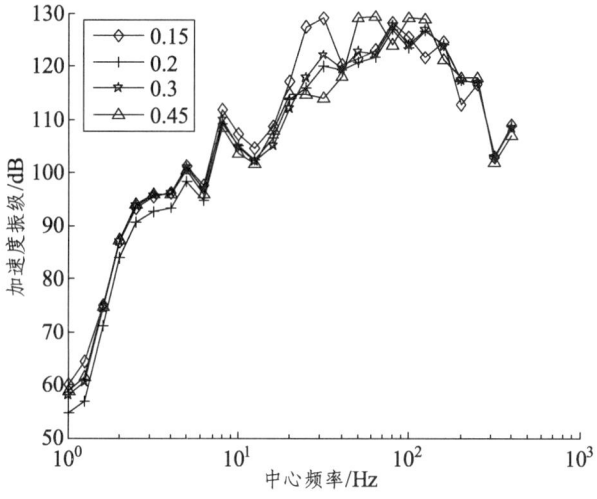

（a）钢轨垂向振动 1/3 倍频曲线

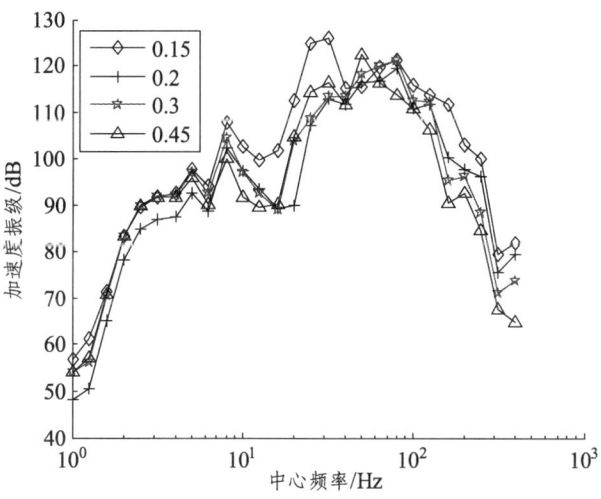

（b）轨道板垂向振动 1/3 倍频曲线

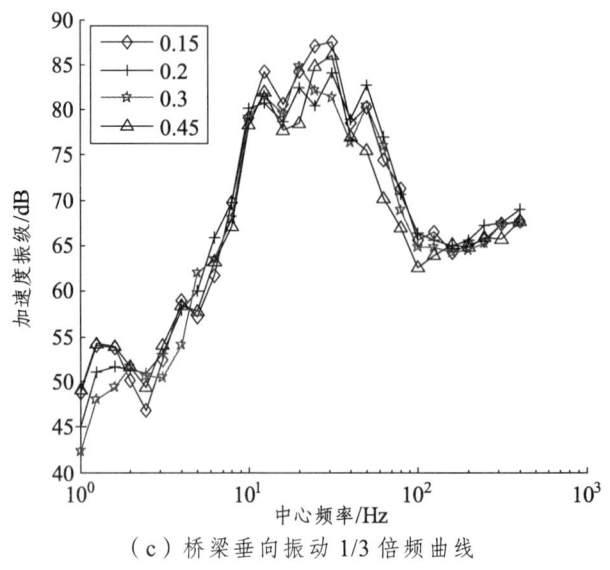

（c）桥梁垂向振动 1/3 倍频曲线

图 6.6 钢轨、轨道板与桥梁振级 1/3 倍频曲线

6.7 底座板厚度对轨道结构振动特性的影响分析

为了分析底座板厚度对高架轨道结构振动特性的影响，分别取底座板厚度为 0.1 m、0.19 m、0.3 m 和 0.45 m，计算不平顺条件下高架轨道结构的振动响应。不同底座板厚度时，钢轨、CRTS Ⅱ 轨道板和桥梁的振动加速度、速度、位移幅值及轮轨相互作用力均值如表 6.8 所示；钢轨、CRTS Ⅱ 轨道板和桥梁的振动加速度级如图 6.7 所示。

表 6.8 底座板厚度变化对振动响应的影响

底座板厚度/m	轮轨力/kN	跨中加速度/(m/s)²			跨中速度/(m/s)			跨中位移/mm		
		钢轨	轨道板	桥梁	钢轨	轨道板	桥梁	钢轨	轨道板	桥梁
0.1	69.73	21.4	7.2	6.8	0.06	0.03	0.027	0.83	0.51	0.47
0.19	69.35	19.7	7.1	7.2	0.04	0.024	0.02	0.83	0.45	0.41
0.3	69.32	17.3	7.4	6.9	0.06	0.024	0.023	0.84	0.5	0.46
0.45	69.44	26.7	7.7	6.9	0.069	0.027	0.027	0.89	0.44	0.39

表 6.8 表明，在相同轨道不平顺条件下，底座板厚度改变对轨道结构振

动响应的影响不大。当底座板厚度从 0.1 m 变化到 0.19 m、0.3 m 时,轮轨作用力及钢轨的振动加速度随着底座板厚度的增大而略有减小;轮轨力分别减小 0.28 kN 和 0.41 kN,钢轨的振动加速度分别减小 1.7 m/s² 和 4.1 m/s²;轨道板与桥梁的振动加速度随底座板厚度增大而变化的规律不明显。当轨道板厚度从 0.3 m 变化到 0.45 m 时,轮轨作用力及钢轨振动加速度随着轨道板厚度的增大而增大,轮轨力增大 0.12 kN,钢轨的振动加速度增大 9.4 m/s²;轨道板与桥梁的振动加速度随底座板厚度增大而变化的规律不明显。钢轨、轨道板和桥梁的速度、位移随轨道板厚度增大而变化的规律不明显。

图 6.7 表明,在相同轨道不平顺条件下,对钢轨的振级在 25 Hz 以下频率范围内随着底座板厚度的增大而小幅减小;在 25～250 Hz 范围内随着底座板厚度的增大而增大,当底座板厚度从 0.1 m 依次增大为 0.19 m、0.3 m 和 0.45 m 时,振级平均减小 0.9 dB、1.13 dB 与 3.5 dB。这主要是因为底座板厚度增大一方面增加了轨道的质量,另外一方面又提高了底座板的抗弯刚度。轨道板的振级在 25 Hz 以下频率范围内随底座板厚度的增大而减小,在 25 Hz 以上频率范围内随底座板厚度的增大而变化的规律不明显;桥梁的振级在 25 Hz 以下频率范围内随底座板厚度的增大而减小,在 25 Hz 以上频率范围内随底座板厚度的增大而变化的规律不明显。

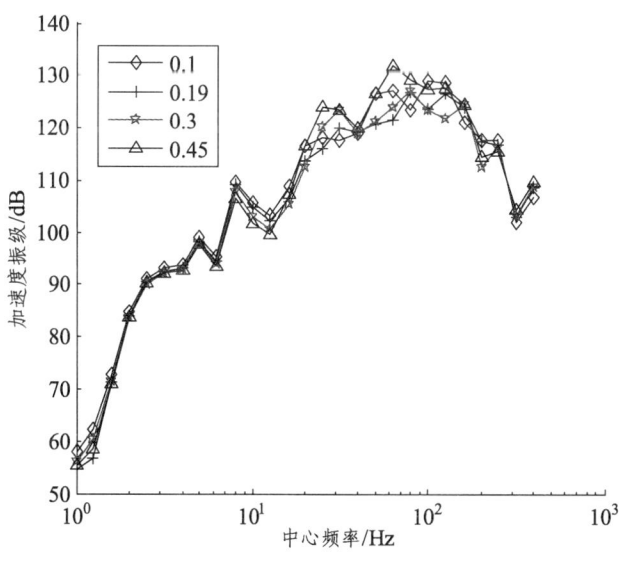

(a)钢轨垂向振动 1/3 倍频曲线

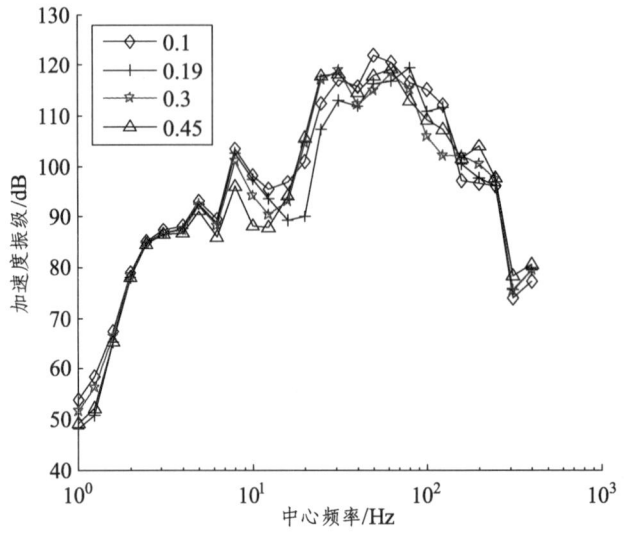

（b）轨道板垂向振动 1/3 倍频曲线

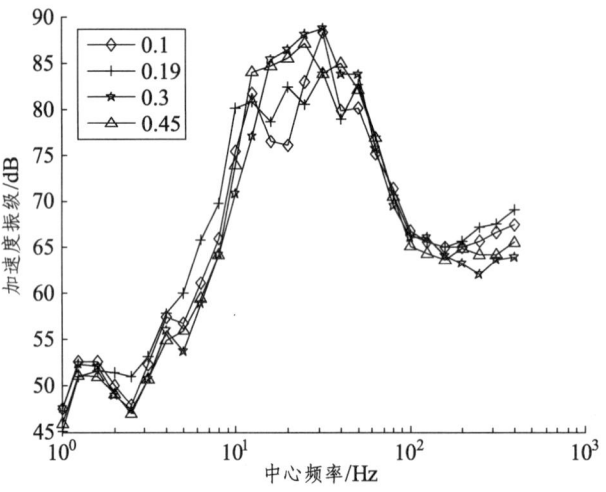

（c）桥梁垂向振动 1/3 倍频曲线

图 6.7 钢轨、轨道板与桥梁振级 1/3 倍频曲线

6.8 轨道板支承刚度对轨道结构振动特性的影响分析

为了分析轨道板支承刚度对高架轨道结构振动特性的影响，分别取轨道板支承刚度为 100 MN/m、150 MN/m、250 MN/m 和 400 MN/m，计算不平顺条件下高架轨道结构的振动响应。不同轨道板支承刚度条件下，钢轨、CRTS Ⅱ 轨道板和桥梁的振动加速度、速度、位移幅值及轮轨相互作用力均值如表 6.9 所示；钢轨、CRTS Ⅱ 轨道板和桥梁的振动加速度级如图 6.8 所示。

表 6.9 轨道板支承刚度变化对振动响应的影响

刚度系数 (MN/m)	轮轨力 /KN	跨中加速度/(m/s²)			跨中速度/(m/s)			跨中位移/mm		
		钢轨	轨道板	桥梁	钢轨	轨道板	桥梁	钢轨	轨道板	桥梁
100	69.35	29.7	7.1	7.1	0.04	0.024	0.023	0.83	0.45	0.41
150	69.44	28.8	11.3	10.7	0.086	0.029	0.026	0.89	0.46	0.41
250	69.73	26.8	9	7.7	0.08	0.02	0.017	0.83	0.27	0.23
400	69.58	23.4	7.4	5.7	0.055	0.013	0.009	0.75	0.18	0.12

表 6.9 表明，在相同轨道不平顺条件下，轮轨作用力受轨道板支承刚度变化的影响较小；钢轨的振动加速度随着轨道板支承刚度的增大而减小，当轨道板支承刚度从 100 MN/m 变化到 150 MN/m、250 MN/m 和 400 MN/m 时，钢轨的振动加速度分别减小 0.9 m/s²、1.9 m/s² 和 6.3 m/s²；轨道板与桥梁的振动加速度随底座板厚度的增大而变化的规律不明显。钢轨、轨道板和桥梁的速度、位移随轨道板厚度的增大而变化的规律不明显。

图 6.8 表明，钢轨的振级在 12.5 Hz 以下频率范围内随着轨道板支承刚度的增大而减小；在 12.5~60 Hz 范围内随轨道板支承刚度的增大而增大，当轨道板的支撑刚度从 100 MN/m 变化到 150 MN/m、250 MN/m 和 400 MN/m 时，钢轨的振级分别增加 3.6 dB、4.1 dB 和 5 dB；在 60 Hz 以上频率范围内受轨道板支承刚度变化的影响较小。轨道板的振级在 60 Hz 以下频率范围内随轨道板支撑刚度的增大而减小，在 60~200 Hz 范围内随轨道板支承刚度的减小而轻微减小，在 200 Hz 以上频率范围内受到轨道板支承刚度变化的影响较小，当轨道板支承刚度从 100 MN/m 依次增大为 150 MN/m、250 MN/m 和 400 MN/m 时，振级在 60 Hz 以下频率范围内平均减小 2.2 dB、3.4 dB 和 4.6 dB。桥梁的振级在 60~200 Hz 频率范围内基

本上随轨道板支承刚度的增大而增大，当轨道板支承刚度从 100 MN/m 变化到 150 MN/m、250 MN/m 和 400 MN/m 时，振级在 20～200 Hz 范围内平均增大 3.5 dB、5 dB 和 6.6 dB，表明降低轨道板的支承刚度可以在小幅度影响轮轨力的前提下较大幅度减小桥梁振动，因此具有良好的减振降噪效果。

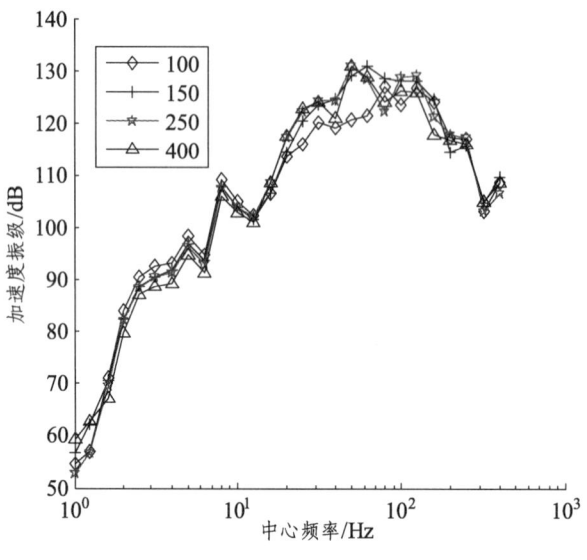

（a）钢轨垂向振动 1/3 倍频曲线

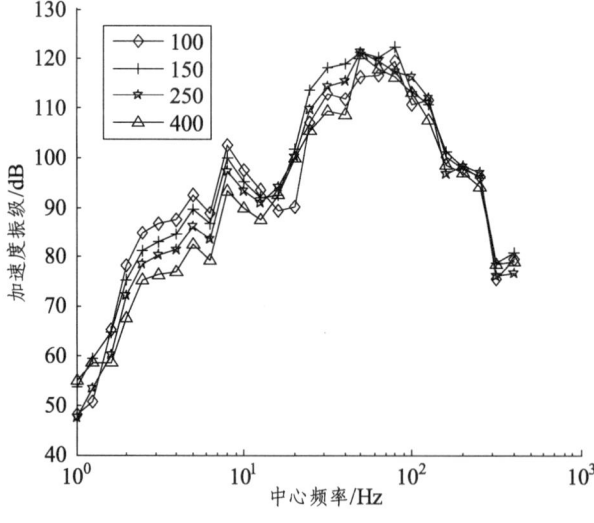

（b）轨道板垂向振动 1/3 倍频曲线

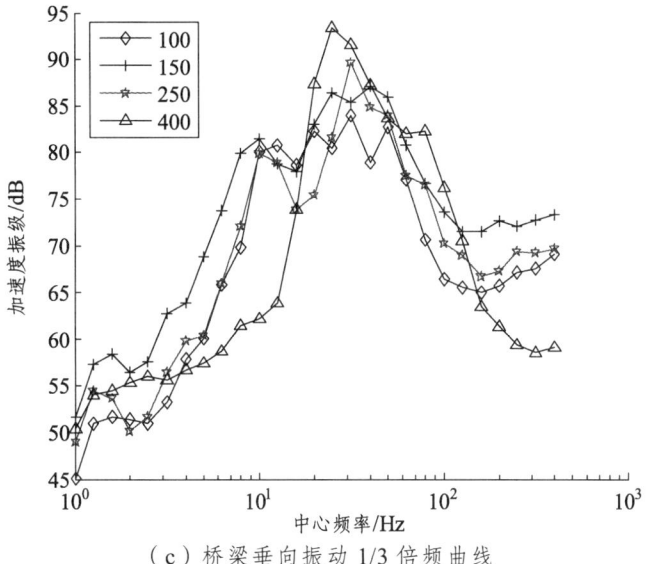

(c)桥梁垂向振动 1/3 倍频曲线

图 6.8 钢轨、轨道板与桥梁振级 1/3 倍频曲线

6.9 本章小结

本章利用车辆-轨道-桥梁耦合振动有限元模型,从时域、频域上分析不平顺条件下桥上 CRTS II 型板式轨道结构竖向振动特性及其影响因素,主要结论如下:

(1)在列车荷载作用下,钢轨的振级主要分布在 31.5~100 Hz 频率范围内,基本上都在 120 dB 以上,最大值可达到 129 dB;轨道板的振级主要在分布在 31.5~100 Hz 范围内,基本上都在 110 dB 以上,最大值可达到 124 dB;桥梁的振级主要分布在 31.5~100 Hz 范围内,基本上都在 90 dB 以上,最大值可达到 96 dB。

(2)在相同轨道不平顺条件下,钢轨质量和惯性矩的增大可以降低轮轨力,钢轨和轨道板的振级在分析频率范围内随着钢轨质量、惯性矩的增大而减小,桥梁的振级受到钢轨类型的影响较小,说明采用重型钢轨可以降低钢轨的振动,对降低轮轨噪声具有一定的积极意义。

(3)降低垫板刚度在 40~100 Hz 频率范围内可以减小轨道板、桥梁的振动，分别为 1 dB 和 3.5 dB，但将会导致钢轨振动的增大。

（4）钢轨的振级在 10~80 Hz 频率范围内随垫板阻尼的增大而增大，轨道板的振级在 40~80 Hz 和 250~400 Hz 频率范围内随垫板阻尼的增大而减小，桥梁的振级受到垫板阻尼变化的影响很小。

（5）在 40~120 Hz 频率范围内，钢轨的振级随着 CA 砂浆垫层刚度的增大而减小，在 120~400 Hz 范围内随着 CA 砂浆垫层刚度的增大而增大；轨道板的振级在 40~120 Hz 范围内均随 CA 砂浆垫层刚度的增大而减小，在 160~400 Hz 范围内随 CA 砂浆垫层刚度的减小而减小；桥梁的振级基本上随 CA 砂浆垫层刚度的减小而减小。

（6）随着 CA 砂浆垫层阻尼的增大，钢轨的振级在 40~250 Hz 频率范围内出现轻微增大，轨道板的振级在 40~250 Hz 范围内随 CA 砂浆垫层阻尼的增大而减小，桥梁的振级在 40~80 Hz 范围内随 CA 砂浆垫层阻尼的增大而减小，在其他频率范围内基本不变。

（7）随着轨道板厚度的增大，钢轨的振级在 60~250 Hz 频率范围内随呈现减小的趋势，在 2.5~60 Hz 范围内呈现增大的趋势；轨道板的振级在 60 Hz 以上频率范围内随轨道板厚度的增大而减小；桥梁的振级在 20 Hz 以上频率范围内随轨道板厚度的增大而减小。

（8）钢轨的振级在 25 Hz 以下频率范围内随着底座板厚度的增大而小幅减小，在 25~250 Hz 范围内随着底座板厚度的增大而增大，这主要是因为底座板厚度增大一方面增加了轨道的质量，另外一方面又提高底座板的抗弯刚度。轨道板的振级在 25 Hz 以下频率范围内随底座板厚度的增大而减小，在 25 Hz 以上频率范围内随底座板厚度的增大而变化的规律不明显。桥梁的振级在 25 Hz 以下频率范围内随底座板厚度的增大而减小，在 25 Hz 以上频率范围内随底座板厚度的增大而变化的规律不明显。

（9）随着轨道板支承刚度的增大，钢轨的振级在 12.5 Hz 以下频率范围内小幅度减小，在 12.5~60 Hz 范围内随轨道板支承刚度的增大而增大，在 60 Hz 以上频率范围内受轨道板支承刚度变化的影响较小。轨道板的振级在 60 Hz 以下频率范围内随轨道板刚度的增大而减小，在 60~200 Hz 范围内随轨道板支承刚度的减小而轻微减小，在 200 Hz 以上的频率范围内受到轨道板支承刚度变化的影响较小。桥梁的振级在 60~200 Hz 频率范围内基本上随轨道板支承刚度的增大而增大。降低轨道板的支承刚度可以在小幅度影响轮轨力的前提下较大幅度减小桥梁振动,因此具有良好的减振降噪效果。

扫码查看本章彩图

参考文献

[1] KNOTHE K L, GRASSIE S L. Modeling of railway track and vehicle track interaction at high-frequencies [J]. Vehicle System Dynamics,1993, 314(22):209-262.

[2] GRASSIE S L, GREGORY R W, JOHNSON K L. The dynamic response of railway track to high frequency lateral excitation [J]. Journal Mechanical Engineering Science. 1982, 24(2): 91-95.

[3] DEAN G. The response of an infinite railroad track to a moving vibrating mass [J]. Journal of Applied Mechanics, 1990(57): 66-73.

[4] CAI C W, CHEUNG Y K, CHAN H C. Dynamic response of infinite continuous beams subjected to a moving force-an exact method [J]. Journal of Sound and Vibration, 1988, 123(3):461-472.

[5] NIELSEN J C O. Train-track interaction: Coupling of moving and stationary dynamic systems[J]. Journal of Sound and Vibration, 1993(216): 123-134.

[6] NIELSEN J C O, IGELAND A. Vertical dynamic interaction between train and track-influence of wheel and track imperfections[J] .Journal of Sound and Vibration, 1995,187(5): 825-839.

[7] RIPKE B, KNOTHE K. Simulation of high frequency vehicle-track interactions[J]. Vehicle System Dynamics Supplement, 1995(24): 72-85.

[8] OSCARSSON J, DAHLBERG T. Dynamic train-track-ballast interaction computer model and full-scale experiments[J]. Vehicle System Dynamics Supplement, 1998(28): 73-84.

[9] BITZENBAUER J, DINKEL J. Dynamic interaction between a moving vehicle and an infinite structure excited by irregularities-Fourier transforms solution[J]. Archive of Applied Mechanics, 2002(72): 199-211.

[10] VENANCIO FILHO F. Finite element analysis of structures under moving loads [J]. Shock and Vibration Digest, 1978(10): 27-35.

[11] DONG R G, SANKAR S, DUKKIPATI R V. A finite element model of railway track and its application to wheel flat problem[J]. Proc. Inst. Mech. Eng., F J. Rail Rapid Transit, 1994, 208(1): 61-72.

[12] DONG R G, SANKAR S. The characteristics of impact loads due to wheel tread defects[J]. Rail Transport., ASME 8, 1994: 23-30.

[13] AUERSCH L.Vehicle-track interaction and soil dynamics[J]. Vehicle System Dynamics, 1998(33): 30-46.

[14] AUERSCH L.The excitation of ground vibration by rail traffic:theory of vehicle-track-soil interaction and measurements on high-speed lines[J]. Journal of Sound and Vibration, 2005, 284(1): 103-132.

[15] DROZDZIEL J, SOWINSKI B, GROLL W. The effect of railway vehicle-track system geometric deviation on its dynamics in the turnout zone [J]. Vehicle System Dynamics, 2000(33): 641-652.

[16] GURULE S, WILSON N. Simulation of wheel/rail interaction in turnouts and special track work[J]. Supplement to Vehicle System Dynamics, 1999(33): 143-154.

[17] DIETZ S, HIPPMANN G, SCHUPP G. Interaction of vehicles and flexible tracks by CO-simulation of multibody vehicle system and finite element track models[J]. Supplement to Vehicle System Dynamics, 2003(37): 372-384.

[18] SZOLE T, PIOTROWSKE J, NAGORSKI Z. Simulation of vehicle-track interaction in the medium frequency range with application to analysis of mechanical and thermal loading in contact 2001.

[19] KUMARAN G, MENON D. Evaluation of dynamic load on railway sleepers based on vehicle-track modeling and analysis [J]. International Journal of Structural Stability and Dynamics, 2003(23): 355-374.

[20] KALOUSEK H K, DONG J R. A dynamic model for an asymmetrical vehicle-track system [J]. Journal of Sound and Vibration, 2003(267): 591-604.

[21] POPP K, KAISER I, KRUSE H. Vehicle-track dynamics in the mid-frequency range [J]. Vehicle System Dynamics, 1999(31): 423-464.

[22] POPP K, KAISER I, KRUSE H. System dynamics of railway vehicles and track[J]. Archive of Applied Mechanics, 2003(72): 11-12.

[23] YOUNG T H, LI C Y. Vertical vibration analysis of vehicle-imperfect track systems[J]. Vehicle System Dynamics, 2003, 40(5): 329-349.

[24] KORO K, ABE K, ISHIDA M. Timoshenko beam finite element for vehicle-track vibration analysis and its application to jointed railway track[J]. Journal of rail and rapid transit, 2004(218): 324-338.

[25] BAEZA L, RODA A, NIELSEN J C O. Railway vehicle-track interaction analysis using a modal sub-structuring approach[J]. Journal of Sound and Vibration, 2006, 293(1-2): 112-124.

[26] 翟婉明. 车辆-轨道耦合动力学[M]. 北京：科学出版社，2002.

[27] 翟婉明. 车辆-轨道相互作用理论研究进展及发展趋势[J]. 力学进展，1998, 28（3）：897-989.

[28] 翟婉明. 车辆-轨道耦合动力学研究的新进展[J]. 中国铁道科学，2002, 23（2）：1-14.

[29] 翟婉明, 王其昌. 轮轨动力分析模型研究[J]. 铁道学报，1994, 2（1）：64-72.

[30] 翟婉明, 韩卫军. 高速铁路板式轨道动力特性研究[J]. 铁道学报，1999（6）：21-27.

[31] 翟婉明, 蔡成标, 王开云. 轨道刚度对列车走行性能的影响[J]. 铁道学报，2000（6）：80-83.

[32] 翟婉明, 蔡成标. 高速列车-轨道-桥梁动态相互作用原理与模型[J]. 土木工程学报，2005（11）：38-132.

[33] 雷晓燕. 轮轨相互作用有限元分析[J]. 铁道学报，1994, 16（1）：8-17.

[34] 雷晓燕. 高速列车对道碴的动力响应[J]. 铁道学报，1997, 19（1）：4-11.

[35] 雷晓燕. 轨道动力学理论模型参数研究[J]. 铁道工程学报，1998（2）：26-31.

[36] 雷晓燕, 陈水生. 高速铁路轨道结构空间动力分析[J]. 铁道学报，2000

(5): 76-80.

[37] 雷晓燕. 移动荷载作用下轨道基础刚度突变对轨道振动的影响[J]. 振动工程学报, 2006 (2): 195-199.

[38] 雷晓燕. 轨道动力学模型与数值方法研究进展[J]. 华东交通大学学报, 2011 (3): 1-12.

[39] 雷晓燕. 铁路轨道结构数值分析方法[M]. 北京: 中国铁道出版社, 1998.

[40] 曾庆元, 杨平. 形成矩阵的"对号入座"法则与桁梁空间分析的桁段有限元法[J]. 铁道学报, 1986 (2): 48-59.

[41] 曾庆元, 杨平. 形成矩阵的"对号入座"法则与桁梁动静分析的桁段有限元法[J]. 铁道学报, 1986, 8 (2): 48-59.

[42] 向俊, 曾庆元. 关于机车车辆-轨道系统运动方程的建立[J]. 长沙铁道学院学报, 2000 (4): 1-5.

[43] 李德建, 曾庆元. 列车-轨道时变系统横向振动能量随机分析方法[J]. 振动工程学报, 2000, 13 (2): 307-313.

[44] 岳渠德. 列车-轨道系统三维耦合动力学模型及其动力响应研究[D]. 北京: 铁道科学研究院, 1995.

[45] 胡用生, 谭复兴, 陆正刚. TBDS轮轨耦合模型的仿真验证及其应用[J]. 铁道学报, 1996 (3): 29-36.

[46] 刘学毅, 王平, 万复光. 轮轨空间耦合振动分析模型及其应用[J]. 铁道学报, 1998, 20 (3): 102-108.

[47] 全玉云. 机车车辆-轨道系统垂向耦合动力学有限元分析的研究[D]. 北京: 铁道科学研究院, 2000.

[48] 王平. 道岔区轮轨系统动力学的研究[D]. 成都: 西南交通大学, 1997.

[49] 任尊松. 车辆-道岔系统动力学研究[D]. 成都: 西南交通大学, 2000.

[50] 陈果. 车辆-轨道耦合系统随机振动分析[D]. 成都: 西南交通大学, 2000.

[51] 王开云, 翟婉明. 车辆-轨道耦合动力学仿真软件TTISIM及其试验验证[J]. 中国铁道科学, 2004 (6): 48-53.

[52] 王开云, 翟婉明, 等. 提速列车与曲线轨道的横向相互动力作用研究[J]. 中国铁道科学, 2005, 2 (6): 38-43.

[53] JIN X S, WANG K Y. Effect of rail corrugation on vertical dynamics of railway[J]. Acta Mechanica Sinica, 2005, 21(1): 95-102.

[54] 聂志红. 高速铁路轨道路基竖向--软岩路基系统动力特性研究[D]. 长沙: 中南大学, 2005.

[55] 卿启湘. 高速铁路无碴轨道-软岩路基系统动力特性研究[D]. 长沙: 中南大学, 2005.

[56] 陈雪华. 高速铁路无碴轨道过渡段路基的动力特性研究[D]. 长沙: 中南大学, 2006.

[57] 蔡成标, 翟婉明. 不同轨下基础轨道连接的动力特性分析[J]. 铁道学报, 2002, 22（2）: 79-82.

[58] 蔡成标, 翟婉明, 王开云. 高速列车与桥上板式轨道动力学仿真分析[J]. 中国铁道科学, 2004, 22（5）: 57-60.

[59] 松浦章夫. 高速铁路车辆与桥梁相互作用[J]. 铁道技术研究资料, 1974, 31（5）: 14-17.

[60] 松浦章夫. 新干线铁路桥梁竖向允许挠度[J]. 铁道技术研究资料, 1974, 31（10）: 445-449.

[61] DHAR C L. A method of computing bridge impact [D]. Chicago: Illinois Institute of Technology, 1978.

[62] CHU K H, GARG V K, DHAR C L. Railway-bridge impact: simplified train and bridge model [J]. Journal of the structural division, ASCE, 1979, 105(9):1823-1844.

[63] CHU K H, GARG V K, WANG T L. Impact in railway pre-stressed concrete bridges [J].Journal of structural engineering, 1986, 112(5): 1036-1051.

[64] WANG T L. Impact and fatigue in open-deck steel truss and ballasted pre-stressed concrete railway bridges [D]. Chicago: Illinois Institute of Technology, 1984.

[65] WANG T L. Study of railway bridge/vehicle interaction and evaluation of fatigue life [J]. Earthquake engineering and structural dynamics, 1985, 13(6): 689-709.

[66] WANG T L, CHU K H. Railway bridge/vehicle interaction studies with

new vehicle model [J].Journal of structural engineering, 1991, 117(7): 2099-2116.

[67] DIANA G, CHELI F. Dynamic interaction of railway systems with large bridges [J].Vehicle system dynamics, 1989, 18(1): 71-106.

[68] 曾庆元，郭向荣．列车桥梁时变系统振动分析理论与应用[M]．北京：中国铁道出版社，1999.

[69] 潘家英，程庆国，等．高速列车-桥梁耦合系统动力学研究[R]．国家自然科学基金重点项目《高速铁路运行系统动力学与运行控制》研究报告之二，1998.

[70] 夏禾，张楠．车辆与结构动力相互作用[M]．北京：科学出版社，2005.

[71] 练松良．轨道结构动力学[M]．上海，同济大学出版社，2003.

[72] 曾庆元，等．桁梁行车空间振动计算的桁段有限元法[J]．桥梁建设，1985（4）：1-16.

[73] 曾庆元，等．列车-桥梁时变系统的横向振动分析[J]．铁道学报，1991，13（2）：38-46.

[74] 杨孚衡，黎志光．考虑斜拉桥非线性的车桥耦合振动分析[J]．中国铁道科学，2001，22（3）：67-71.

[75] 曾庆元，杨平．形成矩阵的"对号入座"法则与桁梁动静分析的桁段有限元法[J]．铁道学报，1986，8（2）：48-59.

[76] 松浦章夫．由铁道车辆的走行性分析大跨吊桥的折角限度[C]．土木学会论文报告集，1979.

[77] 松本嘉司．受风振动对吊桥上二轴车辆的走行性影响[C]．土木学会论文报告集，1982.

[78] AUERSCH L. The effect of critically moving loads on the vibrations of soft soils and isolated railway tracks [J]. Journal of sound and vibration, 2008,310 (3): 587-607.

[79] AUERSCH L. Vehicle-track interaction and soil dynamics [J]. Vehicle system dynamics, 1998, 33(1): 30-46.

[80] AUERSCH L. The excitation of ground vibration by rail traffic: theory of vehicle-track-soil interaction and measurements on high-speed lines [J].

Journal of sound and vibration, 2005, 284 (1): 103-132.

[81] SHENG X. A theoretical model for ground vibration from trains generated by vertical track irregularities [J]. Journal of sound and vibration, 2004, 272(3-5): 937-965.

[82] SHENG X. Ground vibration generated by a load moving along a railway track [J]. Journal of sound and vibration, 1999, 228(1): 129-156.

[83] PICOUX B. Prediction and measurements of vibrations from a railway track lying on a peaty ground [J]. Journal of sound and vibration, 2003, 267 (3): 575-589.

[84] VOSTROUKHOV A V. Periodically supported beam on a visco-elastic layer as a model for dynamic analysis of a high-speed railway track [J]. International journal of solids and structures 2003, 40 (21): 5723-5752.

[85] HIROKAZU TAKEMIYA. Simulation of track-ground vibrations due to a high-speed train: the case of X-2000 at Ledsgard [J]. Journal of sound and vibration, 2003,261 (3): 503-526.

[86] CAI Y Q, SUN H L, XU C G. Three-dimensional analyses of dynamic responses of track-ground system subjected to a moving train load [J]. Computers and structures2008, 86 (7-8): 816-824.

[87] BELOTSERKOVSKII P M. The steady vibrations and resistance of a railway track to the uniform motion of an unbalanced wheel [J]. Journal of applied mathematics and mechanics, 2003, 67(5): 763-773.

[88] KALKE J J. Discretely supported rails subjected to transient loads [J]. Vehicle system dynamics, 1996, 25(1): 71-88.

[89] WU T X. Vibration analysis of railway track with multiple wheels on the rail [J]. Journal of sound and vibration, 2001, 239(1): 69-97.

[90] WU T X. On the railway track dynamics with rail vibration absorber for noise reduction [J].Journal of sound and vibration, 2008,309 (3-5): 739-755.

[91] WU T X. A double Timoshenko beam model for vertical vibration analysis of railway track at high frequencies [J].Journal of sound and vibration, 1999, 224(2): 329-348.

[92] NIELSEN J C O. High-frequency vertical wheel-rail contact forces-Validation of a prediction model by field testing [J]. Wear, 265 (2008): 1465-1471.

[93] ANDERSEN L, NIELSEN S R K. Vibrations of a track caused by variation of the foundation stiffness [J]. Probabilistic engineering mechanics 2003, 18 (2): 171-184.

[94] SZOLC T. Medium frequency dynamic investigation of the railway wheelset-track system using a discrete-continuous model [J]. Archive of applied mechanics, 1998, 68 (1): 30-45.

[95] KNOTHE K, GRASSIE S L. Modeling of railway track and vehicle/track interaction at high frequencies[J]. Vehicle system dynamics.1993, 22(3-4): 209-262.

[96] RIPKE B, KNOTHE K. Simulation of high frequency vehicle-track interactions [J]. Vehicle system dynamics.1995, 24(1): 72-85.

[97] BITZENBAUER J, DINKEL J. Dynamic interaction between a moving vehicle and an infinite structure excited by irregularities Fourier transforms solution[J]. Archive of applied mechanics, 2002, 72(2-3): 199-211.

[98] NIELSEN J C O. Train/track interaction: Coupling of moving and stationary dynamic systems [J]. Journal of sound and vibration, 1993, 216(1-2): 123-134.

[99] NIELSEN J C O, IGELAND A .Vertical dynamic interaction between train and track-influence of wheel and track imperfections [J] .Journal of sound and vibration, 1995, 187(5): 825-839.

[100] POPP K, KAISER I, KRUSE H. Vehicle-track dynamics in the mid-frequency range [J]. Vehicle system dynamics 1999, 31 (5-6): 423-464.

[101] POPP K, KAISER I, KRUSE H. System dynamics of railway vehicles and track [J]. Archive of applied mechanics, 2003, 72 (11-12): 261-266.

[102] BAEZA L, RODA A, NIELSEN J C O. Railway vehicle/track interaction analysis using a modal sub-structuring approach [J]. Journal of sound and vibration, 293(1-2): 112-124.

[103] 边学成，陈云敏．列车荷载作用下轨道和地基的动响应分析[J]．力

学学报，2005，37（4）：477-484.

[104] 边学成，陈云敏. 列车移动荷载作用下分层地基响应特性[J]. 岩石力学与工程学报，2007，26（1）：182-189.

[105] 谢伟平，胡建武，徐劲. 高速移动荷载作用下的轨道-地基系统的动力响应[J]. 岩石力学与工程学报，2002，21（7）：1075-1078.

[106] 谢伟平，王国波，于艳丽. 移动荷载引起的土变形计算[J]. 岩土工程学，2004，26（3）：318-322.

[107] 聂志红，刘宝琛，李亮. 移动荷载作用下轨道路基动力响应分析[J]. 中国铁道科学，2006，27（2）：15-19.

[108] 雷晓燕. 轨道临界速度与轨道强振动研究[J]. 岩土工程学报，2006，28（3）：419-422.

[109] 雷晓燕. 轨道结构动力分析的傅里叶变换法[J]. 铁道学报，2007，29（3）：67-71.

[110] 雷晓燕. 高速列车诱发地面波与轨道强振动研究[J]. 铁道学报，2006，28（3）：78-82.

[111] 雷晓燕. 高速铁路轨道振动与轨道临界速度的傅立叶变化法[J]. 中国铁道科学，2007，28（6）：30-34.

[112] 和振兴，翟婉明. 高速列车作用下板式轨道引起的地面振动[J]. 中国铁道科学，2007，28（2）：7-11.

[113] 李志毅，高广运，冯世进. 高速列车运行引起的地表振动分析[J]. 同济大学学报：自然科学版，2007，35（7）：909-914.

[114] 曹艳梅. 列车引起的自由场地及建筑物振动的理论分析和试验研究[D]. 北京：北京交通大学，2006.

[115] 魏伟. 轨道系统高频振动分析的动态子结构法[J]. 计算力学学报，2001，17（3）：343-348.

[116] 李增光. 轨道交通高架结构振动噪声建模、预测与控制研究[D]. 上海：上海交通大学，2011.

[117] BHATTI M H, GARG V K, CHU K H. Dynamic interaction between freight train and steel bridge[J]. Journal of dynamic systems, measurement and control, ASME, 1985,107(1):60-66.

[118] SONG M K, NOH H C, CHOI C K.A new three-dimensional finite

element analysis model of high-speed train-bridge interactions [J]. Engineering structures, 2003,25(13):1611-1626.

[119] OUELAA N, REZAIGUIA A, LAULAGNET B. Vibro-acoustic modeling of a railway bridge crossed by a train [J].Applied acoustics, 2006, 67(5): 461-475.

[120] MAJKA M, HARTNET M. Dynamic response of bridges to moving trains: A study on effects of random track irregularities and bridge skewness [J].Computers and structures, 2009, 87(19-20): 1233-1252.

[121] NGUYEN V, KI D, KIM D. Dynamic analysis of three-dimensional bridge-high-speed train interactions using a wheel-rail contact model [J]. Engineering structures, 2009, 31(12): 3090-3106.

[122] LUU M, ZABEL, V KÖNKE C. An optimization method of multi-resonant response of high-speed train bridges using TMDs [J]. Finite elements in analysis and design, 2012(53): 13-23.

[123] 曾庆元，郭向荣. 列车桥梁时变系统振动分析理论与应用[M]. 北京：中国铁道出版社，1999.

[124] 曾庆元. 桁梁行车空间振动计算的桁段有限元法[J]. 桥梁建设，1985（4）：1-6.

[125] 曾庆元，杨平. 形成矩阵的"对号入座"法则与桁梁东京分析的桁段有限元法[J]. 铁道学报，1986，8（2）：48-59.

[126] JU S H, LIN H T. Resonance characteristics of high-speed trains passing simply supported bridges [J]. Journal of sound and vibration, 2003, 267(5-6): 1127-1141.

[127] JU S H, LIN H T. Numerical investigation of a steel arch bridge and interaction with high-speed trains [J]Engineering structures,2003, 25(2):241-250.

[128] CHEN Y J, JU S H, NI S H. Prediction methodology for ground vibration induced by passing trains on bridge structures[J].Journal of sound and vibration, 2007, 302(4-5): 806-820.

[129] YAU J D, YANG Y B. Vibration reduction for cable-stayed bridges traveled by high-speed trains[J].Finite elements in analysis and design,

2004, 40(3):341-359.

[130] YAU J D, YANG Y B.A wideband MTMD system for reducing the dynamic response of continuous truss bridges to moving train loads[J]. Engineering structures, 2004, 26(12): 1795-1807.

[131] WU Y S, YANG Y B. Steady-state response and riding comfort of trains moving over a series of simply supported bridges [J]. Engineering structures, 2003, 25(2): 251-265.

[132] YAU J D, YANG Y B. Vibration of a suspension bridge installed with a water pipeline and subjected to moving trains[J]. Engineering structures, 2008, 30(3): 632-642.

[133] WU Y S, YANG Y B. A semi-analytical approach for analyzing ground vibrations caused by trains moving over elevated bridges[J]. Soil dynamics and earthquake engineering, 2004, 24(12): 949-962.

[134] YANG Y B, LIN C L, YAU J D, CHANG D W. Mechanism of resonance and cancellation for train-induced vibrations on bridges with elastic bearings [J].Journal of sound and vibration, 2004, 269(1-2): 345-360.

[135] YANGY B, Y S. WU Y S. Dynamic stability of trains moving over bridges shaken by earthquakes[J]. Journal of sound and vibration, 2002, 258(1): 65-94.

[136] XIA H, DE ROECK G, ZHANG H R. Dynamic analysis of train bridge system and its application in steel girder reinforcement [J].Computers and structures, 2001, 79(20-21):1851-1860.

[137] XIA H, DE ROECK G, ZHANG N. Experimental analysis of a high-speed railway bridge under thalys trains [J].Journal of sound and vibration, 2003, 268(1):103-113.

[138] XIA H, ZHANG N, GUO W W. Analysis of resonance mechanism and conditions of train-bridge system[J]. Journal of Sound and Vibration, 2006, 297(3-5):810-822.

[139] XIA H, ZHANG N. Dynamic analysis of railway-bridge under high-speed trains [J]. Computers and structures, 2005, 83, (23-24): 1891-1901.

[140] XIA H, XU Y L, CHAN T H T. Dynamic interaction of long suspension bridges with running trains [J].Journal of sound and vibration, 2000, 237(2):263-280.

[141] XIA H, ZHANG N, GAO R. Experimental analysis of railway bridge under high-speed trains[J].Journal of sound and vibration, 2005, 282 (1-2): 517-528.

[142] HE XIA H, ZHANG N, DE ROECK G. Dynamic analysis of high speed railway bridge under articulated trains[J].Computers and structures,2003, 81(26-27): 2467-2478.

[143] XIA H, GUO W W, ZHANG N. Dynamic analysis of a train-bridge system under wind action [J].Computers and structure, 2008, 86(19-20): 1845-1855.

[144] XIA H, KAWATANI M, HAYASHIKAWA T. A bridge damage detection approach using train-bridge interaction analysis and optimization [J]. Procedia engineering, 2011(14): 769-776.

[145] ZHANG Z C, LIN J H, ZHANG Y H. Non-stationary random vibration analysis for train-bridge systems subjected to horizontal earthquakes [J]. Engineering structures, 2010, 32(11): 3571-3582.

[146] ZHANG Z C, ZHANG Y H, LIN J H. Random vibration of a train traversing a bridge subjected to traveling seismic waves [J]. Engineering structures, 2011, 33(12): 3546-3558.

[147] WU Y S, YANG Y B, YAU J D. Three-dimensional analysis of train-rail-bridge interaction problems [J].Vehicle system dynamics, 2001, 36 (1): 1-35.

[148] 张格明. 中高速条件下车红桥动力分析模型与轨道不平顺影响[D]. 北京：铁道部科学研究院，2001.

[149] 高芒芒. 高速铁路列车-线路-桥梁耦合振动及列车走行性研究[D]. 北京：铁道部科学研究院，2001.

[150] 蔡成标. 高速铁路列车-线路-桥梁耦合振动理论及应用研究[D]. 成都：西南交通大学，2004.

[151] LOU P, YU Z W, AU F T K. Rail-bridge coupling element of unequal

lengths for analyzing train-track-bridge interaction systems[J]. Applied mathematical modeling, 2012, 36(4): 1395-1414.

[152] BIONDI B, MUSCOLINO G. A substructure approach for the dynamic analysis of train-track-bridge system [J]. Computers and structures, 2005, 83 (28-30): 2271-2281.

[153] XIN T, GAO L. Reducing slab track vibration into bridge using elastic materials in high speed railway [J]. Journal of sound and vibration, 330(10): 2237-2248.

[154] HENG Y S, AU F T K, CHEUNG Y K. Vibration of railway bridges under a moving train by using bridge-track-vehicle element[J]. Engineering structures, 2001, 23(12): 1597-1606.

[155] LI Q, XU Y L, WU D J. Concrete bridge-borne low-frequency noise simulation based on train-track-bridge dynamic interaction [J].Journal of sound and vibration, 2012, 331(10): 2457-2470.

[156] 西南交通大学，铁道科学研究院，北京交通大学，等. 列车-线路-桥梁动力学仿真通用软件的研究总报告[R]，2005.

[157] WITH C, METRIKINE A V, BODARE A. Identification of effective properties of the railway substructure in the low-frequecy range using a heavy oscillating unit on the track[J].Archive of applied mechanics, 2010, 80(9): 959-968.

[158] 罗林，张格明，吴旺青，等. 轮轨系统轨道平顺状态的控制[M]. 北京：中国铁道出版社，2006.

[159] 李明华. 铁道工务[M]. 北京：中国铁道出版社，2006.

[160] 成都铁路局重庆职工培训基地. 轨道检测技术[M]. 北京：中国铁道出版社，2008.

[161] 程樱，许玉德，周宇，等. 三点偏弦法复原轨面不平顺波形的理论及研究[J]. 铁道车辆，2011，28（1）：42-46.

[162] 杨文忠. 基于小波的轴箱加速度与轨道不平顺关系的研究[D]. 上海：同济大学，2008.

[163] 许玉德，李海锋. 轨道交通工务管理[M]. 上海：同济大学出版社，2007.

[164] 陈宪麦. 轨道不平顺时频域分析及预测方法的研究[D]. 北京：铁道科学研究院，2006.

[165] THOMPSON D J. Train noise and vibration (Mechanisms, Modeling and Means of Control)[M]. Oxford, Elsevier science publisher, 2009: 127-174.

[166] DITTRICH M G, JANSSENS M H A. Measurement procedures for determining railway noise emission as input to calculation schemes [R]. TNO, TPD, Netherlands, 2000.

[167] DE BEER F G, JANSSENS M H A, DITTRICH M G.Indirect roughness measurement (Metarail deliverable D8, task III.3) [R]. TNO-Report TPD-HAG-RPT-980097, 1998.

[168] CORDIER J F, FODIMAN P. Experimental characterization of wheel and rail surface roughness [J]. Journal of sound and vibration, 2000, 231(3): 667-672.

[169] DITTRICH M G, JANSSENS M H A. Improved measurement methods for railway rolling noise [J]. Journal of sound and vibration, 2000, 231(3): 595-609.

[170] JANSSENS M H A, JANSEN H W, DITTRICH M G. Evaluation of the interim measurement protocol for railway noise source description[J]. Journal of sound and vibration, 2006, 293(3-5): 1029-1040.

[171] JANSENDE H W, DE BEER F G. Validation measurements for indirect roughness method[R].STAIRRS Report, TNO-RPT-020078, 2002.

[172] VERHEIJEN E. A survey on roughness measurements [J]. Journal of sound and vibration, 2006, 293(3-5): 784-794.

[173] 王福天. 车辆系统动力学[M]. 北京：中国铁道出版社，1994.

[174] 雷晓燕. 轨道力学与工程新方法[M]. 北京：中国铁道出版社，2002.

[175] 德国联邦铁路慕尼黑研究中心. 城间特快列车 ICE 技术任务书[R]. 铁道部科学技术司，西南交通大学，1993.

[176] 长沙铁道学院随机振动研究室. 关于机车车辆/轨道系统随机激励函数的研究[J]. 长沙铁道学院学报，1985（21）：1-36.

[177] 罗林, 魏世斌, 等. 我国干线轨道不平顺功率谱的研究[R]. 北京: 铁道部科学研究院, 1999.

[178] 张格明, 罗林. 轨检车测取的轨道谱精度分析[J]. 铁道学报, 1999, 21（3）: 67-71.

[179] 梁志明, 刘秀波, 李红艳, 等. 轨道不平顺数字特征分析[J]. 铁道建筑, 2012（2）: 101-103.

[180] 陈宪麦, 王澜, 陶夏新, 等. 中国干线铁路轨道谱的拟合方法[J]. 交通运输工程学报, 2008, 8（1）: 19-23.

[181] 陈宪麦, 王澜, 陶夏新, 等. 我国干线铁路通用轨道谱的研究[J]. 中国铁道科学, 2008, 29（3）: 73-77.

[182] 陈宪麦, 王澜, 陶夏新, 等. 我国干线铁路轨道平顺性评判方法的研究[J]. 中国铁道科学, 2008, 29（4）: 21-26.

[183] 陈宪麦, 杨凤春, 吴旺青, 等. 秦沈客运专线轨道谱评判方法的研究[J]. 铁道学报, 2006, 28（4）: 84-88.

[184] 陈宪麦, 王澜, 杨凤春, 等. 无碴轨道谱的初步分析[J]. 铁道建筑, 2006（12）: 87-90.

[185] 陈宪麦, 杨凤春, 吴旺青, 等. 秦沈客运专线轨道谱的研究[J]. 铁道建筑, 2006（8）: 94-97.

[186] 陈宪麦, 王澜, 杨凤春, 等. 用于铁路轨道不平顺预测的综合因子法[J]. 中国铁道科学, 2006, 27（6）: 27-31.

[187] 李成辉. 轨道结构随机振动理论及应用研究[D]. 成都: 西南交通大学, 1996.

[188] 王开云, 翟婉明, 刘建新. 线路不平顺波长对提速列车横向舒适性影响[J]. 交通运输工程学报, 2007, 7（1）: 1-5.

[189] 林建辉, 陈建政, 高燕, 等. 我国干线轨道谱理论分析及试验研究[J]. 机械工程学报, 2004, 40（1）: 174-178.

[190] 陈果, 翟婉明. 铁路轨道不平顺随机过程的数值模拟[J]. 西南交通大学学报: 自然科学版, 1999, 34（2）: 138-142.

[191] 肖守讷, 阳光武, 张卫华, 等. 基于谱密度函数的轨道随机不平顺仿真[J]. 中国铁道科学, 2008, 29（2）: 28-32.

[192] 刘寅华, 李芾, 黄运华. 轨道不平顺数值模拟方法[J]. 交通运输工

程学报,2006,6(1):29-33.

[193] 陈春俊,李华超. 频域采样三角级数法模拟轨道不平顺信号[J]. 铁道学报,2006,28(3):38-42.

[194] 蒋海波,罗世辉,董仲美. Blackman-Tukey 法的轨道不平顺数值模拟[J]. 中国测试技术,2006,32(4):97-100.

[195] 丁军君,李芾. 单侧轨道不平顺数值模拟[J]. 交通运输工程学报,2010,10(1):29-35.

[196] 陈果,翟婉明,左洪福. 仿真计算比较我国干线谱与国外经典谱[J]. 铁道学报,2001,23(3):82-87.

[197] 王开云,翟婉明,蔡成标. 秦沈客运专线轨道谱与德国轨道谱的比较[J]. 西南交通大学学报,2008,42(4):25-30.

[198] 陈果,翟婉明,左洪福. 轨道随机不平顺对车辆/轨道系统横向振动的影响[J]. 南京航空航天大学学报,2001,33(3):227-232.

[199] 王开云,翟婉明,蔡成标. 左右轨道不平顺功率谱转换中心线功率谱的方法[J]. 交通运输工程学报,2002,2(3):27-29,67.

[200] 赵桦,林建辉. 基于循环统计量分析方法的我国干线轨道谱研究[J]. 实用测试技术,2002(5):4-5,32.

[201] 赵桦. 基于现代数据处理方法的干线轨道谱理论及应用研究[D]. 成都:西南交通大学,2002.

[202] 蔡文锋. 遂渝线无砟轨道不平顺统计规律研究[D]. 成都:西南交通大学,2008.

[203] 黄俊飞,练松良. 宗德明,等. 轨道随机不平顺与车体动力响应的相干分析[J]. 同济大学学报,2003,31(1):16-20.

[204] 练松良,黄俊飞. 客货共运线路轨道不平顺不利波长的分析研究[J]. 铁道学报,2004,26(2):111-115.

[205] 练松良. 轨道结构动力学[M]. 上海:同济大学出版社,2003.

[206] 吴纪才,许玉德. 轨道不平顺噪音去除及其评价方法[J]. 华东交通大学学报,2004,21(5):95-99.

[207] 许玉德,周宇,吴纪才. 轨道不平顺半峰值和标准差的相关性分析[J]. 铁道科学与工程学报,2005,2(4):26-30.

[208] 许玉德. 广深线轨道不平顺恶化模型的研究[R]. 上海:同济大学,

2004.

[209] 杨文忠, 练松良, 刘扬. 轨道不平顺功率谱拟合分析方法[J]. 同济大学学报: 自然科学版, 2006, 34 (3): 363-367.

[210] 练松良, 陆惠明. 轨道不平顺分析程序[J]. 中国铁道科学, 2006, 27 (1): 68-71.

[211] 练松良, 刘扬, 杨文忠. 沪宁线轨道不平顺谱的分析[J]. 同济大学学报: 自然科学版, 2007, 35 (10): 1342-1346.

[212] 练松良, 李建斌, 杨文忠. 沪昆线与金温线轨道不平顺谱的分析[J]. 同济大学学报: 自然科学版, 2010, 38 (2): 257-262.

[213] 李再帏, 练松良, 李秋玲, 等. 城市轨道交通轨道不平顺谱分析[J]. 华东交通大学学报, 2011, 28 (5): 83-87.

[214] 杨震, 王效堂, 练松良, 等. 合武客专无砟轨道曲线段不平顺谱分析[J]. 华东交通大学学报, 2011, 27 (5): 11-15.

[215] 张德水. 轨道不平顺的测量与数据处理[D]. 上海: 上海交通大学, 2012.

[216] 周佳亮. 基于车辆-轨道垂向耦合模型的轨道不平顺估计[D]. 北京: 北京交通大学, 2011.

[217] 辛涛, 高亮, 曲建军. 提速线路轨道不平顺波长的动力仿真[J]. 北京交通大学学报, 2010, 34 (6): 21-25.

[218] 邓玉姝, 夏禾. 高架桥梯形轨枕轨道不平顺测量[J]. 北京交通大学学报, 2010, 34 (4): 102-106.

[219] 汤国防. 铁路轨道几何不平顺变化特征及其预测模型研究[D]. 北京: 北京交通大学, 2010.

[220] 张旭久. 高速铁路轨道不平顺限值及曲线通过关键动力参数取值研究[D]. 长沙: 中南大学, 2009.

[221] 徐鹏. 铁路线路轨道动态不平顺变化特征研究[D]. 北京: 北京交通大学, 2009.

[222] 黄远春. 铁路轨道不平顺预测方法研究[D]. 北京: 北京交通大学, 2009.

[223] 左玉云. 铁路轨道不平顺对车轨系统竖向振动响应的影响分析[D]. 长沙: 中南大学, 2009.

[224] 房建，雷晓燕，练松良. 合武客运专线轨道不平顺谱特性实测研究[J]. 铁道学报，2015, 37（7）: 79-85.

[225] REMINGTON P J, DIXONAND N R, WITTING L E. Control of wheel/rail noise and vibration [R]. US Department of Transportation, 1983.

[226] BS EN ISO 3095:2005. Railway applications-acoustics-measurement of noise emitted by rail bound vehicles [S]. London, 2005.

[227] DINGS P C, DITTRICH M G. Roughness on Dutch railway wheels and rails [J]. Journal of sound and vibration, 1996, 193(1): 103-112.

[228] SUNAGA Y, NARUKI M. Control of rail surface roughness to reduce wheel/rail noise on narrow gauge Line [J].RTRI Report, 2002, 16 (4): 11-16.

[229] 王澜. 轨道结构随机振动理论及其在轨道结构减振中的应用[D]. 北京：中国铁道科学研究院，1988.

[230] FELDMNN, et al.Untersuchungen zur Entstehung und Ausbreitung des KorP Persehalls[C]. Forsehungs Program Bahnteehnik Rad/sehiene-teehink, Statusseminar Vl, BadReiehenhall, 1980.

[231] SATO Y. Study on high-frequency vibration in track operation with high-speed trains [J]. Quarterly Reports, 1977, 18(3): 22-27.

[232] 魏伟. 铁路轮轨系统高频振动[D]. 成都：西南交通大学，1997.

[233] 徐志胜，翟婉明. 高速铁路轮轨滚动噪声预测分析[J]. 中国铁道科学，2004, 25（1）: 20-27.

[234] 徐志胜，翟婉明. 高速列车在板式轨道上运行时的滚动噪声预测[J]. 铁道学报，2004, 26（1）: 46-50.

[235] 徐志胜，翟婉明，王其吕. 轨道刚度对高速轮轨系统振动噪声的影响[J]. 噪声与振动控制，2004, 24（4）: 15-18.

[236] 徐志胜. 轨道交通轮轨噪声预测与控制的研究[D]. 成都：西南交通大学，2004.

[237] PRUD'HOMME A. Les Poses Poses de Voie SansBallast[R]. Revoe Generale des Chemins de Fer. No. speeiale, 1970.

[238] WIRNSBERGER M, DITTRICH M G, LUB J, ET. Methodologies and

actions for rail noise and vibration control [R].1999.

[239] JOHANSSON A. Out-of-round railway wheels-assessment of wheel tread irregularities in train traffic[J]. Journal of sound and vibration, 2006, 293 (3-5):795-806.

[240] JANSSENS M H A, DITTRICH M G, DE BEER F G, et al. Railway noise measurement method for pass-by noise, total effective roughness, transfer functions and track spatial decay [J]. Journal of sound and vibration, 2006, 293(3-5): 1007-1028.

[241] VERNERSSON T. Thermally induced roughness of tread-braked railway wheels Part 1: brake rig experiments [J]. Wear, 1999, 236 (1-2):96-105.

[242] VERNERSSON T. Thermally induced roughness of tread-braked railway wheels Part 2: modeling and field measurements[J]. Wear, 1999, 236 (1-2): 106-116.

[243] GRASSIE S L, SAXON M J, SMITH D. Measurement of longitudinal rail irregularities and criteria for acceptable grinding [J]. Journal of sound and vibration, 1999, 227(5):949-964.

[244] GULLERS P, ANDERSSON L, LUNDEN R. High-frequency vertical wheel-rail contact forces-Field measurements and influence of track irregularities [J]. Wear, 2008, 265(9-10): 1472-1478.

[245] HIENSCH M, NIELSEN J C O, VERHEIJEN E. Rail corrugation in the Netherlands-measurements and simulations [J].Wear 2002, 253 (1-2): 140-149.

[246] CROFT B E, JONES C J C, THOMPSON D J. The influence of real-world rail head roughness on railway noise prediction [J]. Journal of sound and vibration, 2006, 293(3-5): 965-974.

[247] DE BEER F G, JANSEN H W, DITTRICH M G. Validation measurements for level 2 measurement with indirect roughness [R]. TNO-RPT-020079, 2002.

[248] THOMPSON D J. On the relationship between wheel and rail surface roughness and rolling noise [J]. Journal of sound and vibration, 1996, 193 (1):149-160.

[249] REMINGTON P, WEBB J. Estimation of wheel/rail interaction forces in the contact area due to roughness [J]. Journal of sound and vibration, 1996, 193(1): 83-102.

[250] ALWAHDI F A M, KAPOOR A, FRANKLIN F J. Preliminary investigation of the effect of roughness in Dynarat simulation[J]. Wear, 2009, 267(9-10):1381-1385.

[251] PIERINGER A, KROPP W, THOMPSON D J. Investigation of the dynamic contact filter effect in vertical wheel/rail interaction using a 2D and a 3D non-Hertzian contact model[J].Wear, 2011, 271(1-2): 328-338.

[252] FORD R A J, THOMPSON D J. Simplified contact filters in wheel/rail noise prediction [J].Journal of sound and vibration, 2006, 293(3-5): 807-818.

[253] BERGGREN ERIC G, LI MARTIN X D, SPANNAR JAN. A new approach to the analysis and presentation of vertical track geometry quality and rail roughness [J]. Wear, 2008, 265(9-10): 1488-1496.

[254] NIELSEN JENS C O, EKBERG ANDERS. Acceptance criterion for rail roughness level spectrum based on assessment of rolling contact fatigue and rolling noise [J]. Wear, 2011, 271(1-2): 319-327.

[255] JU S H, LIAO J R. Error study of rail/wheel point contact method for moving trains with rail roughness [J]. Computers and structures, 2010, 88 (13-14): 813-824.

[256] PETERSSON MARTIN, VERNERSSON T. Noise-related roughness on tread braked railway wheels-experimental measurements and numerical simulations [J].Wear, 2002, 253(1-2): 301-307.

[257] WU T X, THOMPSON D J. Theoretical investigation of wheel/rail non-linear interaction due to roughness excitation[J].Vehicle system dynamics,2000,34(4): 261-282.

[258] MICHAEL J, STEENBERGEN M M. Quantification of dynamic wheel-rail contact forces at short rail irregularities and application to measured rail welds [J]. Journal of sound and vibration, 2008, 312 (4-5): 606-629.

[259] WU T X, THOMPSON D J. A hybrid model for the noise generation due

to railway wheel flats[J]. Journal of sound and vibration, 2002, 251(1): 115-139.

[260] NIELSEN J C O. High-frequency vertical wheel-rail contact forces-Validation of a prediction model by field testing[J].Wear, 2008, 265 (9-10): 1465-1471.

[261] THOMPSON D J, VERHEIJ J W. The dynamic behaviors of rail fasteners at high frequencies [J].Applied acoustics, 1997, 52(1): 1-17.

[262] ALONSO A, GIMENEZ J G. Wheel-rail contact: Roughness, heat generation and conforming contact influence [J]. Tridology international, 2008, 41 (8): 755-768.

[263] TOMBERGER C, DIETMAIER P, SEXTRO W, et al. Friction in wheel-rail contact: A model comprising interfacial fluids, surface roughness and temperature [J]. Wear, 2011, 271(1-2): 2-12.

[264] KAPOOR A, FRANKLIN F J, WONG S K, et al. Surface roughness and plastic flow in rail wheel contact [J]. Wear, 253(1-2): 257-264.

[265] NIELSEN J C O. Numerical prediction of rail roughness growth on tangent railway tracks [J]. Journal of sound and vibration, 2003, 267(3): 537-548.

[266] SHENG X, THOMPSON D J, JONES C J C, et al. Simulations of roughness initiation and growth on railway rails [J]. Journal of sound and vibration, 2006, 293(3-5): 819-829.

[267] BUCHER F, KNOTHE K, THEILER A. Normal and tangential contact problem of surfaces with measured roughness [J]. Wear, 2002, 253(1-2): 204-218.

[268] JENS A J, NIELSEN C O. Rail corrugation growth-influence of powered wheelsets with wheel tread irregularities [J]. Wear, 2007, 262(11-12): 1296-1307.

[269] CROFT B E, JONES C J C, THOMPSON D J. Modeling the effect of rail dampers on wheel-rail interaction forces and rail roughness growth rates [J]. Journal of sound and vibration, 2009, 323(1-2): 17-32.

[270] CHEN H, ISHIDA M, NAKAHARA T. Analysis of adhesion under wet

conditions for three-dimensional contact considering surface roughness[J]. Wear, 2005,258 (7-8): 1209-1216.

[271] IGELAND A, ILIAS H. Rail head corrugation growth predictions based on non-linear high frequency vehicle/track interaction [J].Wear, 1997, 213(1-2): 90-97.

[272] 刘秀波，吴卫新. 钢轨焊接接头短波不平顺功率谱分析[J]. 中国铁道科学，2000，21（2）：26-34.

[273] 刘秀波. 基于经验模式分解的钢轨波浪弯曲不平顺提取方法[J]. 中国铁道科学，2000，27（2）：26-30.

[274] 练松良. 轨道交通焊接接头状态调查研究[R]. 上海：同济大学，2009.

[275] 练松良. 提速线路钢轨短波不平顺轨道动力学分析及打磨技术研究之轨面不平顺测试分析[R]. 上海：同济大学，2009.

[276] 练松良. 提速线路钢轨短波不平顺轨道动力学分析及打磨技术研究之轮踏面不平顺测试分析[R]. 上海：同济大学，2009.

[277] 练松良. 城市轨道交通噪声声源识别、仿真和集成控制研究之轨道结构动力特性测试分析[R]. 上海：同济大学，2009.

[278] 韦红亮，练松良，刘扬. 城市轨道交通轨面短波不平顺测试分析[J]. 华东交通大学学报，2011，28（4）：33-37.

[279] 程小平，练松良，陈敏敏. 轨道交通车辆车轮踏面短波不平顺测试与分析[J]. 石家庄铁道学院学报，2010，23（1）：6-10

[280] WEI H L, LIAN S L. Analysis on wheel/rail interaction induced by roughness in subway[C]. Proceedings of the 3rd international conference on transportation engineering, 2011.

[281] WEI H L, LIAN S L, CHEN M M. Analysis of dynamic characteristic of train caused by rail head roughness in speed-increase line[C]. 1st International conference on railway engineering: high-speed railway, heavy haul railway and urban rail transit, 2010.

[282] 韦红亮，练松良，周宇. 轨面不平顺对城市高架轨道结构振动特性实测分析[J]. 中国铁道科学，2011，6（32）：22-27.

[283] 陈敏敏，练松良，程小平. 焊接接头轨面短波不平顺与P1、P2力关

系的试验研究[J]. 兰州交通大学学报, 2011, 30 (1): 59-63.

[284] 龚佩毅, 杨文忠, 练松良. 200 km/h 线路钢轨焊接接头受力测试研究[J]. 铁道建筑, 2008, (12): 87-90.

[285] 张伟. 基于轴箱谱的轨道短波不平顺识别方法研究[D]. 北京: 北京交通大学, 2007.

[286] 江晓禹, 金学松. 轮轨间的液态介质和表面微观粗糙度对接触表面疲劳损伤的影响[J]. 机械工程学报, 40 (8): 18-23.

[287] 江晓禹, 金学松. 考虑表面微观粗糙度的轮轨接触弹塑性分析[J]. 西南交通大学学报, 36 (6): 588-560.

[288] 雷晓燕. 高速铁路轨道动力学: 模型、算法与应用 (英文版) [M]. 北京: 科学出版社, 2018.

[289] 王济, 胡晓. Matlab 在振动信号中的应用[M]. 北京: 中国水利水电出版社, 2006.

[290] 刘秀波, 等. 既有线轨道不平顺谱的研究[R]. 北京: 铁道科学院, 2007.

[291] 刘秀波. 既有线轨道不平顺谱的研究[D]. 北京: 中国铁道科学研究院, 2007.